Das Forschungsprojekt »Tradierung von Geschichtsbewusstsein«, dessen Ergebnisse in diesem Band präsentiert werden, hat sich mit der Frage befasst, wie in deutschen Familien über die Nazi-Zeit und den Holocaust gesprochen wird und welche Bilder und Vorstellungen vom »Dritten Reich« in Gesprächen zwischen den Generationen weitergegeben werden.

Die Ergebnisse der Familiengespräche und Einzelinterviews mit den Familienangehörigen aus drei Generationen machen deutlich, dass in den Familien andere Bilder von der NS-Vergangenheit vermittelt werden als z. B. in den Schulen. Im Familiengedächtnis finden sich vorrangig Geschichten über das Leiden der eigenen Angehörigen unter Bespitzelung, Terror, Krieg, Bomben und Gefangenschaft. Diese Themen werden in den Familien nicht als *Wissen* vermittelt, sondern als *Gewissheit*. »Nazis« kommen in den eigenen Familien nicht vor: »Opa war kein Nazi.«

Die von der Volkswagenstiftung geförderte Studie konfrontiert die Öffentlichkeit mit dem schockierenden Ergebnis, dass die Erinnerung an den Holocaust entgegen den Erwartungen im deutschen Familiengedächtnis kaum Platz hat und auch die Bedeutung der emotionalen Weitergabeprozesse von Geschichte bislang deutlich unterschätzt wird.

Die Viten der Autoren finden sich am Ende des Bandes.

Unsere Adresse im Internet: www.fischer-tb.de

Harald Welzer, Sabine Moller,
Karoline Tschuggnall

»Opa war kein Nazi«

Nationalsozialismus und Holocaust
im Familiengedächtnis

Unter Mitarbeit
von Olaf Jensen
und Torsten Koch

Fischer
Taschenbuch
Verlag

Die Zeit des Nationalsozialismus
Eine Buchreihe
Herausgegeben von Walter H. Pehle

3. Auflage: Oktober 2002

Originalausgabe
Veröffentlicht im Fischer Taschenbuch Verlag,
ein Unternehmen der S. Fischer Verlag GmbH,
Frankfurt am Main, Mai 2002

Satz: Fotosatz Otto Gutfreund GmbH, Darmstadt
Druck und Bindung: Clausen & Bosse, Leck
Printed in Germany
ISBN 3-596-15515-0

Inhalt

1. Die Vergangenheit im intergenerationellen Gespräch
Einleitung

Im Geschichtsunterricht der 12-jährigen Simone Seiler[1] wird seit einiger Zeit das Thema Holocaust behandelt. In einem Interview erzählt sie dazu:»Ja, das find' ich auch voll interessant, weil Steinzeit hatten wir auch und Mittelalter auch. Erst hatten wir Steinzeit, dann Mittelalter, dann geht das jetzt immer ein paar Generationen voran, muss auch irgendwie so'n System haben. Dann haben wir halt jetzt dieses Thema. Ja. Macht auch Spaß.«

Nicht nur im Geschichtsunterricht, auch in anderen Fächern wird Simone mit diesem Thema konfrontiert. In »Welt- und Umweltkunde« wird gerade die Hitler-Jugend durchgenommen und im Deutschunterricht liest die Klasse »Damals war es Friedrich« von Hans-Peter Richter. Die Schülerinnen und Schüler müssen die »wichtigen Stellen« mit dem Textmarker anstreichen und zu jedem Kapitel eine Zusammenfassung schreiben. Simone findet es »voll fies«, was mit dem jüdischen Schüler Friedrich gemacht wird, aber es beschäftigt sie auch sehr, dass die Familie des nicht-jüdischen Schülers Hans-Peter arm war und er »eine ganz kleine Schultüte gekriegt hat und Friedrich eine ganz große«.

Von Hitler weiß Simone, »dass er da 'n Buch geschrieben hat, aber ich weiß nicht mehr, wie das heißt. Ja, und dann haben sie erzählt, dass halt die NSDAP 1928 nur 2,6 oder 2,4 Stimmenprozent hatte und dann 1930 halt schon 34,6 oder so. Die Menschen haben ja auch Hitler gewählt, die kannten den überhaupt noch nicht, weil die vielleicht gesagt haben: Ja, der ist so gut, der verspricht uns Arbeit, Essen und auch Urlaub und Sicherheit. Hat die Menschen vielleicht angezogen und dann sind die da hingegangen.«

Man sieht, dass Simone bereits über ein beträchtliches Faktenwissen über die Vorgeschichte und Geschichte des Nationalsozialismus verfügt – sie kennt Jahreszahlen, Wahlergebnisse und Personen. Sie erzählt an einer anderen Stelle des Interviews ausführlich über die Inflation und die Zeit der Weltwirtschaftskrise und sie weiß, dass mit »den Juden« später »so gruselige Dinge« geschehen sind, dass sie gar nicht einschlafen kann, wenn sie darüber etwas gelesen hat: »So'n Teil hab ich behalten, dann mussten die entlaust werden, aber das haben sie nur so gesagt, und dann wurden sie da in so Duschkabinen gesteckt und dann wurden sie vergast. Aber richtig vorstellen kann ich mir das mit dem Vergasen nicht.«

Von ihrem Großvater weiß Simone, dass der im Krieg war, aber es fällt ihr schwer, sich vorzustellen, »dass er zu Hitlers Zeit gelebt hat. Das krieg ich einfach nicht auf die Reihe. Also ich krieg's zwar schon auf die Reihe, aber ich kann mir das nicht vorstellen.« Aus Gesprächen mit dem Großvater (der Napola-Schüler, Waffen-SS-Mann und Mitglied der Leibstandarte-SS Adolf Hitler war) weiß sie, dass die Deutschen bei Luftangriffen »immer das Licht ausmachen mussten abends, entweder das Licht aus oder das Licht an, aber ich glaube, das Licht aus, damit die Angreifer das nicht so gesehen hatten. Das finde ich eigentlich 'n bisschen doof. Und die Juden durften auch ab achtzehn Uhr nicht mehr aus dem Haus und mussten notfalls bei Freunden übernachten.«

Man wird also sagen können, dass Simone ein Bewusstsein über die Geschichte hat, das sich nicht nur aus den ganz unterschiedlichen Informationsbeständen speist, die die Schule ihr vermittelt, sondern auch aus den vielleicht beiläufigen, vielleicht absichtsvollen Erzählungen von Erlebnissen, die in ihrer Familie kursieren. Deshalb hat Simone, wie sie erzählt, auch das Gefühl, dass ihr einiges über das »Dritte Reich« schon »bekannt vorkam«, noch bevor sie in der Schule damit konfrontiert wurde: »Also dieses Hakenkreuz, ich weiß nicht, das kam mir schon so bekannt vor. Als ich schon das erste Mal Hitler gesehen hab, das kam mir irgendwie schon bekannt vor. Irgendwie hab ich das irgendwo schon mal gesehen, vielleicht in der Zeitung.«

Simones Geschichtsbewusstsein setzt sich also aus ganz unterschiedlichen Quellen zusammen, und man gewinnt den Eindruck, dass es ihr sehr schwer fällt, die Fülle all der Informationen zu einem konsistenten Bild zusammenzufügen, besonders dann, wenn es um die Judenverfolgung geht: »Ich muss ehrlich gestehen, das hab ich nicht verstanden, warum die eigentlich verfolgt wurden. Da hab ich schon öfter nachgefragt, hab aber nie so 'ne richtige Antwort gekriegt. Und das weiß ich jetzt halt immer noch nicht, wie das jetzt alles angefangen hat. Weil ich kann mir das nicht vorstellen, dass auch zu Jesus' Zeiten da die Juden schon verfolgt waren, dann kam das Mittelalter noch dazwischen. Wenn das Mittelalter nicht dazwischen wär, dann hätt' ich's mir vielleicht 'n bisschen – aber im Mittelalter war das ja so mit Rittern und Burgen und so, und da passen die Juden ja nun überhaupt nicht rein, finde ich, also irgendwie so 'ne Zeitverschiebung, ja, das passt überhaupt nicht. Und ich weiß auch gar nicht, wie der Krieg eigentlich angefangen hat, warum die sich da bekriegen. Irgendwie wollte es Adolf Hitler denen dann ja wieder heimzahlen, und dann ging das irgendwie wieder von vorn los, glaube ich.«

Das Gespräch mit Simone Seiler zeigt, dass Kinder erstaunlich viel über Geschichte wissen, aber zugleich zeigt es auch, dass sie dieses Wissen aus ganz unterschiedlichen Quellen beziehen – und dass ihnen vieles schon »bekannt« ist, wenn sie im Geschichts- und Deutschunterricht in der Schule davon hören. Nun ist gegenwärtig noch weitgehend unerforscht, aus welchen Quellen sich das Geschichtsbewusstsein eigentlich speist, wie Menschen Vorstellungen und Bilder über die Vergangenheit aus den unterschiedlichsten Versatzstücken aus so disparaten Quellen wie Geschichtsbüchern, Spielfilmen und eigener Erfahrung komponieren oder wie sich Informationen aus der eigenen Familie zu solchen aus der Schule verhalten. Und man weiß wenig darüber, wie Geschichte eigentlich angeeignet wird, auf welche Weise sich Schülerinnen und Schüler bzw. junge Menschen überhaupt ein Bild von der Vergangenheit machen, das für sie plausibel und sinnhaft ist.[2]

»Das Normale halt bekommen wir an der Schule, und die Beispiele dafür, die hört man dann bei der Oma.« Dieses Zitat stammt von einem anderen Schüler, dem 1983 geborenen Dietmar Schwaiger. Seine Bemerkung weist auf einen Unterschied im Bewusstsein über die Geschichte, der allzu oft übersehen wird, einen Unterschied zwischen kognitivem Geschichtswissen und emotionalen Vorstellungen über die Vergangenheit. Auf der Ebene emotionaler Erinnerungen scheinen sich Bindungskräfte und Faszinosa gegenüber der nationalsozialistischen Vergangenheit entfalten und erhalten zu können, die merkwürdig unverbunden mit dem Wissen über diese Zeit sind, und zwar über die Generationen hinweg. Metaphorisch gesprochen, existiert neben einem wissensbasierten »Lexikon« der nationalsozialistischen Vergangenheit ein weiteres, emotional bedeutenderes Referenzsystem für die Interpretation dieser Vergangenheit: eines, zu dem konkrete Personen – Eltern, Großeltern, Verwandte – ebenso gehören wie Briefe, Fotos und persönliche Dokumente aus der Familiengeschichte. Dieses »Album« vom »Dritten Reich« ist mit Krieg und Heldentum, Leiden, Verzicht und Opferschaft, Faszination und Größenphantasien bebildert, und nicht, wie das »Lexikon«, mit Verbrechen, Ausgrenzung und Vernichtung.

Da, wie Raul Hilberg einmal formuliert hat, der Holocaust in Deutschland Familiengeschichte ist, stehen »Lexikon« und »Album« gleichsam nebeneinander im Wohnzimmerregal, und die Familienmitglieder haben die gemeinsame Aufgabe, die sich widersprechenden Inhalte beider Bücher in Deckung zu bringen. Diese Aufgabe wird meist dadurch gelöst, dass den Eltern bzw. den Großeltern eine Rolle zugewiesen wird, die sie von dem ausnimmt, was im »Lexikon« aufgelistet ist. Ein Medium für diese Verfertigung der Vergangenheit (neben vielen anderen) ist das familiale Gespräch, in dem en passant Geschichtsbilder entworfen und gesichert werden, mit denen alle Familienmitglieder leben können.

Die Annahme, dass Geschichtsbewusstsein eine kognitive und eine emotionale Dimension hat, wird auch dadurch gestützt, dass das menschliche Gedächtnis mit unterschiedlichen Systemen für kognitive und emotionale Erinnerungen operiert,[3] und nichts macht das greifbarer, als wenn man Angehörige der Zeitzeugengeneration, die ihre Vergangenheit »aufgearbeitet« haben und der nationalsozialistischen Geschichte höchst kritisch gegenüberstehen, mit leuchtenden Augen über »ihre Zeit« und ihre Erfahrungen in der HJ oder bei der Luftwaffe berichten hört. Die Selbstverständlichkeit, mit der die Angehörigen der Zeitzeugengeneration in »schöne Zeiten« zurücktauchen, lässt es als nahe liegend erscheinen, dass der Unterschied zwischen emotional bedeutsamen historischen Erfahrungen und kognitiv angeeignetem Wissen auch folgenreich für die Weitergabe des Vergangenen ist: dass also in Familien *andere* Bilder und Vorstellungen von der nationalsozialistischen Vergangenheit vermittelt werden als in der Schule oder in den Medien.

Die von der Volkswagenstiftung geförderte Mehrgenerationenstudie »Tradierung von Geschichtsbewusstsein« ist also der Frage nachgegangen, was »ganz normale« Deutsche aus der NS-Vergangenheit erinnern, wie sie darüber sprechen und was davon auf dem Wege kommunikativer Tradierung an die Kinder- und Enkelgenerationen weitergegeben wird. In 40 Familiengesprächen und 142 Interviews[4] wurden die Familienangehörigen sowohl einzeln als auch gemeinsam nach erlebten und überlieferten Geschichten aus der nationalsozialistischen Vergangenheit gefragt.[5]

In diesen Gesprächen werden insgesamt 2535 Geschichten erzählt. Nicht wenige davon verändern sich auf ihrem Weg von Generation zu Generation so, dass aus Antisemiten Widerstandskämpfer und aus Gestapo-Beamten Judenbeschützer werden. In den Gesprächen finden sich zwei Beispiele, in denen die Zeitzeugen im Familiengespräch von Morden erzählen, die sie begangen haben, und es finden sich Berichte von Erschießungen, aber all das hinterlässt in den Einzelinterviews mit den Kindern und Enkeln keinerlei Spuren – es ist, als hätten sie diese Erzählungen gar nicht gehört. Wohl aber nutzen sie jeden auch noch so entlegenen Hinweis darauf, dass ihre Großeltern etwas »Gutes« getan haben, um Versionen der Vergangenheit zu erfinden, in denen diese stets als integre, gute Menschen auftreten.

Alle diese Phänomene verweisen darauf, dass die Vergangenheit über intergenerationelle Weitergabeprozesse höchst lebendig in die Gegenwart hineinreicht, und man muss gar nicht psychoanalytisch nach der Tiefendimension solcher Latenzinhalte der Vergangenheit suchen, um in den Interviews und Familiengesprächen Vergangenheitsbilder und -vorstellungen zu finden, die für die Entwicklung von Gegenwartsorientierungen und von politischen Urteilen äußerst wirksam sind. In theoretischer Sicht umklammert Geschichtsbewusstsein den Zusammenhang von Vergangenheitsdeutung, Gegenwartsverständnis und Zukunftsperspektive,[6] wobei Vergangenheit niemals »authentisch« die Gegenwart erreicht, sondern stets nur als eine »erstellte, auswählende und deutende Rekonstruktion ins Bewusstsein treten kann«.[7] Vor diesem Hintergrund ist zu betonen, dass die vorliegende Untersuchung über die Weitergabe der deutschen Vergangenheit im intergenerationellen Gespräch keine Studie über die Vergangenheit, sondern eine über die Gegenwart ist: über die Frage nämlich, wie der Nationalsozialismus und der Holocaust im deutschen Familiengedächtnis repräsentiert sind und ob Erinnerungsgemeinschaften wie die Familie ein anderes Geschichtsbewusstsein, andere Bilder über die Vergangenheit und, vor allem, andere Rahmen für ihre Deutung bereitstellen als das »kulturelle Gedächtnis«. Jan Assmann hat das »kulturelle Gedächtnis« zunächst definiert als »Sammelbegriff für alles Wissen, das im spezifischen Interaktionsrahmen einer Gesellschaft Handeln und Erleben steuert und von Generation zu Generation zur wiederholten Einübung und Einweisung ansteht«.[8] Diesen Sammelbegriff setzt Assmann ab vom »kommunikativen Gedächtnis«.

Das »kommunikative Gedächtnis« lebt in interaktiver Praxis im Spannungsfeld der Vergegenwärtigung von Vergangenem durch Individuen und Gruppen. Das »kommunikative Gedächtnis« ist im Vergleich zum »kulturellen« so etwas wie das Kurzzeitgedächtnis der Gesellschaft – es ist an die Existenz der lebendigen Träger und Kommunikatoren von Erfahrung gebunden und umfasst etwa 80 Jahre, also drei bis vier Generationen. Der Zeithorizont des »kommunikativen Gedächtnisses« wandert entsprechend »mit dem fortschreitenden Gegenwartspunkt mit. Das kommunikative Gedächtnis kennt keine Fixpunkte, die es an eine sich mit fortschreitender Gegenwart immer weiter ausdehnende Vergangenheit binden würden.«[9] Eine dauerhaftere Fixierung der Inhalte dieses Gedächtnisses ist nur durch »kulturelle Formung« zu erreichen, d. h. durch organisierte und zeremonialisierte Kommunikation über die Vergangenheit. Während das »kommunikative Gedächtnis« durch Alltagsnähe gekennzeichnet ist, zeichnet sich das »kulturelle Gedächtnis« durch Alltagsferne aus. Es stützt sich auf Fixpunkte, die gerade nicht mit der Gegenwart mitwandern, sondern als schicksalhaft und bedeutsam markiert werden und durch »kulturelle Formung (Texte, Riten, Denkmäler) und institutionalisierte Kommunikation (Rezitation, Begehung, Betrachtung) wach gehalten« werden.[10] Das »kulturelle Gedächtnis« ist mit Assmann der »jeder Gesellschaft und jeder Epoche eigentümliche Bestand an Wiedergebrauchs-Texten, -Bildern und -Riten [...], in deren ›Pflege‹ sie ihr Selbstbild stabilisiert und vermittelt, ein kollektiv geteiltes Wissen vorzugsweise (aber nicht ausschließlich) über die Vergangenheit, auf das eine Gruppe ihr Bewusstsein von Einheit und Eigenart stützt«.[11]

So weit die mittlerweile klassische Definition. Etwas überpointiert würde das »kommunikative Gedächtnis« demgegenüber die eigensinnige Verständigung der Gruppenmitglieder darüber beinhalten, was sie für ihre eigene Vergangenheit halten, und das Familiengedächtnis, auf das wir im nächsten Kapitel ausführlicher eingehen werden, wäre somit ein Teilbereich des »kommunikativen Gedächtnisses«, und zwar, wie wir glauben, ein zentraler. Es ist ein lebendiges Gedächtnis, dessen Wahrheitskriterien an Wir-Gruppenloyalität und -identität orientiert sind.

Und um es gleich vorwegzunehmen: Die Ergebnisse unseres Projektes zeigen, dass die Tradierung von Vergangenheitsvorstellungen und -bildern im Familiengespräch und im weiteren sozialen Umfeld offensichtlich den Rahmen dafür bereitstellt, wie das gelernte Geschichtswissen gedeutet und gebraucht wird. In diesem Sinne werfen die Ergebnisse vor allem Licht darauf, wieso Aufklärungsprogramme über die NS-Vergangenheit gegen das Fortdauern romantischer und verklärter Vorstellungen über eben diese Vergangenheit selbst dann nichts ausrichten, wenn sie funktionieren. Denn Umfrageergebnisse lassen ja kaum Zweifel daran aufkommen, dass insbesondere die jüngeren Generationen umfassend über die Geschichte des »Dritten Reiches« und über den Holocaust informiert sind.[12] Aber was besagt das darüber, welchen Gebrauch man von diesem Wissen macht? Paradoxerweise scheint es gerade die gelungene Aufklärung über die Verbrechen der Vergangenheit zu sein, die bei den Kindern und Enkeln das Bedürfnis erzeugt, die Eltern und Großeltern im nationalsozialistischen Universum des Grauens so zu platzieren, dass von diesem Grauen kein Schatten auf sie fällt.

Und weiter: Man kann, wie der 21-jährige Bernd Siems, aus den Dokumenten über die Reichsparteitage auch den folgenden Schluss ziehen: »Das war doch klasse, wie die das geschafft haben! Wie sie alle dann geschrien haben ›Heil Hitler‹ oder ›Sieg Heil‹! Und diese Begeisterung der Menschen macht irgendwie das Faszinierende, wie stark dann dieses Volk war. Denn die haben ja alle Angst vor uns gehabt!« Das erschütterndste Dokument zum Verhältnis von Wissen und Gebrauch erreichte uns in Gestalt des Briefes eines 1943 geborenen Oberstudienrates, der in einem Thesenpapier zur NS-Vergangenheit u. a. mitteilt: »Die Fremdarbeiter (7–10 Mio) trugen mit ihrer Arbeit für Hitler zur Verlängerung des Krieges bis Mai 1945 bei. [...] Deutschland hat für jeden ermordeten Juden (sechs Mio) mehr als einen eigenen Angehörigen (acht bis neun Mio) verloren.«

Unsere Untersuchung orientiert sich methodisch am Prinzip der »Stillen Post«, an jenem Kindergeburtstagsspiel also, in dem eine ursprünglich erzählte Geschichte durch geflüsterte Weitergabe an zweite, dritte, vierte, fünfte Personen sich immer weiter verändert, bis sie schließlich einen neuen Plot bekommt oder nur völlig verstümmelt beim Empfänger ankommt. Dieses Spiel gewinnt seinen Reiz genau dadurch, dass jeder der Teilnehmer die Geschichte mit einem eigenen Sinn versieht – so, wie er sie am besten versteht – und sie in dieser Form weitergibt. Etwas Ähnliches, so wird sich in diesem Buch zeigen, geschieht in der intergenerationellen Kommunikation – und unsere Fragestellung richtet sich darauf, welche Geschichten vom »Dritten Reich« in den einzelnen Generationen erzählt werden, wie diese Geschichten gemeinsam im Familiengespräch verfertigt werden, welche Versatzstücke und Einzelelemente weitergegeben werden und welche nicht.

Die in die Stichprobe einbezogenen Familien (s. Anhang) repräsentieren bis auf zwei Fälle[13] das, was man sich unter »ganz normalen« deutschen Familien vorstellen würde – das heißt, wir haben bewusst vermieden, Familien einzubeziehen, zu denen signifikante Holocaust-Täter in einem juristischen Sinne zählen. Dass schließlich doch Menschen zu unseren Befragten zählten, die freimütig über Morde berichteten, die juristisch als Kriegsverbrechen zu werten sind, hat sich erst in den Gesprächen selbst gezeigt. An dieser Stelle kann darauf hingewiesen werden, dass sämtliche in diesem Buch vorkommenden Namen von Interviewten oder von Personen, über die gesprochen wird, verändert worden sind. Und deutlich muss gesagt werden, dass wir es – trotz zum Teil überraschender und auch erschreckender Äußerungen in den Interviews und Familiengesprächen – mit einer Auswahl von Familien zu tun haben, in denen über die nationalsozialistische Vergangenheit gesprochen werden kann und gesprochen wird – und das ist ja keineswegs in allen deutschen Familien der Fall. Wir haben es also mit einer in diesem Sinne selektiven Stichprobe zu tun – in Bezug auf das Thema Nationalsozialismus und Holocaust haben wir mehrheitlich mit Personen gesprochen, die sich selbst ein eher kritisches Bewusstsein zuschreiben würden.[14]

Von den vorliegenden Mehrgenerationenstudien zum Thema Nationalsozialismus und Holocaust[15], die sich mit den Opfern und ihren Kindern und/oder mit signifikanten Tätern und ihren Nachkommen beschäftigt haben, unterscheidet sich unsere Untersuchung also schon in der Befragtenauswahl, und sie unterscheidet sich insbesondere auch in der Auswertung: Im Gegensatz zu den psychoanalytisch inspirierten Interpretationsstrategien von Bar-On, Roberts und Rosenthal und auch der Autoren der noch am ehesten vergleichbaren Mehrgenerationenstudie »Das Erbe der Napola«[16] suchen wir nicht nach den tiefenpsychologischen Bedeutungsschichten, die in den Interviews und Familiengesprächen schlummern, sondern bleiben eher am manifesten Text und dessen kommunikativem Gehalt. Uns interessiert mit anderen Worten weniger, was die Leute *nicht* sagen, als das, was sie sagen und welche Wirksamkeit das Gesagte im Weitergabeprozess zwischen den Generationen entfaltet. Unsere Untersuchungsperspektive richtet sich also auf den Stoff und die Textur des Geschichtsbewusstseins vom »Dritten Reich«, und die einzige in einem wahlverwandtschaftlichen Sinne vergleichbare Studie, die sich mit der familialen Weitergabe von Geschichte und den alltäglichen Mediatoren des Geschichtsbewusstseins befasst, hat Sam Wineburg vorgelegt.[17] Auch er kommt zu dem Ergebnis, dass es weniger die Schulen und die sonstigen Agenturen des kulturellen Gedächtnisses sind, die das Geschichtsbewusstsein junger Menschen prägen, als Alltagsgespräche in der Familie und nicht zuletzt Spielfilme.[18]

Die folgenden Kapitel beschäftigen sich zunächst damit, was unserer Auffassung nach das »Familiengedächtnis« ist, welche Funktionen es erfüllt und wie sich die allmähliche Verfertigung von Vergangenheit im Gespräch vollzieht.[19] Davon ausgehend zeigen wir im 3. Kapitel, wie Geschichten sich auf dem Weg von Generation zu Generation so verändern, dass sie am Ende der Tradierungskette einen ganz neuen Sinn bekommen haben – wobei das in unserer Sicht wichtigste Ergebnis ist, dass die Kinder- und Enkelgenerationen in deutschen Familien eine starke Tendenz zeigen, ihre Eltern und Großeltern zu Helden des alltäglichen Widerstands zu stilisieren, obwohl die von diesen erzählten Geschichten das selbst gar nicht nahe legen. Ein anderes zentrales Element der tradierten Geschichte des »Dritten Reiches« ist die Überzeugung, dass Deutsche Opfer waren – Opfer von Krieg, Vergewaltigung, Kriegsgefangenschaft, Mangel und Not. Dieser Opferdiskurs wird im 4. Kapitel eingehend dargestellt, wo auch auf ein Phänomen eingegangen wird, das wir »Wechselrahmung« nennen: die Komposition von Szenen aus der Vergangenheit aus narrativen und visuellen Versatzstücken, die man aus Dokumenten über die Verfolgung und Vernichtung der jüdischen Bevölkerung kennt.[20]

Das 5. Kapitel beschäftigt sich mit dem Stoff, aus dem Kriegserinnerungen sind, und da zeigt sich überraschenderweise, dass es nicht allzu selten vorkommt, dass autobiographische Erlebnisse gar nicht dem »wirklichen Leben« entstammen, sondern Spielfilmen und anderen Quellen entlehnt sind, den Erzählern aber – sei es durch wiederholtes Berichten, sei es durch besonders gute »Passung« zur eigenen Lebensgeschichte – so zu Eigen geworden sind, dass sie als authentischer Bestandteil gelebten Lebens erinnert und empfunden werden. Das 6. Kapitel dokumentiert, wie Topoi und Deutungsmuster die Vorstellungsrahmen für vergangene Ereignisse definieren, wobei insbesondere die Tradierung antisemitischer und rassistischer Stereotype Aufmerksamkeit verdient.

In Kapitel 7. wird der Umgang mit der nationalsozialistischen Vergangenheit und dem Holocaust in west- und ostdeutschen Familien verglichen. Hier zeigt sich, dass in den Familien aus der ehemaligen DDR die Erinnerung an den SED-Staat vielfach »über« der Erinnerung an das »Dritte Reich« liegt, was sich in permanenten Vergleichen der Staats- und Lebensorganisation widerspiegelt, was unter anderem dazu führt, dass sich die Angehörigen besonders der Kindergeneration mit Vorwürfen oder Anklagen gegenüber der Zeitzeugengeneration noch stärker zurücknehmen als ihre westdeutschen Altersgenossen, da sie ja selbst eine Diktatur nicht »verhindern« konnten. Das 8. Kapitel schließlich fasst die wesentlichen Ergebnisse noch einmal zusammen und skizziert die Umrisse einer Theorie der Tradierung, die über die Weitergabe der deutschen Vergangenheit im intergenerationellen Gespräch hinaus auch für die kommunikative Tradierung von Vergangenheit in anderen Gesellschaften Gültigkeit beanspruchen kann.

Dieses Buch basiert auf Gesprächen, für die uns die Angehörigen von 40 Familien ihre Zeit geopfert und ihre Offenheit entgegengebracht haben. Ihnen allen sei an dieser Stelle ganz herzlich gedankt.

2. Familiengedächtnis
Über die gemeinsame Verfertigung
der Vergangenheit im Gespräch

In den von Angela Keppler analysierten »Tischgesprächen«[21] findet sich der folgende Ausschnitt aus einem Familiengespräch.[22] Die Familie Braun hat gerade einen Skatabend beendet. Der Vater resümiert:

Vater: »N schönes Spiel«
Mutter: »Wenn man's nicht zu bierernst nimmt«
Vater: »Reizvolles Spiel«
Sohn: »Und du hast es trotz Casablanca offenbar nich' übergekriegt«
Vater: »Wie bitte?«
Sohn: »Du hast es trotz Casablanca nicht übergekriegt?«
Vater: »Ich hab' in der ganzen Gefangenschaft kein Skat mehr gespielt.«[23]

Keppler verwendet diesen Gesprächsausschnitt als Beispiel für eine Vergangenheitsrekonstruktion en passant: In einer alltäglichen, in keiner Weise auf das Erzählen von Erinnerungen bezogenen sozialen Situation wird plötzlich ein Aspekt der Lebensgeschichte eines Beteiligten angesprochen – in diesem Fall die Kriegsgefangenschaft des Vaters, die dieser in Casablanca zugebracht hat. Interessanterweise wird dieses Thema nicht vom Vater selbst eingebracht – ganz im Gegenteil scheint er die Bemerkung seines Sohnes zunächst gar nicht zuordnen zu können. Dessen Erinnerung an eine frühere Erzählung des Vaters ist überdies ungenau, denn wie sich zeigt, hat der Vater in der Kriegsgefangenschaft überhaupt nicht Karten gespielt. Nichtsdestotrotz führt die Bemerkung des Sohnes, wie Keppler schreibt, im Anschluss zu einer eineinhalb Stunden langen Erzählung des Vaters über die Zeit seiner Kriegsgefangenschaft.

Für uns ist diese Passage bemerkenswert, weil sie einige zentrale Aspekte vereint, die – wie in diesem Kapitel ausgeführt werden wird – typisch für das »Familiengedächtnis« sind. Der wichtigste Aspekt liegt darin, dass das »Familiengedächtnis« kein umgrenztes und abrufbares Inventar von Geschichten darstellt, sondern in der kommunikativen Vergegenwärtigung von Episoden besteht, die in Beziehung zu den Familienmitgliedern stehen und über die sie gemeinsam sprechen. Solche Vergegenwärtigungen der Vergangenheit finden in der Regel beiläufig und absichtslos statt – Familien halten keine Geschichtsstunden etwa zum Nationalsozialismus ab, sondern thematisieren Vergangenes zu unterschiedlichsten Anlässen, wie hier beim Kartenspiel, bei Familienfeiern, beim Fernsehen, bei Diaabenden, wo auch immer. Dabei ist die gemeinsame Praxis des »conversational remembering«[24] etwas völlig Selbstverständliches – sie bedarf keines Vorsatzes, keiner der Sprecher muss dabei eine Absicht verfolgen, sie hat keinen festgelegten Ausgang, es braucht nichts »ausdiskutiert« zu werden, das Thema kann beliebig gewechselt oder abgebrochen werden.[25]

Weiter ist wichtig, dass das jeweilige historische Ereignis nicht vom damaligen Akteur ins Gespräch gebracht werden muss – ganz im Gegenteil kommt es häufig vor, dass ein Angehöriger der Nachfolgegenerationen die jeweilige Geschichte anspricht. Damit ergeht eine auf den ersten Blick paradoxe Aufforderung an den historischen Akteur: Er möge doch erzählen, was seine Zuhörer schon kennen. Auch im Fall der Familie Braun hat der Vater ja ganz offensichtlich schon zuvor Episoden aus seiner Kriegsgefangenschaft erzählt – andernfalls könnte sein Sohn ihn gar nicht darauf ansprechen. Dass dessen Erinnerung an die Erinnerungen des Vaters zum Thema »Kartenspielen während der Kriegsgefangenschaft« falsch ist, stellt weder ein Erzählhindernis dar, noch ist es überhaupt untypisch »für jene Geschichten, die man als Kind von seinen Eltern oft erzählt bekommen hat und bei denen man, gerade weil sie einem immer wieder von den Erwachsenen erzählt wurden, nie so ganz genau hingehört hat«.[26]

Der Umstand, dass sich Kinder und Enkel ihren ganz eigenen Reim auf die Geschichten machen, die sie von ihren Eltern und Großeltern gehört haben, dass sie diese nicht nur auf ihre Weise interpretieren, sondern oft völlig neu gestalten, ergänzen oder entstellen, wird uns noch beschäftigen – hier ist zunächst einmal wichtig, dass Geschichten in der Familie gerade deswegen erzählt werden, *weil* jeder sie schon kennt: denn der »Bezug auf vergangene Ereignisse (ist) nicht allein ein Akt ihrer gemeinsamen Vergegenwärtigung als etwas Vergangenes, sondern ein Vorgang der Bestätigung einer Einstellung zu wichtigen Angelegenheiten des Lebens, die sich in der Familie über die Zeiten hinweg durchgehalten hat. Die rituelle Wiederholung [...] *benennt* eine Kontinuität des Selbstverständnisses, die sie im selben Akt *bezeugt*.«[27]

Die kommunikative Vergegenwärtigung von Vergangenem in der Familie ist mithin kein bloßer Vorgang der Aktualisierung und der Weitergabe von Erlebnissen und Ereignissen, sondern immer auch eine gemeinsame Praxis, die die Familie als eine Gruppe definiert, die eine spezifische Geschichte hat, an der die einzelnen Mitglieder teilhaben und die sich – zumindest in ihrer Wahrnehmung – nicht verändert.

Das Beispiel des von einer falschen Annahme ausgehenden Sohnes der Familie Braun deutet schon an, dass die einzelnen Familienmitglieder durchaus verschiedene Versionen der »Familiengeschichte« im Gedächtnis haben können – das »Familiengedächtnis« bildet aber einen Rahmen, der sicherstellt, dass sich alle Beteiligten an dasselbe auf dieselbe Weise zu erinnern glauben. Das Familiengedächtnis ist, wie sich im Folgenden zeigen wird, eine synthetisierende Funktionseinheit, die gerade mittels der Fiktion eines gemeinsamen Erinnerungsinventars die Kohärenz und Identität der intimen Erinnerungsgemeinschaft »Familie« sicherstellt.

Diese implizite Fiktion liegt übrigens auch anderen, sozial distanzierteren und temporären Erinnerungsgemeinschaften zugrunde – für die Familienmitglieder ist aber die prinzipielle Anforderung kennzeichnend, Kohärenz sichern, Identität bewahren und Loyalitätsverpflichtungen nachkommen zu müssen, und das Medium par excellence für die Erfüllung dieser Anforderung sind Keppler zufolge gemeinsame kommunikative Akte des Erinnerns: »Die Einheit einer Familiengeschichte besteht [...] nicht in einer einheitlichen Geschichte, sondern in der Kontinuität der Gelegenheiten und Akte des gemeinsamen Sich-Erinnerns.«[28]

Keppler weist übrigens ausdrücklich darauf hin, dass die kommunizierten Geschichten keineswegs vollständig, konsistent und linear sein müssen – ganz im Gegenteil bestehen sie häufig eher in Fragmenten und bieten in dieser Gestalt Anknüpfungspunkte für unterstützende, unterbrechende und korrigierende Kommentare und Ergänzungen. Und ebenso wenig, wie das Gros der in der Familie kursierenden Geschichten aus geschlossenen Narrativen besteht, so wenig existiert eine Familiengeschichte »aus einem Stück«: »Dieses große Ganze gibt es nicht«, schreibt Keppler, »und kann es nicht geben, wenn es denn stimmt, dass das Gedächtnis einer familiären Gemeinschaft an okkasionelle Akte des jeweiligen Sich-Erinnerns gebunden ist.«[29]

Das Familiengedächtnis basiert nicht auf der Einheitlichkeit des Inventars seiner Geschichten, sondern auf der Einheitlichkeit und Wiederholung der Praxis des Erinnerns sowie auf der Fiktion einer kanonisierten Familiengeschichte. Ihre synthetisierende Funktion wird immer aufs Neue realisiert, allerdings, so müsste man Keppler ergänzen, nur so lange, wie es gut geht: Denn bekanntlich funktionieren Familien keineswegs immer als Kommunikations- und Erinnerungsgemeinschaften und häufig zerbrechen sie ja auch, mit der Folge, dass die Vergegenwärtigung einer gemeinsam geteilten Vergangenheit unmöglich wird. Wir kommen im Übrigen auch auf den Grenzfall eines Familiengedächtnisses zu sprechen, das zu zerbrechen droht, ohne dass sich die soziale Zusammensetzung des Kollektivs verändert: Hier, am Beispiel der Familie Meier, wird die Einheitlichkeit des Familiengedächtnisses dadurch in Frage gestellt, dass einige Zeit nach dem Tod des Urgroßvaters eine von ihm verfasste Chronik entdeckt wird, die diesen als NS-Verbrecher zeigt, der stolz auf seine Taten ist. Dieses Bild vom Urgroßvater nun widerspricht auf drastische Weise demjenigen, das die Familie bis dahin gepflegt hatte, und das führt zu deutlichen Schwierigkeiten der Hinterbliebenen, zu einer gemeinsamen Erinnerung zurückzukehren. Das, was die posthum entdeckte Chronik beinhaltet, ist nicht mehr verhandelbar. Wenn der Urgroßvater seine Geschichte im Rahmen von Familiengesprächen erzählt hätte,[30] hätte das vielleicht zu einigen Schwierigkeiten bei der Wiederherstellung der Fiktion einer gemeinsamen Familiengeschichte geführt – aber diese wäre auf jeden Fall leichter restaurierbar gewesen, als es hier, im Angesicht der nicht mehr modifizierbaren Chronik, der Fall ist.

Vor diesem Hintergrund macht der Fall der Familie Meier, der ausführlicher im nächsten Kapitel[31] vorgestellt wird, ex negativo deutlich, dass das Familiengedächtnis als eine Funktion zu verstehen ist, die jenseits der individuellen Erinnerungen und Vergangenheitsauffassungen der einzelnen Familienmitglieder die Fiktion einer gemeinsamen Erinnerung und Geschichte sicherstellt. Denn nachdem die Geschichte des Urgroßvaters sich als völlig diskrepant zum Gedächtnis der Familie Meier herausgestellt hat, zeigt sich, dass die einzelnen Generationenangehörigen – seine Tochter, seine Enkelinnen und seine Urenkelinnen – de facto ein je anderes Bild von ihm und seiner historischen Rolle gehabt hatten: Während die Tochter dieses Mannes sich wenig irritiert gezeigt hat, weil sie selbst ihren Vater noch in der NS-Zeit erlebt hatte, und während die Urenkelin wenig erschüttert ist, weil sie zum Zeitpunkt der Entdeckung der Chronik aufgrund ihres Entwicklungsalters nicht in der Lage ist, abstrakte Geschichtszusammenhänge mit der konkreten Person ihres Uropas in Verbindung zu bringen, sind die Enkelinnen tief erschüttert. In dieser Generation wich das kommunizierte und konservierte Bild vom Großvater am heftigsten von der sich plötzlich zeigenden historischen Wirklichkeit ab. Die einzelnen Generationenangehörigen einer Familie nehmen ihre Vorfahren und deren Geschichten mithin jeweils von einer anderen Zeitstelle aus wahr, was aber im Rahmen des Familiengedächtnisses so lange nicht zur Geltung kommt, bis eine unabweisbare Evidenz zutage tritt, die das sorgsam kultivierte Bild vom Vorfahren radikal in Frage stellt – und zwar für jeden Beteiligten auf eigene Weise.

Damit können wir auf die ursprüngliche Konzeption des Familiengedächtnisses zu sprechen kommen, wie sie von Maurice Halbwachs entwickelt worden ist. In seiner mittlerweile klassischen phänomenologischen Untersuchung betont er, dass das »kollektive Gedächtnis« zwar »auf einer Gesamtheit von Menschen beruht«, dass es aber die Individuen sind, die sich erinnern. »In dieser Masse gemeinsamer, sich aufeinander stützender Erinnerungen sind es nicht dieselben, die jedem von ihnen am deutlichsten erscheinen. Wir würden sagen, jedes individuelle Gedächtnis ist ein ›Ausblickspunkt‹ auf das kollektive Gedächtnis; dieser Ausblickspunkt wechselt je nach der Stelle, die wir darin einnehmen.«[32]

Wie jede soziale Gruppe hat auch die Familie ein »kollektives Gedächtnis«, das die »jemeinigen« Erinnerungen (um mit Paul Riceour zu sprechen) der einzelnen Mitglieder mit kulturellen, sozialen und historischen Rahmen versieht, weshalb Erinnerungen immer individuell und kollektiv zugleich sind. Die Erinnerungen des einzelnen Subjekts entstehen »durch Kommunikation und Interaktion im Rahmen sozialer Gruppen«, wie Assmann unter Bezugnahme auf Halbwachs und Goffman[33] formuliert hat: »Subjekt von Gedächtnis und Erinnerung bleibt immer der einzelne Mensch, aber in Abhängigkeit von den ›Rahmen‹, die seine Erinnerung organisieren.«[34] Für die Familie gilt Halbwachs zufolge, dass die Erinnerungsgeschichten, die in Familien erzählt werden, nicht nur individuelle Vergangenheitsbilder darstellen, sondern zugleich Modelle für »die allgemeine Haltung der Gruppe«: »Sie reproduzieren nicht nur ihre Vergangenheit, sondern sie definieren ihre Wesensart, ihre Eigenschaften und ihre Schwächen. Wenn man sagt: ›In unserer Familie wird man alt‹, oder ›... ist man stolz‹, oder ›... bereichert man sich nicht‹, so spricht man von einer [...] moralischen Eigenschaft, von der man annimmt, dass sie der Gruppe eigen sei [...]. Auf jeden Fall stellt das Familiengedächtnis aus verschiedenen aus der Vergangenheit behaltenen Elementen solcher Art einen Rahmen her, den es intakt zu halten sucht.«[35]

Wenn sich ein Familienmitglied also an ein Ereignis aus der Familiengeschichte erinnert, wird es unweigerlich auf diesen Rahmen zurückgreifen und den Selbstentwurf seiner Familie implizit mit jeder seiner Erinnerungserzählungen thematisieren und fortschreiben: »Nehmen wir nun an, wir riefen uns ein Ereignis unseres Familienlebens in die Erinnerung zurück [...]. Versuchen wir, diese traditionellen Ideen und Urteile, die den Familiengeist bestimmen, davon zu trennen. Was bleibt übrig? Ist es überhaupt möglich, eine solche Trennung durchzuführen und in der Erinnerung an das Ereignis zu unterscheiden zwischen dem Bild von dem, was nun einmal stattgefunden hat [...], und den Vorstellungen, in denen sich gewöhnlich unsere Erfahrung von der Handlungsweise und den Verhältnissen unserer Verwandten ausdrückt?«[36]

Die explizite Erinnerung an ein Ereignis aus der Familienvergangenheit ist mithin untrennbar mit einem impliziten Konzept über diese Familie verbunden – und das eben macht die Spezifik von Familienerzählungen über die nationalsozialistische Vergangenheit und den Holocaust in unseren Gesprächen aus: Denn hier haben wir es ja mit dem Phänomen zu tun, dass eine auf der Ebene der öffentlichen Erinnerungskultur als verbrecherisch markierte Vergangenheit mit einem Familiengedächtnis in Einklang gebracht werden muss, das unter den Erfordernissen von Kohärenz, Identität und wechselseitiger Loyalität jedes Mitglied dazu verpflichtet, die »gute Geschichte« der Familie aufrechtzuerhalten und fortzuschreiben.

Mit Halbwachs kann man in diesem Zusammenhang von einem generalisierten Bild der »moralischen Wesensart unserer Eltern« sprechen, das implizit jedem erinnerten und weitergegebenen Ereignis der Vergangenheit unterliegt.[37] Das Bild, das sich von dieser »moralischen Wesensart« des Vorfahren an jener Zeitstelle hergestellt hat, von der aus man ihn kennt, wird – das belegt unser Interviewmaterial in vielfältiger Weise – auch auf jene vorausliegenden Abschnitte seiner Lebensgeschichte hin generalisiert, die man aus eigener Erfahrung und Anschauung *nicht* kennt, weil man zu dieser Zeit noch gar nicht auf der Welt war. Und hier entsteht sie, die maximale Diskrepanz zwischen der Person, wie man sie im Rahmen gemeinsamer Lebenspraxis, in der Praxis gemeinsam verbrachter Lebenszeit, kennen gelernt hat, und der möglichen Rolle, die diese Person zu anderen Zeiten gespielt haben kann.

In diesem Sinne lassen sich die Schwierigkeiten von Angehörigen der Enkelgeneration verstehen, ihre Großeltern in einen Geschichtszusammenhang einzufügen, der normativ eindeutig als »böse« markiert ist. Sie sind mit einer tiefen Kluft zwischen »dieser großen Geschichte und meinem kleinen Opa« konfrontiert, wie es eine Angehörige der Enkelgeneration formuliert hat. »Dass mein Großvater an diesen Dingen beteiligt gewesen sein soll«, sagte ein anderer, »das übersteigt meine Vorstellungskraft.«

Halbwachs betont (in Einklang mit Familientherapeuten),[38] dass die Familie eine im Vergleich zu anderen sozialen Gruppen »unauflösliche Einheit« bildet[39] – selbst, wenn die Familienbeziehungen aufgrund von Tod, Scheidung etc. zerreißen, bleiben Väter Väter und

Söhne Söhne: In keiner anderen sozialen Gruppe, so Halbwachs, bedeutet »die Persönlichkeit jedes Menschen mehr [...], wo man sich in seinen Urteilen über seine Nächsten am wenigsten durch die Regeln und Meinungen der Gesellschaft beherrschen und leiten lässt, wo man sie nach ihrer eigenen individuellen Natur und nicht als Mitglieder einer religiösen, politischen oder wirtschaftlichen Gruppe bewertet, wo man vor allem und fast ausschließlich ihre persönlichen Qualitäten in Betracht zieht und nicht das, was sie für die anderen Gruppen, die die Familie umgeben [...], sind oder sein könnten.«[40]

Es leuchtet unmittelbar ein, dass die vielleicht auch andernorts widerstreitenden Verpflichtungen des Familiengedächtnisses und des kulturellen Gedächtnisses gerade in einem Land besondere Probleme aufwerfen, in dem der Nationalsozialismus und der Holocaust zur Familiengeschichte zählen. Bevor wir im nächsten Kapitel zeigen werden, dass die Lösung dieses Problems in der Herstellung eines Heroisierungsprozesses besteht, in dem antisemitische Großmütter in den Erzählungen ihrer Enkel in heldenhafte Beschützerinnen von Verfolgten verwandelt werden und »alte Kämpfer« der NSDAP in Zuckmayersche Generäle, die mit dem Teufel paktiert haben, wollen wir in diesem Kapitel zunächst beschreiben, wie Geschichten in Familiengesprächen gemeinsam verfertigt werden, wie – in anderen Worten – Vergangenheit in einem sozialen Prozess gebildet und tradiert wird.

Die Beschreibung dieses Vorgangs erscheint nicht nur deswegen überfällig, weil bislang weder eine Theorie noch eine Deskription der Weitergabe von Geschichte im Gespräch zwischen den Generationen vorliegt, sondern auch deswegen, weil – wie Keppler zu Recht angemerkt hat – Halbwachs' Ausführungen zum Familiengedächtnis zwar im Modell höchst instruktiv sind, er aber jeden empirischen Nachweis schuldig geblieben ist, wie das Familiengedächtnis sich kommunikativ realisiert und fortschreibt: »Halbwachs spricht davon, dass Großeltern Erinnerungen an Enkelkinder weitergeben, schweigt sich aber darüber aus, wie dies im Einzelnen geschieht. Man wüsste gern, wie sich das kollektive Gedächtnis bildet, erhält und verlängert, oder genauer: wie die Einheit dieser drei Vorgänge des Bildens, Erhaltens und Verlängerns als sozialer Prozess möglich ist. Will man aber die soziale Bildung des Gedächtnisses studieren, so wäre mein Einwand, muss man jene Akte der Vermittlung untersuchen, die ein Erinnern möglich machen.«[41]

Keppler selbst hat solche Akte der Übermittlung anhand von Alltagsgesprächen untersucht, die mit Tonband aufgezeichnet wurden, ohne dass ein Interviewer anwesend gewesen wäre. Das ist ein wichtiger Unterschied zu unserer Untersuchungsanlage; ein anderer besteht darin, dass es Keppler um die Rekonstruktion der kommunikativen Vergegenwärtigung von familialer Vergangenheit *als* familialer Vergangenheit ging – die Thematisierung von Geschichten aus der NS-Vergangenheit geschieht dabei, wie das eingangs zitierte »Casablanca«-Beispiel zeigt, zufällig und beiläufig. In unseren Gesprächen ist der Nationalsozialismus der zentrale Gegenstand der Vergegenwärtigung in den Familiengesprächen und in den Einzelinterviews.[42]

Die Besonderheit unseres Untersuchungsdesigns, dass die beteiligten Familienmitglieder sowohl in generationsspezifischen Einzelinterviews erzählen sollten, was sie aus Familiengesprächen über die NS-Vergangenheit und die Erlebnisse ihrer Eltern und Großeltern wussten, als auch in Familiengesprächen gemeinsam über diese Vergangenheit sprechen sollten, hatte die logische Folge, dass eine Familie schon dann nicht in die Stichprobe einbezogen werden konnte, wenn nur ein Generationenangehöriger die Teilnahme ablehnte. Auf diese Weise mussten etwa einhundertfünfzig Familien angesprochen werden, um die angezielte Stichprobe von 40 Familien zu realisieren, und während ganz im Gegensatz zu landläufigen Vermutungen, die Zeitzeugengeneration würde die Vergangenheit »beschweigen«, die ehemaligen Wehrmachtsangehörigen und »Trümmerfrauen« meist spontan zusagten, waren es viel eher ihre Söhne und Töchter, die eine Teilnahme verweigerten – oft mit dem Hinweis, ihre Eltern würden über dieses Thema nicht sprechen. Dass sich hinter dieser Struktur ein eigenes Problem der so genannten 68er-Generation mit der NS-Vergangenheit und ihrem sorgsam kultivierten Mythos von der schweigenden Kriegsgeneration verbirgt, verdient eine eigene Diskussion[43] – hier bleibt es zunächst einmal wichtig, zu betonen, dass wir es mit einer Stichprobe zu tun haben, in der das Thema Nationalsozialismus erstens überhaupt als ein Thema betrachtet wird,

über das man sprechen *sollte* (was ja keineswegs allgemein vorausgesetzt werden kann),[44] und dass zweitens in diesen Familien gemeinsam über die nationalsozialistische Vergangenheit und den Holocaust gesprochen werden *kann*.

Für die Einschätzung der Reichweite unseres Materials ist dies genauso wichtig wie der schon erwähnte Umstand, dass die Thematisierung von Nationalsozialismus und Holocaust in den Interviews
und Familiengesprächen auch durch die Interviewerinnen und Interviewer beeinflusst ist. Wir haben uns vor dem Hintergrund einer der
Methodenentwicklung dienenden Vorstudie[45] deshalb dafür entschieden, der Rolle der Interviewerinnen und Interviewer in der Auswertung der Gesprächsprotokolle systematisch dieselbe Beachtung zu
schenken wie den Äußerungen der Befragten. Wir betrachten unsere
Interviews und Familiengespräche als von mehreren Sprechern gemeinsam verfertigte Texte über die nationalsozialistische Vergangenheit und den Holocaust. Diese Texte können darüber Auskunft geben,
wie zu einem definierten Zeitpunkt (nämlich von 1997 bis 2000) in
definierten sozialen Situationen (nämlich in Forschungsinterviews
und -diskussionen mit Familien) über ein definiertes Thema gesprochen wird. Diese Reichweitenbestimmung ist hinsichtlich der For-
schungsfragestellung nach der Tradierung des Geschichtsbewusstseins vom Nationalsozialismus in Deutschland viel angemessener als
eine konventionellere Untersuchungsstrategie, die von der Annahme
ausginge, Geschichtsbewusstsein und Erinnerungen allgemein lägen
in einer fixierten Form vor, die mit Hilfe »neutraler« Erhebungsver-
fahren ermittelt und beschrieben werden könne. Wir haben schon mit
Kepplers Konzeption des Familiengedächtnisses argumentiert, dass
dieses wesentlich in seiner praktischen Vergegenwärtigung besteht,
mithin im sozialen Prozess gemeinsamer Erinnerung.

Die Interviewerinnen und Interviewer spielen in diesem Prozess eine
Rolle als soziale Personen, und entsprechend war es ihnen gestattet,
auf an sie gerichtete Fragen zu antworten, empathisch zu reagieren,
sich verwundert zu zeigen, kurz: sich alles andere als neutral zu verhalten. Da das Neutralitätspostulat an den Interviewer, das noch immer nicht aus den Lehrbüchern der empirischen Sozialforschung verschwunden ist, von grundlegenden kommunikationstheoretischen

Voraussetzungen absieht, und da Neutralität im Rahmen sozialer Interaktionen ein Widerspruch in sich selbst ist, werden unsere Betrachtungen von gemeinsamen Verfertigungen der Vergangenheit im Gespräch Intervieweräußerungen fallweise genauso einbeziehen wie Äußerungen von Familienmitgliedern.

Zudem haben auch die Familienangehörigen in den Gesprächen die Möglichkeit, die Rolle des Interviewers oder Moderators zu übernehmen und lenkend einzugreifen. Dieser steuernde und vermittelnde Einfluss kann so dramatisch ausfallen wie in der Familie Lerch, in der der Sohn Hans Hack, Jahrgang 1936, seine erzählende Mutter rüde unterbricht:

Hans Hack: »Naja, Mutti, das ist auch«
Eva Lerch: »Was?«
Hans Hack: »Gequatsche«
Eva Lerch: »Is' Gequatsche?«
Hans Hack: »Ich sage, das sind rein private Sachen alles.«[46]

Die Moderatorenrolle der Kindergeneration kann sich aber auch in der milderen Form zeigen, dass die Kinder ihren Eltern soufflieren, Stichworte liefern oder auch ganze Geschehenszusammenhänge selbst erzählen, wie im folgenden Beispiel:

Hildrun Müller: »Das letzte Mal, wie er wieder rausfahren wollte, und man wusste aber schon, dass ähm, wir haben immer gesagt, er soll nicht fahren, er soll nicht fahren. Also, wir hatten Angst, er kommt nicht wieder, und so war es ja auch. Und dann hat Mutti gesagt: ›Nein, ich schließe die Tür ab, du kommst nicht raus!‹ ›Nein, das kann ich nicht machen, meinen Kollegen gegenüber kann ich das nicht machen, ich muss raus!‹ Und dann bist an'n Bahnhof, da war eine Straßenbahn, ne.«
Wilhelmine Brinkmann: »Hm«
Hildrun Müller: »Bis zum Bahnhof mitgegangen. Da muss ich wohl mitgewesen sein. Das weiß ich also auch noch.«
Wilhelmine Brinkmann: »Ja, das kann sein. Das kann sein.«
Hildrun Müller: »Ne, am Bahnhof war die Straßenbahn, und da haben wir dann unseren Vater weggebracht.«

Nicht nur, dass die 1938 geborene Hildrun Müller hier eine Geschichte detailliert und szenisch erzählt, die sich um ein zentrales Ereignis der Familiengeschichte, den letzten Besuch des Vaters, dreht – es scheint auch so zu sein, als wären ihrer Mutter die erzählten Details und Szenen gar nicht recht in Erinnerung. Allerdings scheint es gerade die Lebendigkeit von Hildrun Müllers Erzählung zu sein, die ihre Mutter schließlich dazu veranlasst, deren Schilderung zuzustimmen, wenn auch zögerlich: »Ja, das kann sein.«

Dieses Verfahren, dass die Tochter die Geschichten, die ihre Mutter betreffen und die eigentlich diese erzählen könnte, stellvertretend erzählt, zieht sich durch das gesamte Familiengespräch der Brinkmanns. An einer anderen Stelle ist Wilhelmine Brinkmann (Jahrgang 1915) unsicher, was sie noch berichten könnte: »Ja, und was noch?« Sofort springt ihre Tochter ein:

Hildrun Müller: »Und dann das Schlimmste fand ich für dich«
Wilhelmine Brinkmann: »Mein schönes Kleid«
Hildrun Müller: »Das schönste Kleid, das Oma besaß! Sie hatte so ein wunderschönes Kleid! Und dann hat jemand geklingelt an der Tür, Bauern müssen das wohl gewesen sein«
Wilhelmine Brinkmann: »Ja, ja.«
Hildrun Müller: »Und dann, ja, ja, eine Dose Wurst. Für dieses Kleid. Soo eine kleine Dose Wurst!«
Wilhelmine Brinkmann: »So 'ne kleine bloß. Und die habe ich aufgemacht und auf den Tisch gestellt und denn«
Hildrun Müller: »du bist rausgegangen, weil du es nicht mit ansehen konntest. Du hast gar nichts gegessen. Und wir haben das in fünf Minuten oder sieben Minuten aufgegessen. Und dein Kleid war weg, ne. Seh' ich bis heute noch.«
Wilhelmine Brinkmann: »Ich auch. Das sehe ich heute auch noch.«
Hildrun Müller: »Also, das werde ich nie vergessen.«
Wilhelmine Brinkmann: »Nee, ich auch nicht. Nee.«[47]

Ganz ähnlich wie in der vorangegangenen Sequenz erzählt Hildrun Müller eine Geschichte, in deren Zentrum eigentlich das Erleben ihrer Mutter steht – denn es war ja ihr Kleid, das gegen eine Dose Wurst eingetauscht wurde. Die Choreographie der gemeinsamen Erzählung zeigt besonders zu Beginn und am Schluss, dass es sich hier wohl um eine schon oft erzählte Geschichte handelt: Auf Hildrun Müllers Stichwort »dann das Schlimmste« fällt Wilhelmine Brinkmann sofort »mein schönes Kleid« ein – was wiederum den Anlass für Hildrun Müller liefert, die Geschichte vom Kleid detailliert zu erzählen. Der Abschluss der Geschichte besteht in einer doppelten wechselseitigen

Versicherung, dass dieses Ereignis so einschneidend war, dass es beiden Beteiligten noch heute vor Augen steht (»Seh' ich bis heute noch« – »Das sehe ich heute auch noch«) – obwohl die Geschichte selbst ja beide Erzählerinnen in ganz unterschiedlichen Rollen zeichnet und eher den Eindruck macht, dass die Kinder weniger den Verlust des Kleides im Blick hatten als die Dose Wurst. Die gemeinsame Erzählung stellt aber retrospektiv eine Einheitlichkeit des historischen Erlebens her, die die Unterschiedlichkeit der damaligen Positionen im Familiengedächtnis löscht. Auch deshalb wird abschließend übereinstimmend die Bedeutsamkeit des Ereignisses für das gemeinsame Gedächtnis unterstrichen: »Das werde ich nie vergessen« – »Nee. Ich auch nicht.«

Gerade bei jenen Angehörigen der Kindergeneration, die selbst noch in den dreißiger Jahren geboren wurden, liegt die Herstellung einer gemeinsamen Erinnerung besonders nahe – mit dem Effekt, dass sich in den Familiengesprächen eine Koalition des zeithistorischen Darstellens und Verstehens bildet, auf die die Enkel sich einen eigenen Reim machen müssen. Dass diese den Geschichten, die häufig durch ein Hintergrundgefühl von Mangel, Not und Bedrohung getönt sind, viel eher dramatische und problematische Aspekte entnehmen, selbst wenn die Geschichten eher positiv sind, zeigt die folgende Passage aus dem Gespräch mit der Familie Lerch. Hans Hack, der 1936 geborene Sohn, erzählt, dass seine Schulklasse aus der Stadt evakuiert wurde, weshalb er, zusammen mit seiner Mutter, auf dem Land bei einer anderen Familie untergebracht wurde:

Hans Hack: »Ja, wie gesagt, wir sind denn da aufgenommen worden, und die Verhältnisse haben sich sehr positiv gestaltet.«
Eva Lerch: »Also, die haben uns alles abgegeben, nech. Weihnachten hat er uns 'n Tannenbaum besorgt, die Kohlen dazu und den Baum selber aus'm Wald geholt, und denn wollt' er auch Zuckerkuchen backen, wenn ich ihm Kaffee kochte (lacht). Weil unser Vater hatte Kaffee mitgebracht.«[48]

In diese von der Zeitzeugin Eva Lerch (Jahrgang 1911) und ihrem Sohn erzählte Geschichte hinein fragt die 1968 geborene Enkelin

Anna Hack: »Ich wollt' grad fragen: Wo habt ihr was zu essen hergekriegt?«[49]

Deutlich ist hier, dass Anna Hacks Bild von der Zeit, über die Eva Lerch und Hans Hack erzählen, durch ein Szenario der Not und des Mangels geprägt ist, obwohl die beiden Erzähler doch gerade eine ganz gegenteilige Geschichte berichtet haben. Frau Lerch zeigt sich denn auch etwas irritiert, bevor sie antwortet:

Eva Lerch: »Ja, also. Alles, was ich haben wollte, hab' ich gekriegt. Also, sie haben mir immer Eier gegeben oder auch für die Kinder, Ostern, Eier mussten sie suchen. Und als wir ankamen, hat die Frau sowieso einen Topf machen müssen. Also zusammengekocht, aber kräftig, dass wir alle zufrieden waren.«[50]

Anna Hack ist mit dieser Darstellung aber noch keineswegs zufrieden – scheint zwar die Versorgung mit Luxusgütern wie Ostereiern und Zuckerkuchen zu Weihnachten in der historischen Situation sichergestellt, muss doch ihrer Auffassung nach irgendwo Mangel geherrscht haben:

Anna Hack: »Und wo habt ihr eure Grundnahrungsmittel herbekommen?«
Eva Lerch: »Was?«
Anna Hack: »Wo ihr eure Grundnahrungsmittel herbekommen habt, so was wie Brot?«
Eva Lerch: »Naja, da war 'n EDEKA.«[51]

Die Irritation wird hier zunehmend wechselseitig. Es zeigt sich, dass Anna die Geschichte im Rahmen ihrer Hintergrundüberzeugung hört, es würde hier aus einer Zeit des Mangels und der Not berichtet, während Frau Lerch und Hans Hack eine durch und durch positive Geschichte erzählen – dass sie nämlich keinerlei Not zu leiden hatten. Eva Lerchs lapidare Antwort, dass sie ihre »Grundnahrungsmittel« eben bei EDEKA gekauft habe, wird dann allerdings von Hans Hack in Richtung der Erwartungen seiner Tochter ergänzt:

Hans Hack: »Mit Lebensmittelmarken, wie das im Krieg war.«[52]

Diese Sequenz zeigt nicht nur, dass die Angehörigen der Enkelgeneration dazu neigen, von einem generalisierten Bild der Kriegsjahre und der Nachkriegszeit auszugehen, in dem ihre Eltern, Großeltern und Urgroßeltern gelitten haben, also Opfer waren (was im nächsten Kapitel eingehender dargestellt werden wird). Sie zeigt auch, dass die

Enkel ziemlich resistent gegenüber der Versuchung sind, dieses Bild zu korrigieren. Das deutet einmal mehr an, dass die einzelnen Generationenangehörigen der Familien durchaus verschiedene Bilder von den in Rede stehenden Ereignissen und Verhältnissen haben, was aber in der sozialen Situation des Erinnerns und Erzählens nur selten manifest wird. Einschübe wie die von Hans Hack sind dazu geeignet, die verschiedenen Bilder einander anzugleichen und das Begehen einer gemeinsamen Erinnerung zu erleichtern.

Dieser Befund, dass die Beteiligten vor, während und nach dem Gespräch ganz unterschiedliche Vorstellungen von der Vergangenheit hegen und auch verschiedene Versionen der erzählten Geschichten wahrnehmen, führt im Rahmen der Vergegenwärtigungssituation häufig gerade nicht zu Konflikten, sondern zu kommunikativen Lösungen, die für alle Beteiligten das Gefühl zulassen, man habe gemeinsam über dasselbe gesprochen. Dieser zunächst vielleicht überraschende Befund verdient eine genauere Aufschlüsselung: Im Gespräch mit der Familie Beck findet sich eine ganze Reihe von Geschichten, die zeigen, dass alle beteiligten Sprecherinnen und Sprecher Anteile unterschiedlicher Versionen der vermeintlich gleichen Geschichte im Gespräch realisieren – übrigens unter aktiver Beteiligung der Interviewerin.

Frau Beck, Jahrgang 1924, hat gerade eine Fluchtgeschichte erzählt, die zunächst in der russischen Besatzungszone endet. Nun beginnt, wie sie erzählt, eine »böse Zeit«:

Mathilde Beck: »Denn der Russe nahm ja keine Rücksicht, und wenn er merkte, wo junge Mädchen waren, o wei o wei.«[53]

Was sie dann schildert, trägt deutlich alptraumhafte Züge:

Mathilde Beck: »Eine Nacht haben wir auf 'nem Glasdach verbracht, das war Konradshofen, das hat da vorne ein Glasdach, die hätten nur unten Licht machen brauchen, dann hätten sie uns oben gesehen, nicht.«[54]

Auch wenn hier vieles offen bleibt: Wer mit ihr gemeinsam die Nacht auf dem Glasdach verbracht hat, sagt Frau Beck ebenso wenig, wie sie andeutet, was dazu führte, gerade dieses, offensichtlich untaugliche, Versteck zu wählen. Der mit der Situation verbundene

Schrecken teilt sich jedoch vielleicht gerade deshalb unmittelbar mit. Die Interviewerin fragt nach:

Interviewerin: »Die waren da unten drin in dem Haus und Sie haben oben auf dem Dach gelegen?«[55]

Zwar hatte Frau Beck davon gesprochen, dass in dem Moment, in dem im Haus Licht gemacht worden wäre, sich ihr vermeintliches Versteck unweigerlich in das Gegenteil verkehrt hätte. Bei ihr blieb es jedoch Möglichkeit, Erinnerung an eine Situation, in der ihre gesamte Lebensgeschichte durch einen einfachen Handgriff eine dramatische Wendung hätte erfahren können. Nicht so bei der Interviewerin. Sie macht aus der Angst vor möglicher Entdeckung eine sehr reale Bedrohung, verleiht dem Schrecken konkrete Gestalt: Russische Soldaten suchen ihr zufolge im Haus nach jungen Mädchen, während diese oben auf dem Dach liegen. Was sie als Nachfrage formuliert, verändert zugleich also die Geschichte.

Frau Beck bestätigt zunächst, was sie vorher schon gesagt hatte, »Wir haben ja auf dem Glasdach gelegen, nich'«, um anschließend noch einmal deutlich zu machen, wie schlechterdings untauglich dieses Versteck war: »Da haben wir uns aber schön festgehalten.«[56] Nicht nur also, dass ein Glasdach keinen Schutz vor dem Gesehen-Werden bietet; es bietet auch wenig Halt. Mit keinem Wort jedoch erwähnt Frau Beck Soldaten, die tatsächlich das Haus durchsuchten. Vielmehr scheint für sie die Bedrohung, die die Interviewerin in Gestalt der Soldaten sieht, im Umstand begründet zu sein, auf einem *Glas*dach gelegen zu haben.

Die Interviewerin fragt nun noch einmal nach: »Wie kam das denn, dass Sie da oben gelandet sind und die...?« »Weil die nach jungen Mädchen suchten im Haus«[57], antwortet Frau Beck. Auch hier bleibt offen, ob die Soldaten in der geschilderten Situation tatsächlich im Haus waren oder nicht. Schließlich hatte die Interviewerin nach dem *Anlass* gefragt, sich zu verstecken, und der kann gegeben sein, wenn Soldaten tatsächlich im Haus sind, wie die Interviewerin annahm; er kann aber auch gegeben sein, wenn man Angst *vor* genau der Situation hat.

Dass wohl eher Letzteres der Grund dafür war, dass die Mädchen damals eine Nacht auf einem Glasdach verbrachten, zeigt ein einfaches Gedankenexperiment: Wie wäre die Geschichte erzählt worden, hätten sowjetische Soldaten tatsächlich das Haus durchsucht? Abgesehen davon, dass es unwahrscheinlich ist, dass sie *kein* Licht gemacht hätten, wäre Frau Becks Erzählung vermutlich durch andere Elemente geprägt gewesen: durch die Ankunft der Soldaten, durch die bedrohliche Nähe zu ihnen, vielleicht durch Stimmen, Blicke, Bewegungen, und schlussendlich wieder durch ihr Weggehen und das Gefühl der Erleichterung, die Sache gut überstanden zu haben. Aber gerade diese Geschichte erzählt Frau Beck nicht. Inmitten *dieser* Geschichte jedoch befindet sich die Interviewerin, die jetzt noch einmal nachfragt:»Und Sie haben sich dann versteckt, als Sie gemerkt haben, die kommen?« Und wiederum bestätigt Frau Beck nur einen Teil der Rückfrage, den Teil, den sie selber ins Spiel gebracht hatte: »Versteckt, ja«[58], um dann unmittelbar darauf das Thema zu wechseln.

Es sind zwei Geschichten, die hier erzählt werden: Frau Beck erzählt eine, die Interviewerin eine andere Geschichte. Beide Geschichten haben ihr eigenes Zentrum: Bei Frau Beck ist es das Bewusstsein, ein Versteck gewählt zu haben, das eigentlich kein Versteck ist. Bei der Interviewerin hingegen ist es das konkrete Aufeinandertreffen von potenziellen Vergewaltigern und ihren möglichen Opfern. Die Tatsache jedoch, dass die Gesprächspartnerinnen unterschiedliche Geschichten erzählen, impliziert nicht, dass diese Geschichten nicht doch gemeinsam verfertigt werden. Im Gegenteil: Frau Beck hätte ihre Geschichte nicht in der Form erzählen können, in der sie sie erzählte, hätte die Interviewerin nicht emphatisch reagiert, hätte sie die Andeutung, »der Russe nahm ja keine Rücksicht und wenn er merkte, wo junge Mädchen waren, oh wei oh wei«, nicht im Sinne von Frau Beck verstanden. Umgekehrt erzählt auch die Interviewerin ihre Geschichte mit Frau Becks Unterstützung. Zwar bestätigt Frau Beck immer nur das, was auch Teil ihrer eigenen Geschichte ist; sie korrigiert die Interviewerin aber nicht und ermöglicht es ihr so, den Hergang der Geschichte auf ihre Art und Weise zu rekonstruieren.

Dieses Beispiel zeigt einen Prozess der aktiven Aneignung von Erzähltem im Dialog – es handelt sich hier nicht um das Hören, sondern um das Bilden einer Geschichte. Indem die Zuhörerin Frau Becks Geschichte aktiv miterzählt, wird die Erzählsituation für sie selbst zu einer Erlebnissituation: »Da hat mir eine Frau erzählt, wie sie sich auf dem Vordach eines Hauses versteckt hat, in dem die Russen nach ihr suchten, weil sie sie vergewaltigen wollten« – so oder so ähnlich könnte die Zuhörerin dieses Erlebnis Dritten dann weitergeben. Das, was wir als Tradierung bezeichnen, braucht die aktive Aneignung des Berichteten – das heißt, tradierbare Geschichten brauchen einen Anknüpfungspunkt an die eigene Lebenswirklichkeit und Vorstellungswelt des Zuhörers (hier: die Angst, vergewaltigt zu werden), eine Erzählgestalt, die Raum für Einfügungen lässt, sowie eine Erzählsituation, die selbst Erlebnisqualität hat (was durch das intergenerationelle Gespräch per se gegeben ist). Unter diesen Bedingungen wird eine Erzählung tradierbar, d. h. zu einer Erzählung, die von einer fremden zu einer eigenen wird.

Nun ist das Bemerkenswerte an dieser Sequenz, dass die Verfertigung der »Glasdach«-Geschichte von einer Person mitvollzogen wird, die gar nicht zur Familie gehört und insofern auch nicht den Kohärenz- und Identitätsanforderungen des Familiengedächtnisses unterliegt und schon gar nicht der Fiktion der Einheitlichkeit des Familiengedächtnisses unterworfen ist. Gerade aber die Involvierung der Interviewerin in den Prozess der Vergegenwärtigung der Familienvergangenheit der Becks zeigt, dass auch temporäre Erinnerungsgemeinschaften ihren Mitgliedern dieselben Anforderungen auferlegen können wie Familien, wenn es hier auch nur um eine zeitlich befristete Kohärenz und Identität der sich erinnernden Wir-Gruppe geht. Dass diese Sequenz kein Zufallsprodukt ist, sondern ein Strukturmodell für das Bilden tradierbarer Geschichten beinhaltet, zeigt ein Ausschnitt aus demselben Gespräch, einige Augenblicke später. Hier ist die Situation insofern komplizierter, als neben der Interviewerin auch noch die Tochter der Zeitzeugin an der Erstellung der Erzählcollage beteiligt ist – aber die herausgearbeitete Struktur ist auch hier sichtbar: Frau Beck wird von ihrer Tochter direkt aufgefordert, eine Episode zu erzählen, deren Plot sie gleich selbst vorwegnimmt:

Anna Dietrichsen: »Und dass dein Abitur von ’43 nicht anerkannt wurde? Das war dann eine kleine Ironie am Rande dann.«[59]

Auf diese Erzählaufforderung hin erzählt Frau Beck dann recht detailliert, dass ihr eigentlich ordnungsgemäß abgelegtes Abitur (»regelrecht mein Abitur gemacht mit Abiturkleid«[60]) 1946 als Kriegsabitur eingestuft wurde, weshalb sie, um Apothekerin werden zu können, es nochmals ablegen musste. Sie resümiert diesen Umstand mit der merkwürdig ambivalenten Einschätzung:

Mathilde Beck: »Das war doch, war nicht so schön. Aber es war eigentlich ganz lustig.«[61]

Frau Beck erzählt ihre Geschichte mit dem zweiten Abitur nicht als Leidensgeschichte, sondern als eine, die ihrer Bildungsbiographie eine absurde Komponente beigibt, eine Komponente freilich, die sie mit vielen Angehörigen ihrer Generation teilt (»Ja, ich habe, es haben viele zweimal Abitur gemacht«[62]). Auf Nachfrage der Interviewerin (»Was hieß das, war das normal, dass die Leute, die dann in der Kriegszeit noch Abitur gemacht haben«) erläutert Frau Beck:

Mathilde Beck: »Es waren viele Flakhelfer, die ja gar nicht bis zum Abitur gekommen waren, die ja im Jahr zuvor schon eingezogen waren, die natürlich kein Abitur hatten, und die hatten die Möglichkeit, dadurch das Abitur (zu machen). Aber ich war auf'm Mädchengymnasium gewesen, also das. Später mal, da hatten sie gesagt, ja, das wäre 'ne Schikane von den Engländern gewesen, die diese Sachen ja auch alle kontrolliert haben.«[63]

Frau Beck empfindet die Nicht-Anerkennung ihres Abiturs nicht als persönliche Demütigung oder als Ungerechtigkeit, sondern nimmt sie als eine Maßnahme wahr, die in vielen Fällen durchaus sinnvoll, in ihrem eigenen aber sinnlos war. Die Hypothese, es habe sich um eine »Schikane« der britischen Besatzungsmacht gehandelt, zitiert sie als Aussage Dritter (»da hatten sie gesagt«) und im Konjunktiv, distanziert sich also rhetorisch deutlich von einer solchen Sichtweise. Da fällt die Interviewerin ihr ins Wort: »Das war 'ne Strafe fast, oder oder?«, woraufhin Frau Beck abwinkt: »Nein, ach.« Nun sagt die Tochter: »Na, das war Schikane, würd' ich einfach mal sagen.«, und Frau Beck entgegnet:

Mathilde Beck: »Ja, Schikane . oder äh die hatten das gesehen: '43 Abitur, nachmachen! Nich, also. Die haben sich da doch gar nicht groß Gedanken drüber gemacht.«[64]

Hier kommen Interviewerin und Tochter zu einer Deutung der Geschichte, die die Erzählerin gerade nicht angelegt hatte: Während sie selbst ihren Fall objektiviert und weder eine »Strafe« noch eine »Schikane« darin sehen kann, dass sie zweimal ihr Abitur machen musste, konzipieren ihre Zuhörerinnen die Geschichte so, dass Frau Beck zu einem Opfer ungerechter Behandlung wird. Neben dieser evaluativen Wendung, die das Bedürfnis der Angehörigen der Nachfolgegenerationen illustriert, die Zeitzeugin zu einem Opfer zu machen, das unter Nationalsozialismus, Krieg und Besatzung zu leiden hatte, ist hier wiederum das aktive Miterzählen der Geschichte durch die Zuhörerinnen von Bedeutung. Nicht nur, dass Frau Becks Tochter das Erzählen der Geschichte selbst initiiert, sondern auch, dass diese eine Moral bekommt, die die Erzählerin gar nicht teilt, macht sie zur eigenen Geschichte der Interviewerin (»Das war 'ne Strafe fast«) und noch mehr der Tochter. Besonders für sie lässt sich leicht vorstellen, wie sie diese Geschichte ihrer Mutter ihrerseits weitererzählen könnte: »Meine Mutter hat mal erzählt, dass sie sogar zweimal ihr Abitur machen musste. Das war eine Schikane von den Engländern, die haben ihr Abitur von '43 einfach nicht anerkannt.« Oder so ähnlich. Wieder wird der Dreischritt von identifikationsnahem Erzählanlass (hier: weibliche Bildungsbiographie), ergänzter Geschichte (hier wird sie evaluativ ergänzt) und einer Erzählgestalt mit Erlebnisqualität deutlich: Frau Becks Erzählung, die für sie vielleicht sogar eher beiläufige Bedeutung hat, wird für die Tochter zu einem bedeutsamen Bestandteil der Familiengeschichte – deshalb war sie es auch, die das Erlebnis der Mutter ins Gespräch gebracht hatte.

Gegen Ende des Gesprächs mit der Familie Beck geht es dann um den verstorbenen Mann von Mathilde Beck, der, wie sie berichtet, wenig über seine Erlebnisse im Krieg erzählt habe:

Interviewerin: »Und was meinen Sie, warum? Wie kommt das, dass er nicht so viel erzählt? Also ist es einfach so, weil er sich ungern erinnert an/«

Frau Beck hakt an dieser Stelle ein und bestätigt zunächst diese Vermutung der Interviewerin:

Mathilde Beck: »Einmal, weil er sich ungern erinnerte und dann äh äh hat er ja auch ganz selten überhaupt mal vom Krieg erzählt. Dass es auch viele grauenhafte Erinnerungen waren, ne, die er dann nicht zum Besten, die er vergessen wollte.«[65]

Hier nun schaltet sich die Tochter ein:

Anna Dietrichsen: »Obwohl, also es gab dann mal Situationen, naja, wenn er mal 'n bisschen mehr getrunken hatte. Nur eine Sache, die mit dem Kind.«[66]

Wenn Alkohol im Spiel war, sich mithin die normalerweise eingehaltenen Grenzen verschoben, hat Herr Beck auch schon mal erzählt, allerdings nur eine Sache: »die mit dem Kind.« Hier deutet sich wiederum an, dass es sich bei dieser »Sache« um eine Geschichte handelt, die den Familienmitgliedern bereits bekannt ist. »Die Sache mit dem Kind« könnte nun in der Tat auch die Überschrift für die Geschichte lauten, die im Folgenden gemeinsam verfertigt wird. Mathilde Beck beginnt:

Mathilde Beck: »Kinder waren das, die waren da aneinandergekettet.«
Anna Dietrichsen: »Ja, und erschlagen.«
Mathilde Beck: »Und denn erschlagen. Ja, und die standen dabei und konnten nichts machen.«
Anna Dietrichsen: »Ja.«[67]

Kinder wurden zunächst aneinandergekettet und dann erschlagen – wobei nicht gesagt wird, um was für Kinder es sich handelte und wer sie ermordet hatte. Auch wer »die« waren, die dabeistanden und »nichts machen« konnten, bleibt offen – nur dass ihr Mann zu diesen Personen zählte, kann man annehmen. Im Unterschied zu den meisten im Alltag erzählten Geschichten fehlt hier mit den Orts- und Zeitangaben und der Nicht-Benennung der handelnden Personen der Orientierungsteil; jemand, der die Geschichte nicht kennt, wie die Interviewerin, wird über den Rahmen der Geschichte völlig im Unklaren gelassen. Sie weiß nicht, wo und wann die Geschichte spielt, weshalb die Kinder angekettet sind, wer sie erschlägt usw. Im Zentrum steht eine schreckliche Tat. Allerdings treten hier noch keine Täter auf, nur ohnmächtige Zuschauer. Die Interviewerin versucht nun, sich zu orientieren:

Interviewerin: »Was waren das für Kinder?«
Anna Dietrichsen: »Das waren/ das müssen ja russische Kinder/«

Mathilde Beck: »Müssen russische Kinder gewesen sein. Nein, nein, das waren doch äh äh, das das sind äh äh in Schlesien, da, wo sie gefangen genommen worden sind.«[68]

Weder Mathilde Beck noch ihre Tochter wissen offenbar Genaues. Statt jedoch zu sagen, dass sie über die genauen Umstände nichts wissen, beginnen sie, aus Fragmenten eine halbwegs kohärente Geschichte zusammenzubauen. Anna Dietrichsen entscheidet dann:

»Es sind aber ausländische Kinder gewesen, denn die Deutschen, dieser Deutsche hat diese Kinder ja gequält. Einer auch, 'n deutscher Offizier.«[69]

Hier nun schaltet sich ein verwirrter Enkel ein:

Lars Dietrichsen: »Er als Gefangener? Nee«[70]

worauf Anna Dietrichsen wiederholt:

Anna Dietrichsen: »Nein, dieser deutsche Offizier/«
Lars Dietrichsen: »Ach so, vor, ach so, als sie noch im Vormarsch waren/«
Anna Dietrichsen: »hat diese diese ausländischen Kinder gequält, sogar totgeschlagen eins.«[71]

Hier zeigt sich einmal mehr, dass jeder der Beteiligten bestrebt ist, den fehlenden Orientierungteil mit eigenen Vermutungen und Ergänzungen zu ersetzen: Lars Dietrichsen hatte – auf den Hinweis seiner Großmutter hin – die Geschichte zunächst in die Kriegsgefangenschaft verlegt, vermutet nun aber, dass sie sich in einer eher frühen Kriegsphase, nämlich während des »Vormarsches« der deutschen Truppen abgespielt habe. Anna Dietrichsen erzählt die Geschichte nun weiter:

Anna Dietrichsen: »Und da hat Opa eben diesen deutschen Offizier erschossen. Das war ja sein sein, ja, war's 'n Vorgesetzter vielleicht sogar? Oder einer, er war mittlerweile auch schon Hauptmann oder so. Jedenfalls hat er diesen deutschen Offizier erschossen, und wie sie ihn wie sie das dann vertuscht haben, wie auch immer, ob das nun, ob da schon Angriffe waren oder so.«[72]

In dieser Schilderung wechseln sich Fragmente des historischen Geschehens und Schlussfolgerungen beständig ab. Ihr Vater hat den »deutschen Offizier« erschossen, das weiß sie. Dass dieser Offizier sein Vorgesetzter war – was die Tat aus ihrer Perspektive noch dramatischer machen würde –, vermutet sie, dass die Sache »vertuscht« wurde, weiß sie wiederum (zumal die Tat für den Vater ja offenbar keine Folgen hatte) – wie diese »Vertuschung« allerdings möglich war, darüber kann sie nur spekulieren. Ihre Vermutung, »da hat Opa eben diesen deutschen Offizier erschossen« richtet sich direkt an Lars Dietrichsen: Man kann hier vermuten, dass sich in einem solchen Moment die Erinnerungsgemeinschaft als Familie realisiert: Anna Dietrichsen sagt hier wohl nicht von ungefähr »er« oder »mein Vater«, sondern wählt eine persönliche Bezeichnung (»Opa«), die auch den Enkel in die Erinnerungsgemeinschaft einschließt.

Insgesamt bleibt die Geschichte, die Anna Dietrichsen erzählt, kurz und ziemlich unklar: Ein deutscher Offizier quält Kinder, erschlägt eins davon. Ihr Vater erschießt daraufhin den Offizier, was aber folgenlos bleibt. Die Schlussfolgerungen, Ergänzungen und Deutungen werden von Anna Dietrichsen, aber auch von den Zuhörern, gleichsam nach Bedarf hinzugefügt; sie sind aber auch aus der Situation heraus notwendig geworden, denn schließlich hatte die Interviewerin nach der Herkunft der Kinder gefragt und Lars hatte Verständnisschwierigkeiten gezeigt, diese allerdings mit einer eigenen situativen Zuordnung beseitigt (»ach so, als sie noch im Vormarsch waren«).

Nun geht es um die Nachgeschichte:

Anna Dietrichsen: »Jedenfalls hat ihn das ungeheuer belastet, weil er diese Tat nun erstmal begangen hat. Auf der anderen Seite war's für ihn ja auch eine Rechtfertigung, weil dieser Mann ja nun diese Kinder gequält hat und sogar eins erschlagen hatte. [...] Also das ist so die einzige Geschichte, die er dann so mal erzählt hat. Aber, wie gesagt, es war dann auch schon zu vorgerückter Stunde und er sagte dann immer das: ›Ich hab' ihn erschossen, ich hab' ihn erschossen!‹ Und dann hab' ich immer nur gesagt: ›Du, das ist, für dieses Kind ist es 'ne Rechtfertigung. Du hattest in dem Moment keine andere Möglichkeit.‹ Und dies Kind ist in dem Fall eben, ja, es ist 'ne Rechtfertigung gewesen.«
Mathilde Beck: »Ja, und vor allem, die anderen Kinder kamen ja frei dadurch.«[73]

Eine »Tat begehen« klingt deutlich nach: ein »Verbrechen begehen«. Was auch immer an impliziten Vermutungen oder Zweifeln am entwickelten Hergang der Geschichte hier zum Ausdruck kommt – den Vater jedenfalls hat seine »Tat«, Anna Dietrichsen zufolge, »ungeheuer belastet«. Dies wäre vor dem Hintergrund von soldatischem Korpsgeist nachvollziehbar, aber aus nachmaliger Sicht eher unverständlich, denn das Handeln des Vaters scheint ja moralisch gerechtfertigt, mehr noch, es wäre, jedenfalls aus heutiger Sicht, eine glatte Heldentat, die der Vater mit Stolz hätte berichten können, ein moralisch durch und durch gerechtfertigtes Aufbegehren gegen Unmenschlichkeit. Die Geschichte offenbart hier ihre ganze Ambivalenz. Der Ausgangspunkt ist die Geschichte, die der Vater nur betrunken und wahrscheinlich höchst bruchstückhaft erzählt hat. Dem Reim, den sich die Familie auf diese Geschichte macht, liegt eine eindeutige Interpretationsrichtung zugrunde: dass der Vater sich nicht nur nicht schuldig gemacht hat, sondern sogar gegen die Unmenschlichkeit vorgegangen ist. Dass die Geschichte für ihn ganz folgenlos geblieben ist, irritiert die Familie bei der Vergegenwärtigung der Vergangenheit genauso wenig wie alle anderen Inkonsistenzen und logischen Widersprüche der Geschichte – die fehlenden Orts-, Zeit- und Personenangaben, das Fehlen jedes kausalen Zusammenhangs, das eigentümliche Schuldgefühl des Vaters. Die ganze Geschichte ist von einer Art Nebel umgeben; das macht sie nicht nur interessant und irritierend, sondern in höchstem Maße deutungsoffen. Eigentlich lebt die Geschichte von den Leerstellen, die beliebig aufgefüllt werden können – ob *ein* Kind erschlagen wurde, wie Anna Dietrichsen meint, oder *mehrere*, wie Mathilde Beck sagt, ist genauso offen wie die Nationalität der Kinder, der Ort des Geschehens, die Funktion der wenigen handelnden Personen. Frau Beck wundert sich schließlich selbst darüber:

Mathilde Beck: »Aber wie das nun so genau gewesen ist und wieso, wo das gewesen ist...«[74]

Auch wenn es zunächst ganz anders aussieht: Genau damit formuliert Frau Beck die »Leseanweisung« für diese Geschichte: macht damit, was ihr wollt! »Die Sache mit den Kindern« findet ihren zentralen Platz im Familiengedächtnis genau deswegen, *weil* sie völlig nebulös und deutungsoffen ist – jeder der Zuhörer kann genau die Bestandteile einfügen, die für ihn die höchste Plausibilität dafür besitzen, die Moral der Geschichte zu sichern, die Frau Beck schließlich selbst ausgesprochen hatte: dass durch das heldenhafte Vorgehen des Vaters

»die anderen Kinder [. . .] ja frei(kamen)!« Vielleicht ist sogar die Gebrochenheit dieses Heldentums – dass der Vater unter seiner Tat leidet und Alkohol braucht, um sie zu erzählen – selbst noch ein Beleg für die Stimmigkeit des Ganzen. Ein protzender Held erscheint viel unglaubwürdiger als ein gebrochener, und am Ende ist es die Nebelhaftigkeit der Geschichte selbst, die sie für die Familienmitglieder mit subjektiver Überzeugungskraft ausstattet.

Und wieder werden, wie in den Beispielen zuvor, ganz verschiedene Geschichten erzählt: In der Version von Anna Dietrichsen werden die Kinder gequält und eines erschlagen, in der Version von Mathilde Beck waren die Kinder »aneinandergekettet und denn erschlagen«. Für sie war der Vater zunächst sogar ganz passiv: »Ja, und die standen dabei und konnten nichts machen.« Dass sie vor dem Hintergrund der Nachgeschichte, die die Tochter erzählt (»Ich hab' ihn erschossen, ich hab' ihn erschossen!«), innerhalb weniger Dialogsequenzen ihre Geschichte völlig umbaut und den Vater zum Befreier der Kinder macht, zeigt, wie eine Geschichte aus völlig disparaten und widersprüchlichen Elementen zusammengefügt wird und ihre Plausibilität aus dem Ergebnis bezieht: dass der Vater nämlich heldenhaft gehandelt hat.

Wie die Geschichte sich in der historischen Wirklichkeit zugetragen haben mag, lässt sich nicht beantworten. Zweifellos hat sie – objektiv betrachtet – keine Plausibilität: Dass Wehrmachtsangehörige ihre Vorgesetzten aus moralischen Erwägungen heraus erschießen, mag gerade noch im Rahmen von Landsergeschichten vom Typ »Steiner. Das eiserne Kreuz« oder »08/15« kolportierbar sein; historische Quellen weisen solche Fälle nicht aus. Aber das Familiengedächtnis trennt nicht so fein zwischen Fiktion und Wirklichkeit wie das der Wissenschaft. In den Einzelinterviews mit den Familienmitgliedern taucht die Geschichte nur mehr rudimentär auf. Der Enkel erwähnt auf die Frage, was er von den Geschichten des Großvaters behalten habe: »Dies eine da mit den Kindern und dem Hauptmann, den er erschossen hat.«[75] Die Tochter antwortet im Einzelinterview auf die Frage nach den prägnantesten Geschichten, die sie von ihren Eltern kennt, mit einer Zusammenfassung der im Familiengespräch entwickelten Geschichte:

Anna Dietrichsen: »Bei unserem Vater in erster Linie die Sache mit den Kindern. Als er da seinen Offizier da erschossen hat, um diese Kinder da eben zu retten, bzw. um die zu rächen, die der andere da schon umgebracht hatte.«[76]

Beiden Erzählern geht es nunmehr um »die Sache mit den Kindern«, nicht mehr, wie zu Beginn im Gruppengespräch, um »die Sache mit dem Kind«. Im Unterschied zum Enkel erwähnt die Tochter die Motive ihres Vaters – das im Gruppengespräch entwickelte Motiv, die Kinder zu retten, wird dabei um ein weiteres ergänzt: Rache für die bereits getöteten Kinder. Beide Erzähler verleihen aber dem »Erschossenen« konkretere Gestalt: Beim Enkel handelt es sich um einen »Hauptmann«, bei der Tochter um »seinen Offizier«. Die Geschichte wird in den Einzelgesprächen mithin eindeutiger und konkreter als im Familiengespräch.

Und wie erzählt Frau Beck die Geschichte im Einzelinterview? Gar nicht. Darauf angesprochen, was ihr Mann erzählt habe, sagt sie:

Mathilde Beck: »Mein Gott, ich war ja auch da im Kriegsdienst in und an der Flak gewesen also, und da gab es auch Dinge, die man eben doch gerne vergessen wollte. Und wenn jemand nun wenig erzählt, und sicher habe ich gefragt, aber wenn ich merkte, dass er es nicht gerne erzählen wollte, dann habe ich auch nicht weiter/bin ich nicht weiter drauf eingegangen.«[77]

Verlassen wir damit die Geschichte von der »Sache mit dem Kind«. Frau Beck scheint wenig Bedürfnis zu verspüren, nochmals auf diese Geschichte einzugehen. Ihr Hinweis, dass auch sie selbst »Dinge« erlebt hat, »die man eben doch gerne vergessen wollte«, lässt sich auch als ein direkter Hinweis an die Interviewerin interpretieren, sie möge nun nach diesen Dingen nicht mehr fragen. Sei es, dass Mathilde Beck der Auffassung ist, im Familiengespräch sei genug gesagt worden, sei es, dass ihr die Geschichte im Nachhinein unbehaglich ist, sei es, dass sie selbst sie unwichtig findet – ihre Tochter und ihr Enkel jedenfalls haben ihre eigene Lesart entwickelt, die sie weitergeben können, und dem Familiengedächtnis bleibt sie gewiss erhalten, nicht trotz, sondern wegen des Nebels, der »die Sache mit dem Kind« umgibt.

3. Sinn machen
Wie die Geschichten sich auf ihrem Weg
durch die Generationen verändern

Johanna Kurz: »Ich weiß nur, dass wir diese rauchenden Trümmer da ange-
guckt haben. Trümmer waren das dann, mhm, mhm, die Synagoge war nicht
zerstört, die war nur ausgebrannt, nicht, alles schwelte und so, nicht, und
meine Mutter ist bald verrückt geworden. Hat sie gesagt, wie kann man denn
sowas machen, nicht, das hatte ja was Kirchliches für sie, nicht. Aber ich hab'
das, dann hörte man auch, dass in anderen, das war ja nicht nur in Hannover
so, sondern im Gegenteil, das war ja überall, nicht. Und dann weiß ich, dass
meine Mutter zu meinem Vater gesagt hat: ›Ich weiß, dass du dabei warst, du
brauchst mich nie wieder anzureden!‹ Also/«
Interviewerin: »Und da war er aber nicht dabei oder war er?«
Johanna Kurz: »Das kann ich nicht sagen, ich. Ich glaube es nicht, aber ich
weiß es nicht. Ich möchte . da kann ich nichts zu sagen, das weiß ich nicht.«
Interviewerin: »Das war einfach so eine ausgesprochene Drohung von/«
Johanna Kurz: »Ja, ehm, die beiden sind dann auch nie wieder zusammengekommen, also, also dann brach der Krieg aus, und äh, dann lief die Ehe nur
so nebenher, also nichts Gewaltiges mehr. Und als er dann nach Hause kam,
1947, ich glaube, ist er aus der Gefangenschaft gekommen und '48 sind sie
geschieden worden.«[78]

Johanna Kurz ist 1927 geboren, ihr Vater war in der SS, ihre Mutter
kurzzeitig in der NS-Frauenschaft, aus der sie aber »nach zwei oder
drei Jahren« ausgetreten ist: »Die hat mit denen nichts am Hut gehabt.«[79] All dies hat Frau Kurz bereits im Interview erzählt, als sie auf
die brennende Synagoge zu sprechen kommt. Trotzdem kann ihre
Interviewerin, Jahrgang 1971, nicht glauben, dass der Vater von Frau
Kurz »dabei« war. Ihre suggestive Rückfrage verunsichert Frau Kurz
beträchtlich und diese Verunsicherung scheint die Interviewerin in
ihrer Auffassung nochmals zu bestärken: »Das war einfach [. . .] eine
Drohung«, interpretiert sie und veranlasst Frau Kurz dazu, zu antworten und zugleich nicht zu antworten, indem sie vom Ergebnis her erzählt. Bei der Drohung ist es nicht geblieben, offenbar war der Konflikt
so ernst, dass ihre Eltern »nie wieder zusammengekommen« sind.

Die Interviewerin, die im Gedächtnis-Protokoll berichtet, dass die Zeitzeugin Johanna Kurz ihr ausgesprochen sympathisch gewesen sei, kann es situativ offenbar nicht für möglich halten, dass deren Vater einer der Akteure der »Reichskristallnacht« war. Die Interviewerin ist bis ins Detail über die Geschichte des »Dritten Reiches« informiert und trotzdem scheint sie sich dagegen zu sträuben, dass auch nur ein Verwandter der alten Dame, die sie gerade interviewt, Mitläufer oder gar Täter im Prozess der Judenverfolgung gewesen ist.

Dieses Beispiel zeigt einmal mehr, dass die Befragten den Lesarten ihrer Zuhörer nur selten widersprechen, sondern meist eine narrative Form wählen, die unterschiedliche Lesarten parallel bestehen lassen kann. So entscheidet sich Frau Kurz zunächst dafür, der Suggestion der Interviewerin beizupflichten. Im weiteren Verlauf des Dialogs erzählt sie dann über die spätere Trennung der Eltern, ein Hinweis, der es erlaubt, ihre eigene Lesart des Geschehens aufrechtzuerhalten, ohne der Interviewerin dezidiert zu widersprechen.

Das Beispiel zeigt aber auch, wie schnell sich in der sozialen Situation des Gesprächs Loyalitätsbeziehungen generalisieren können, denn die Interviewerin versucht ja mit ihrer hoffnungsvollen Rückfrage nicht etwa nur ihre direkte Gesprächspartnerin von jedem Verdacht auszunehmen, in verbrecherische Handlungen involviert gewesen zu sein, sondern sie weitet dieses Bedürfnis auch auf die nächsten Verwandten von Frau Kurz aus, die ihr weder bekannt sind noch überhaupt bekannt sein können. Es ist, als habe sie gar nicht zur Kenntnis genommen, was Frau Kurz ihr unmittelbar zuvor über die Vergangenheit ihres Vaters erzählt hatte, und dies nun ist ein Phänomen, das in den Familiengesprächen des Öfteren anzutreffen ist – sogar und vielleicht insbesondere dann, wenn explizit von Morden die Rede ist, die die Erzähler begangen haben. In unserer Stichprobe ist das in zwei Familien der Fall: in der Familie Hofer und in der Familie Kern.

Herr Hofer, Jahrgang 1925, Napola-Schüler, Mitglied der Waffen-SS und der Leibstandarte-SS Adolf Hitler, präsentiert sich im Einzelinterview wie im Familiengespräch als geläuterter Nationalsozialist. Während er noch auf die Nachricht vom Tod des Führers hin in sein Tagebuch einträgt: »Mein bester Kamerad ist gefallen!«[80], zeigt er sich in der retrospektiven Darstellung schon bald erschüttert über die

nationalsozialistischen Verbrechen. Herr Hofer, belesen und gut aus-
gebildet, macht im Nachkriegsdeutschland Karriere als Manager und
trägt auf seine Weise zum Wiederaufbau bei. Über seinen Beitritt zur
Waffen-SS, seinen Eintritt in die Leibstandarte, seine Teilnahme am
Russlandfeldzug erzählt er ebenso unbefangen wie darüber, dass er
1943 in der SS-Division »Reich« in der Ukraine eingesetzt war. Der
Interviewer fragt in diesem Zusammenhang:

Interviewer: »Gibt es denn auch Geschichten, die Sie Ihrer Tochter oder Ihrer Enkelin nicht erzählen würden?«

Herr Hofer antwortet:

Rainer Hofer: »Nein, nein, nein. Da wäre ich also völlig offen und und äh,
ich brauch' ihr nicht zu erzählen, dass ich also Juden erschossen habe (haut
auf den Tisch) oder so was, selbst wenn ich's getan hätte, würd' ich's erzählen. Warum? Es ist meine Tochter und ich ich habe mein Leben gelebt,
ich kann ja nichts davon irgendwie in den Orkus der Vergangenheit versin-
ken lassen. Das das geht nicht, nein. Also, es gibt nichts, wo ich sagen würde:
Das erzähl' ich ihr nicht! Selbst wenn es also die Ehre deutscher Soldaten tan-
gieren sollte. Erinnere mich also, dass wir einmal einen Angriff gefahren haben, und als wir zurück kamen, äh, mit Infanterie aufgesessen usw, da haben
also 'n paar russische Soldaten die Idiotie be/äh äh gemacht, sich äh zu ergeben, nech (Mhm). Die haben natürlich keinen Augenblick länger gelebt
(klopft auf den Tisch). Aber das war natürlich auch so 'ne Sache, wo soll-
ten/sollten se auf den Panzern mitfahren, und hätten da vielleicht noch irgendwo 'ne versteckte Handgranate denn noch (lacht) irgendwo unterge-
steckt oder so, nech (Mhm). Wenn die liegen geblieben wären, wär nichts
passiert (Mhm). Aber das sind eben/auch das würd' ich meiner Tochter erzählen, obwohl es also eigentlich die Ehre des deutschen Soldaten irgendwie
tangiert, wenn mal/das mal so sagen darf, 'ne (Jaja, mhm). Aber da kann ich
also nicht sagen, dass es irgendwas gäbe, was ich, was ich ihr nicht oder meiner Enkelin auch, 'ne. Da gibt's also gar nichts (Mhm). Warum sollte ich
auch?«[81]

Wie um die prätendierte Offenheit zu belegen, beschreibt Herr Hofer
dem Interviewer ein Verbrechen, das sogar »die Ehre des deutschen
Soldaten« zu beflecken geeignet ist. Eine Problematisierung dieses
Verbrechens aus heutiger Sicht findet darüber hinaus aber in keiner
Weise statt: Ganz im Gegenteil argumentiert Herr Hofer mit einer
zweckrationalen Begründung, warum die russischen Gefangenen so-

fort ermordet werden mussten – wobei er ganz offensichtlich davon ausgeht, dass dieses Kalkül auch dem Interviewer einleuchten muss. Im Übrigen sei das alles ja Teil seines gelebten Lebens – und warum, so fragt Herr Hofer rhetorisch, sollte man das alles nicht erzählen? Offenheit lässt sich Herrn Hofer also gewiss nicht absprechen. Im Familienarchiv der Hofers werden sogar Briefe aufbewahrt, die er von der Ostfront in die Heimat geschickt hat. Über einen davon spricht Herr Hofer auch im Interview:

Rainer Hofer: »Ich bin heute also entsetzt, wie ich damals geschrieben habe. Also was, was, was (lacht) mir heute gar nicht mehr in den Kopf rein will. Ich habe denn also/äh wir haben also auf der Gegenseite natürlich auch Russinnen in Uniform und mit Gewehr und bewaffnet (Ja) gesehen und eine hab', also nun stellen Sie sich mal vor, mit (klopft auf den Tisch) 18 Jahren, hab' ich äh äh zusammengeschossen mit meinem MG und und schreib' denn also ganz stolz, äh der der Kopf und und die Brust waren nur noch ein blutiger Klumpen oder sowas (Mhm). Heute wundert man sich, wie man das damals schreiben konnte.«[82]

Wohlgemerkt: Anlass zu wundern gibt nicht, wie man das *tun*, sondern wie man darüber schreiben konnte – ein Hinweis auf die subjektive Bewertung der Tat, die uns noch beschäftigen wird. Hier bleibt anzumerken, dass es recht ungewöhnlich ist, dass solche Dokumente im Familienarchiv aufbewahrt bleiben und den Kindern bekannt sind. Gewöhnlich wird allenfalls in ziemlich nebulöser Form davon gesprochen, »dass da irgendetwas war« – was den Zuhörerinnen und Zuhörern, wie im vorangegangenen Kapitel ausgeführt, die Möglichkeit eröffnet, sich jenen Reim auf die wie verwischt dargestellten Ereignisse zu machen, der sie am besten mit dem zentralen Konflikt deutscher Familiengeschichten ein halbes Jahrhundert nach dem »Dritten Reich« leben lässt: mit dem Konflikt nämlich, der daraus resultiert, dass die Angehörigen der Kinder- und noch mehr der Enkelgenerationen einerseits den verbrecherischen Charakter des Nationalsozialismus und die Tatsache des Holocaust umstandslos anerkennen, andererseits aber ihre eigenen Eltern bzw. Großeltern so positionieren, dass von diesem Grauen kein Schatten auf sie fällt. Das ist keine leichte Aufgabe, zumal wenn, wie im Fall von Rainer Hofer, die Verbrechen auch noch schriftlich fixiert sind. Regina Seiler, seine Tochter, kennt diese Briefe, aber überraschenderweise betont sie im Einzelinterview wie im Familiengespräch mehrfach, wie sehr ihr daran liegt, »herauszubekommen, was die Leute damals gedacht« haben:

Regina Seiler: »Ich mein' äh ich/ich kann mir einfach vom deutschen Volk es nicht vorstellen, selbst so mein Vater oder sowas, die/ich glaube wirklich, die konnten sich das nicht vorstellen, dass sowas überhaupt passiert.«[83]

Und obwohl Frau Seiler, wenn auch in euphemistischer Weise, im Interview auf den erwähnten Brief Bezug nimmt (»und da schrieb er an sein Elternhaus im Krieg, äh, dass sie gerade in ein russisches Dorf eingefallen sind, er war damals 16 oder 18, das weiß ich jetzt nicht genau, und mich hat so erschüttert, wie äh euphorisch er davon gesprochen hat«[84]), beschäftigt sie das ganze Interview hindurch die Frage, ob sich denn die Deutschen nicht haben »vorstellen« können, dass so etwas wie der Vernichtungskrieg und der Holocaust geschähen.

Wie ist diese Frage motiviert, die doch ganz offenbar von der Tatsache absieht, dass ihr Vater sich die Verbrechen keineswegs vorzustellen brauchte, da er sie doch selbst begangen hatte? Nun: Erstens hat die Frage, ob der Vater sich wohl hat vorstellen können, was geschah, die Funktion, ihn aus dem Kreis der Täter hinauszumanövrieren in den weit unverdächtigeren Kreis von zufälligen Zeugen oder bestenfalls Mitläufern – denn vorzustellen hat man sich ja nur das, was andere tun und wovon man nur von ferne Kenntnis hat. Zweitens argumentiert Frau Seiler – und zwar in ganz ähnlicher Weise wie ihr Vater – im Rahmen einer Doppelstruktur von Wissen und Nichtwissen: Die Verbrechen hat es ganz unzweifelhaft gegeben, aber niemand hat sie sich vorstellen können. Ihr eigener Vater war daran beteiligt, aber die Tochter nimmt das nicht zur Kenntnis.

Wie diese Doppelstruktur im Sprechen über die Vergangenheit funktioniert, zeigt sich im Familiengespräch: Denn verblüffenderweise findet sich hier – und keineswegs nur in der Familie Hofer – eine ganze Reihe von Darstellungen, die beim distanzierten Lesen vollständig paradox erscheinen, beim engagierten Zuhören in der unmittelbaren Gesprächssituation aber offenbar als kohärentes Bild von der Vergangenheit empfunden werden: So erzählt Herr Hofer etwa, 1944, also nach seinem Einsatz in der Ukraine, bei einer Panzerabteilung der SS in Frankreich gewesen zu sein und von einem Sturmbannführer erfahren zu haben,

Rainer Hofer: »dass also im Osten, in Russland Partisanen sowieso, aber auch andere Leute durch Genickschuss und so weiter umgebracht würden und so weiter. Ich erinnere mich (lacht), dass wir uns unter Kameraden später drunter/drüber unterhalten haben, wir haben also gedacht: Der spinnt!«[85]

Diese Einschätzung hat Herr Hofer, nachdem er ein halbes Jahr zuvor genau das getan hat, von dem er nun nicht glauben kann, dass andere es tun. Es wäre gewiss eine Unterschätzung der Wirkungsweise der Doppelstruktur von Wissen und Nichtwissen, wenn man sagen würde: Herr Hofer lügt. Denn gerade der Umstand, dass er ja von beidem erzählt – von seinen eigenen Taten und von der Ungläubigkeit hinsichtlich der Taten der »anderen« – zeigt, dass die eigene Tat subjektiv in einen sinnhaften Zusammenhang partikularer Rationalität und Moralität eingeordnet werden kann und als solche dem Gesamtvorwurf des Verbrecherischen gar nicht zugerechnet wird.

Mit anderen Worten: Täter wie Herr Hofer rechnen ihre Taten nicht zum Holocaust – und gerade diese Selbstwahrnehmung und -darstellung liefert ein Deutungsangebot, das von den Nachfolgegenerationen bereitwillig angenommen wird. Auch im Gruppengespräch konzentriert sich Frau Seiler mit ostentativen Fragen darauf, von ihrem Vater zu erfahren, warum niemand sich hat »vorstellen« können, was geschah – womit sie ihn vor dem Wissen schützt, über das er und sie selbst eigentlich verfügen. In der familialen Interaktion der Hofers tradiert sich nicht das Wissen um die Verbrechen, sondern die Art und Weise, wie man etwas zugleich wissen und nicht wissen kann.

Am Beispiel eines anderen Familiengesprächs lässt sich zeigen, dass Kinder und Enkel geradezu mit Beharrlichkeit nicht hören, was ihre Eltern bzw. Großeltern getan haben: Auch Herr Kern erzählt ziemlich unverblümt vom Krieg, in den er gern gezogen ist. Das gelegentliche Stocken des Vormarsches der Wehrmacht kommentiert er so:

Heinz Kern: »Dann ging's nicht richtig voran, und dann kam die SS. Da kann ich Ihnen aber sagen, da is ja auch . nix heile geblieben.«[86]

Herr Kern ist heute noch stolz darauf, SA-Mann gewesen zu sein, und weiß über einen Juden, der, wie er sagt, im Lager »gestorben« ist, nichts anderes zu berichten, als dass er »andere Leute beschissen«[87] hat. Und schließlich bleibt seine eigene Beteiligung an den Verbrechen der Wehrmacht nicht unerwähnt. Im Kontext einer zunächst anekdotisch anmutenden Erzählung, die vom zufälligen Zusammentreffen mit seinem Bruder in Russland handelt, berichtet Herr Kern von der Ermordung Kriegsgefangener. Er erzählt, dass alle Fahrzeuge seiner Kompanie mit dem gleichen Erkennungszeichen versehen waren:

Heinz Kern: »'n Bierglas, mit schönem Schaum drauf, oben.«[88]

Dieses Zeichen kennt auch sein Bruder. Als dieser nun zufällig auf die Kompanie stößt, erkennt er das Zeichen wieder:

Heinz Kern: »und hat denn gefragt: ›Ja, kenn' se Kern auch?‹ ›Ja, den kenn' ich, der liegt oben im Walde‹, nech. Und einen ruhigen Tag, ich liege im Schlafe, da kommt mein Bruder und kitzelt mir über die Nase, nich. Na und da hatt' ich aber die Verpflegung mit und hatt' auch die zwei Pferde und hatt' 'n paar Russen . hatt' ich bei mir, nech, die, die arbeiten mussten . Na, die ham wa/«[89]

Noch bevor Herr Kern den Satz zu Ende bringen kann, fragt die Interviewerin nach (»Das war'n Gefangene, oder?«[90]), und es entspinnt sich ein Dialog über die Art der Gefangenen und die Art der »Verpflegung«, die er an diesem Tag dabei hatte (»Zigaretten und Schokolade und alle sowas gab es, nich, Schnaps«[91]). Erst dann bringt Herr Kern lapidar den Satz zu Ende, bei dem er kurz vorher unterbrochen worden war:

Heinz Kern: »Ham' wa die getötet.«[92]

Weder im Interview mit Birgit Roth, seiner Tochter, noch in dem mit der Enkelin Stefanie finden sich Spuren dieser Geschichte von der Ermordung der russischen Kriegsgefangenen. Auch über Herrn Kerns Kriegsbegeisterung wird nicht gesprochen. Genauso wenig werden die von ihm geschilderten Aktionen der SS erwähnt. Die Enkelin, die ihren Großvater über all diese Dinge im Gruppengespräch hat berichten hören, hat – wie sich unmittelbar im Anschluss zeigt – die Geschichte von der Begegnung der Brüder und der Ermordung der Kriegsgefangenen auf ganz eigene Weise aufgenommen. Auf die Nachfrage der Interviewerin hin, ob die Geschichte »schon mal erzählt« wurde, antwortet sie:

Stefanie Roth: »Nee, die Geschichte kenn' ich noch nich, dass/ die mit seinem Bruder, die kannt' ich noch nich.«[93]

Die Geschichte »mit seinem Bruder« war der anekdotische Teil der Erzählung; nur diesen scheint sie wahrgenommen zu haben.

Natürlich können wir nichts darüber sagen, ob Stefanie Roth die Geschichten, die ihren Großvater als begeisterten Soldaten, als Zeugen von Verbrechen und Täter zeigen, überhaupt nicht oder nur in der Interviewsituation nicht erinnert; vielleicht erinnert sie die Geschichten auch, will sie jedoch nicht wiederholen. Wiederholt wird allein Anekdotisches und Schicksalhaftes – es finden nur jene Kriegserlebnisse ihres Großvaters Eingang in das Einzelinterview, die sich als gefahrvolle Begebenheiten schildern lassen, denen er ausgeliefert war, und die er mit Hilfe von Glück und Zufall überstanden hat. Ihr Resümee:

Stefanie Roth: »Und da war das für mich irgendwie auch so ziemlich unbegreiflich, ne, dass mein Opa halt genau da war, wo dieses . Schlachtfeld . tobte und wirklich da . heil zurückgekommen is.«[94]

Ähnlich wie Stefanie Roth nur solche Kriegserlebnisse schildert, die ihren Großvater in lebensbedrohlichen Situationen situieren, greift die Tochter Birgit Roth im Einzelinterview nur jene Geschichten ihres Vaters auf, die sich um das passive Erleben des Krieges drehen; in ihren Erzählungen geschieht immer etwas mit ihm, nie jedoch durch ihn. Tochter und Enkelin erzählen also die Kriegserlebnisse ihres Vaters bzw. Großvaters unter veränderten Vorzeichen weiter; sie arrangieren sie dabei auf eine Art und Weise neu, die auch ihre Botschaft verändert.[95]

Entgegen der weit verbreiteten Annahme, dass Großeltern oder Eltern ihren Kindern und Enkeln problematische Geschichten – und das sind insbesondere Geschichten, die ihre Beteiligung an NS-Verbrechen berühren – nicht erzählen, berichten Herr Hofer und Herr Kern auch von solchen Kriegserlebnissen, die sie als Täter zeigen. Das Erzählen der Taten führt aber nicht zur Bestürzung der Zuhörer, zu Konflikten oder auch nur zu einer peinlichen Situation. Es führt zu gar nichts. Es ist, als würden solche Erzählungen von den anwesenden Familienmitgliedern gar nicht gehört. Offenbar lassen die Loyalitätsbindungen des Familienzusammenhangs es gar nicht zu, dass ein Vater oder Großvater sich als eine Person zeigt, die einige Jahrzehnte zuvor Menschen getötet hat. Das Bild, das sich qua Sozialisation und gemeinsam verbrachter Lebenszeit über den geliebten Menschen herausgebildet hat, wird retroaktiv auch auf jene Zeit seines Lebens generalisiert, als seine Nachkommen, die ihm nun zuhören und später selbst über sein Leben im Krieg berichten, noch gar nicht auf der Welt waren. Das Überhören der Tätergeschichten geschieht beiläufig, wie automatisch – das Tonband zeichnet diese Geschichten auf, das Familiengedächtnis nicht. Oder besser gesagt: Im Familiengedächtnis sind die Kriegserinnerungen in Form von Geschichten repräsentiert, die sich nach jenen Vorstellungen der nachfolgenden Generationen umformen lassen, die diese von den erzählenden Zeitzeugen haben – und so werden sie erinnert und weitererzählt.

Zeigt sich in den bisher aufgeführten Beispielen das irritierende Phänomen, dass zentrale Elemente der erzählten Episoden nicht gehört zu werden scheinen und im Rahmen der Erzählungen en passant transportierte Informationen nicht zur Kenntnis genommen werden, so findet sich noch verbreiteter das Phänomen, dass Geschichten auf ihrem Weg durch die Generationen so refiguriert werden, dass sie am Ende einen vollständigen Deutungswandel erfahren. Solche Refigurierungen von weitergegebenen Geschichten haben zumeist die Funktion, die Großeltern in einem Licht erscheinen zu lassen, das sie auch nach Maßgabe heutiger Bewertungen und normativer Einschätzungen als jederzeit moralisch integre Persönlichkeiten zeigt. Derlei Nachdichtungen gehörter Geschichten werden gerade deswegen vorgenommen, weil die meisten Angehörigen der Kinder- und Enkelgeneration in den Interviews keinerlei Zweifel daran erkennen lassen, dass der Nationalsozialismus ein verbrecherisches System und der Holocaust ein maßstabloses Verbrechen gewesen ist. Diese durch den Geschichtsunterricht, die Medien und die offizielle Gedenkkultur gesellschaftlich standardisierte Bewertung der NS-Vergangenheit bricht sich nicht nur an der aus ihr resultierenden Frage, welche Rolle denn die eigenen Großeltern in dieser Zeit gespielt haben, sie evoziert geradezu das subjektive Bedürfnis, dem eigenen Großvater oder der Großmutter jeweils die Rolle der anderen, »guten« Deutschen im nationalsozialistischen Alltag zuzuweisen. Das ist eine paradoxe Folge der gelungenen Aufklärung über die nationalsozialistische Vergangenheit: Je umfassender das Wissen über Kriegsverbrechen, Verfolgung und Vernichtung ist, desto stärker fordern die familialen Loyalitätsverpflichtungen, Geschichten zu entwickeln, die beides zu vereinbaren erlauben – die Verbrechen »der Nazis« oder »der Deutschen« und die moralische Integrität der Eltern oder Großeltern. Diese doppelte Funktion nun können nur solche Geschichten erfüllen, die die Angehörigen als Menschen zeichnen, die sich zwar vorsichtig, aber couragiert über die zeitgenössischen Normen hinweggesetzt und die in ihrem praktischen Verhalten gegen das System gehandelt haben, auch wenn sie nach Parteizugehörigkeit und Funktion alles andere als Gegner des Systems waren.

Die Zeitzeugen erscheinen in der Darstellung ihrer Nachkommen als unauffällige Widerstandskämpfer, die klug genug waren, sich nach außen hin anzupassen, um dann, wenn es darauf ankam, Verfolgten zu helfen, »Juden« zu verstecken oder – wenn solche Geschichten im narrativen Inventar des Familienalbums nicht vorhanden sind – jedenfalls kleine Akte des Widerstands zu leisten.

Diese Geschichten und Episoden des »Dagegenseins« sind grundsätzlich – und das ist selbst schon Teil des Tradierungsgeschehens – eingebettet in die Vorstellung, dass jegliches nonkonformes Verhalten, vom »Mund aufmachen« bis zum »Juden decken«, vom fortgesetzten »beim Juden kaufen« bis zum Widerstand gegen Vorgesetzte und »150-prozentige Nazis«, potenziell immer schärfste Konsequenzen nach sich zog. Das heißt, die in der Perspektive ihrer Nachkommen couragiert handelnden Großeltern befanden sich selbst chronisch in Gefahr, aufgrund ihrer Einstellung und ihres Verhaltens berufliche Nachteile, familiale Konflikte, Konzentrationslagerhaft oder gar Todesurteile in Kauf nehmen zu müssen. So überlegt der 17-jährige Enkel der Familie Groothe:

Lars Groothe: »Aber ich glaub auf jeden Fall, dass die meisten Leute trotzdem noch gedacht haben, dass zum Beispiel Juden oder so was Menschen sind und so. Und aber, ich weiß nicht, man konnte ja immer/als einzelner konnte man sich ja immer nicht wehren. Als einzelner konnte man ja nichts machen. Man konnte sagen: Ich finde das schlecht, wurde man eingesperrt und wahrscheinlich danach erschossen.«[96]

Dass dieser Deutungsrahmen nicht nur eine Synthese aus dem Bild des totalitären Systems, seiner Zwangsmittel und der uminterpretierten Rolle der Großeltern ermöglicht, sondern seinerseits schon Produkt einer generationenübergreifenden Tradierungskette ist, zeigt sich darin, dass auch in vielen Erzählungen der Zeitzeugengeneration deren Eltern als Personen gezeichnet werden, die »dagegen« waren. Die Stilisierung der Generation der Urgroßeltern zu Anti-Nationalsozialisten kann so weit gehen, dass – wie wir es für die Familie Beck noch zeigen werden – selbst ein »alter Kämpfer« und »überzeugter Nationalsozialist«, der schon 1931 Ortsgruppenleiter der NSDAP war, als jemand dargestellt wird, der sich stets gegen die normativen Forderungen der NS-Gesellschaft einzusetzen bereit war und etwa weiterhin »bei Juden« einkaufte, mit dem »jüdischen Viehhändler Geschäfte machte« und schließlich, nach der Auffassung seines Urenkels, Juden »gedeckt« hat.[97]

»Kumulative Heroisierungen« durch Kinder und Enkel kommen in 26 der befragten 40 Familien vor, also in knapp zwei Dritteln aller Fälle. Heroisierungsgeschichten machen etwa 15 % aller erzählten Geschichten in den Interviews und Familiengesprächen aus, zusammen mit den Opfergeschichten, die ca. 50 % ausmachen, handeln also zwei Drittel aller Geschichten davon, dass die Familienangehörigen aus der Zeitzeugengeneration und ihre Verwandten entweder Opfer der NS-Vergangenheit und/oder Helden des alltäglichen Widerstands waren.[98]

Meist sind diese Geschichten vom alltäglichen, unauffälligen Widerstand unspektakulär und dokumentieren »kleine Taten«. Sie weisen das gemeinsame Merkmal auf, dass sie jedes Deutungsangebot in den Erzählungen der Zeitzeugen aufgreifen, das einen kleineren oder größeren widerständigen Akt impliziert und das dann unter Hinzufügung von Details zur Handlung selbst oder zu ihren Folgen zu einer expliziten Widerstandshandlung ausgebaut wird. Eines dieser eher unspektakulären Beispiele liefert die Familie Rust. Der zum Zeitpunkt des Interviews 73-jährige Otto Rust berichtet im Einzelinterview, wie er sich nach Abschluss seiner Lehre couragiert dem Ansinnen widersetzte, eine Nationalpolitische Erziehungsanstalt zu besuchen:

Otto Rust: »Wie ich meine Lehre fertig hab', komm' ich von der Arbeit mal, da sagt meine Mutter: ›Du sollst zum Ortsvorsteher kommen.‹ Zum großen SS-Mann da. Ich da hingetrabt. Der: ›Du hast deine Lehre gut gemacht, hier geht's um die Begabtenförderung.‹ Ich sollte auf 'ne nationalpolitische Schule.«
Interviewer: »Napola«[99]
Otto Rust: »Ja. Da hab' ich gesagt: ›Du kannst mich mal!‹ Da hab' ich mich freiwillig zum Kommiss gemeldet. Zur Luftwaffe.«[100]

Herr Rust zeichnet sich in dieser Erzählung als eigenständig und couragiert handelnden jungen Mann, der für Repräsentanten des NS-Staates (»Zum großen SS-Mann da«) nur Geringschätzung übrig hat (»du kannst mich mal!«). Zwar folgt er der durch die Mutter vermittelten Aufforderung des »Ortsvorstehers«, bei diesem zu erscheinen und vergisst nicht, zu erwähnen, dass der ihm Anerkennung zollt (»deine Lehre gut gemacht«) und ihm eine besondere Ausbildung (»Begabtenförderung«) zuteil kommen lassen will. Diesen Vorschlag lehnt Herr Rust aber so entschieden wie respektlos ab und entscheidet sich für einen anderen Weg: Er meldet sich freiwillig zur Luftwaffe. Mit dieser Darstellung vermittelt Herr Rust nicht nur den Eindruck, dass er eine Eliteausbildung im NS-Staat umstandslos und couragiert ablehnt; er liefert mit dieser Episode zugleich eine plausible Begründung dafür, warum er sich mit 18 Jahren freiwillig zur Luftwaffe meldet – so dass im Interview schon diese affirmative Entscheidung als Lösung eines moralischen Konflikts und als Resultat einer widerständigen Haltung erscheinen kann.
Diese Geschichte nun wird von der 48-jährigen Tochter Barbara Herbst in der folgenden Weise erzählt:

Barbara Herbst: »Mein Vater is in'nen Krieg gegangen ... und zwar sollte er in'ner/er hatte ja gesagt, dass er sich geweigert hat, auf diese höhere Parteischule oder sowas zu gehen, und er sagt, dann hat man ihnen das Leben so zur Hölle gemacht, auch seiner Mutter also: ›Versager, Sohn Drückeberger‹ und so weiter. Und dann hat er gesagt, ›wenn sie's schon so haben wollen, dann meld' ich mich ab zur Front‹, ne. Und daraufhin is er dann gezogen worden, ne.«[101]

In der Darstellung seiner Tochter zieht Herrn Rusts Weigerung, eine »nationalpolitische Schule« zu besuchen, unmittelbar Konsequenzen nach sich – und zwar nicht nur für ihn selbst, sondern auch für seine Mutter (»Versager, Sohn Drückeberger«). Aufgrund dieser Repressionen, die ihn keineswegs nur allein betreffen, meldet sich Herr Rust nicht nur freiwillig zur Luftwaffe, wie er selbst es dargestellt hatte, sondern »ab zur Front« und wird auch gleich noch »gezogen«. Die Tochter übernimmt hier nicht nur die impressive Darstellung ihres Vaters, sondern versieht sie mit einer verantwortungsethischen Komponente, da ja Herr Rust mit seiner freiwilligen Meldung auch seine Mutter vor weiterem Schaden bewahrt. Zugleich fallen die Folgen seines Handelns härter aus als in der originalen Darstellung: Lieferte Herrn Rusts Erzählung zunächst nur eine plausible Begründung für seinen freiwilligen Eintritt in die Luftwaffe, so führte sie in der Darstellung seiner Tochter zu unangenehmen Folgen für seine Familie und für ihn selbst; Herr Rust muss »ab zur Front«. Das narrative Arrangement der weitergegebenen Geschichte erfährt also gleich mehrere Zuspitzungen: Es werden Repressionen unterstellt, die Konsequenzen sind drastischer und die Entscheidung des Vaters erscheint in diesem Licht nochmals couragierter: In diesem Arrangement wird er zu jemandem, der ein Opfer auf sich nimmt. Bemerkenswert ist übrigens auch, dass beide Erzählungen eine deutliche Unterscheidung zwischen SS, Partei und Napola auf der einen und der Luftwaffe auf der anderen Seite transportieren: Herr Rust verweigert sich der »nationalpolitischen Schule« bzw. der »höheren Parteischule«, indem er in eine militärische Organisation ausweicht, womit implizit vorausgesetzt wird, dass hier eine systemferne, unpolitische Alternative gewählt wird.[102]

Auch in der Familie Renz wird eine Geschichte auf ihrem Weg durch die Generationen mit einem neuen Sinn versehen. Im Familiengespräch, an dem beide Großeltern, Josef und Lore Renz, teilnehmen, wird eine Geschichte erzählt, die offensichtlich schon häufiger Anlass zu Diskussionen in der Familie gegeben hat:

Lore Renz: »Einmal haben se auch gesagt: ›Komm her, komm her äh, da hinten, da werden welche erschossen, äh, wollen wir mal hingehen‹«
Josef Renz: »Ja«
Lore Renz: »da hast du gesagt«
Josef Renz: »Ja, das war doch, das is ja nich' gesagt, dass das Juden waren, das waren Leute, nicht wahr, die, sagen wir, Partisanen«
Lore Renz: »es konnten auch Geiseln gewesen, jaja, hmmm«
Josef Renz: »die also Soldaten erschossen hatten. Denn ich habe auch erlebt, wie wir/ welche erschossen sind in Pleskau. Nech, wenn ich nun kommandiert . worden wäre, das hätte möglich sein können, da hab' ich mir manchmal überlegt, was machst du: ›Schießte vorbei, nech, ja‹«
Lore Renz: »Das merken se aber«
Josef Renz: »dass de nicht triffst . ja aber. es wurden immer zwei . bestimmt, immer zwei, auf einen zu schießen [...] ja, und da haben ja nicht alle beide vorbeigeschossen, nech. Und da sind viele, die sich dagegen gewehrt haben innerlich, aber . dann wurden/ mal sagen denn so und so viel. Soldaten umgekommen waren durch die Partisanen. Ich habe auch einen guten Freund gehabt, nech«
Lore Renz: »Der hat dir morgens noch die Haare geschnitten«
Josef Renz: »Der hat mir noch die Haare geschnitten, jaja«
Lore Renz: »nachmittags war er tot.«[103]

Herr Renz war, wie sich im Einzelinterview gezeigt hatte, mit seiner Einheit zuvor in Kowno gewesen, einem Ort also, der eine wichtige Station des Vernichtungskrieges markiert.[104] Die Erzählung über eine Erschießung, die zunächst offen lässt, ob Herr Renz selbst beteiligt war oder nur als Zuschauer teilgenommen hat (»dahinten werden welche erschossen, wollen wir mal hingehen«), wird bemerkenswerterweise gar nicht von ihm selbst, sondern von seiner Frau Lore eingeleitet. Herr Renz fügt in die beginnende Geschichte eine Rechtfertigungsschleife ein – es sei nicht klar, was das für Personen waren, die damals erschossen wurden; aller Wahrscheinlichkeit nach seien es Partisanen gewesen. Nach diesem Einschub kann es aus Sicht von Josef und Lore Renz als gerechtfertigt gelten, dass man »hingeht« und zuschaut, wie Menschen erschossen werden. Vor diesem Hintergrund kommt Herr Renz auf einen Konflikt zu sprechen: »Wenn ich nun kommandiert worden wäre«, überlegt er, um dann in allgemeiner

Perspektive zu erwägen, was seine Möglichkeiten gewesen wären, sich einem Erschießungsbefehl zu entziehen. Diese Erwägung schließt er mit dem Befund ab, dass viele »sich dagegen gewehrt haben innerlich«, wobei allerdings wiederum schließlich doch für das Erschießen gesprochen habe, dass zuvor »so und so viel Soldaten umgekommen waren durch die Partisanen«.

Das Besondere an dieser Geschichte ist, dass Josef Renz sich rechtfertigt, ohne dass ihm auch nur andeutungsweise ein Vorwurf gemacht worden wäre. Die Vermutung liegt nahe, dass er selbst an Erschießungen beteiligt gewesen ist, aber interessanter ist, dass erstens beide Ehepartner, Lore wie Josef Renz, von sich aus das Thema ansprechen und in einer genau abgestimmten Choreographie die Geschichte gemeinsam entwickeln – diese scheint mithin nicht zum ersten Mal Gegenstand von Familiengesprächen gewesen zu sein. Zweitens ist hinsichtlich der impliziten Hintergrundvoraussetzungen, von denen die Sprecher ausgehen, nicht ganz unwichtig, dass beide Erzähler offensichtlich meinen, dass das neugierige Zuschauen bei einer Erschießung per se nichts Fragwürdiges hat. Allerdings hat die Geschichte ja auch ein ganz anderes Zentrum als den Erschießungsvorgang. Für Josef Renz scheint die entscheidende Frage eine moralische zu sein: Schießt man in solch einer Situation oder schießt man nicht? Wie groß ist der Freiheits- und Entscheidungsspielraum im gegebenen Arrangement?[105] In welchem Verhältnis stehen die Taten der »Partisanen« zu denen ihrer Mörder?

Im Einzelinterview kommt Josef Renz noch einmal auf diese Geschichte zurück: »Und da hab' ich ja diesen/diese Erschießung da miterlebt, ja, von/das war'n angeblich äh äh Partisanen, ne, wer se erschossen hat, das weiß ich nicht mehr genau. Ich war auch in'ner weiten Entfernung, hab' das nur gesehen, ja.«[106] Auch hier ist Herr Renz äußerst bedacht darauf, zu betonen, dass er nur »gesehen« und nicht geschossen hat – obwohl die Interviewerin eine entsprechende Frage hier genauso wenig gestellt hatte wie im Familiengespräch. Wiederum begegnet Josef Renz einem Vorwurf, der gar nicht erhoben worden ist. Seine Bemerkung, »wer se erschossen hat, das weiß ich nicht mehr genau«, lässt zumindest offen, ob er selbst beteiligt war oder nicht. Jedenfalls haben wir es in beiden Fällen mit hoch ambivalenten Erzählungen zu tun, die einem starken Rechtfertigungsdruck unterliegen und vor allem die Frage aufwerfen, warum die Geschichte überhaupt erzählt wird, wo sie doch ganz offenbar problematisch ist. Auch Lore Renz zeigt sich im Einzelinterview in dieser Frage ziemlich unentschieden: Betont sie einerseits nochmals, dass ihr Mann »Gott sei Dank« nicht in die »Gefahr« gekommen sei, »Partisanen oder Juden«[107] zu erschießen, scheint sie es andererseits wiederum für notwendig zu halten, einen Rechtfertigungsdiskurs zu führen: »wenn man's sagt: ›Nein, das tu' ich nicht‹, dann warste dran, dann warste weg vom Fenster, nech, ne, kamst entweder weg oder wurdest erschossen, so wie's im Kriege dann war.«[108]

Auch hier bleibt die Doppelfigur der Argumentation erhalten, die sich etwa so paraphrasieren lässt: Josef Renz hat nicht geschossen; aber wenn er geschossen hätte, könnte man ihm daraus keinen Vorwurf machen.[109] Etwas später bezeichnet Frau Renz es dann sogar als »Gnade«, »dass er so davongekommen ist, ohne da Menschen erschießen zu müssen«,[110] womit das Entscheidungsdilemma »schießen oder nicht schießen« implizit wieder thematisch ist. Dieses Thema des moralischen Dilemmas nun spielt eine zentrale Rolle im Einzelinterview mit der Tochter Vera Jung. Die nämlich überlegt:

Vera Jung: »Was würdest du tun, wenn du angegriffen wirst? Würdest du dich wehren und den Menschen auch erschießen oder würdest du dastehen und sagen: ›Ja, ich/ich schieße nicht, weil/‹ und ich selber/ und da haben wir oft drüber gesprochen, aber das ist nie zu einem Ergebnis gekommen, was man wirklich machen würde. Er nicht und ich auch nicht.«[111]

Hier ist von der Ausgangssituation, nämlich der beobachteten Erschießungsszene, nichts mehr übrig geblieben. Erhalten hat sich lediglich das moralische Dilemma, aber auch das hat einen Merkmalswandel erfahren, geht es doch nun nicht mehr um die Frage Erschießung auf Befehl oder Verweigerung, sondern um die moralisch ganz anders gelagerte Frage, ob man sich *nach einem Angriff* wehren darf oder nicht. Vera Jung hat mit dieser Umformatierung der Fragestellung jeden Konflikt und jeden Verdacht, der in der ursprünglichen Erzählung lag und sich über die merkwürdige Ambivalenz der Erzählfigur vermittelte, systematisch beseitigt und die Problematik auf eine höchst allgemeine Ebene verschoben. Es geht nun keineswegs um die Frage »hat er oder hat er nicht?« und auch nicht mehr, wie noch in der Sicht von Lore und Josef Renz um die Frage, »hätte er oder hätte er nicht?«, sondern lediglich noch um die Erwägung eines höchst abstrakten und alltagsethisch im Übrigen leicht entscheidbaren Problems des Verhaltens in einer Notwehrsituation – und Notwehr lag ja in der Situation, über die Josef Renz berichtet hatte, nun ganz bestimmt nicht vor.

Verschiebt Vera Jung das Problem des moralischen Dilemmas auf eine Ebene, die nichts mehr mit einer Erschießung, sondern nur noch mit der Frage des Schießens in Notwehr zu tun hat, bekommt die ursprüngliche Geschichte in der Perspektive des Enkels Ulrich Jung eine wiederum veränderte, nun aber ganz entschiedene Gestalt, denn der bilanziert die Kriegserzählungen des Großvaters so:

Ulrich Jung: »dass er (der Großvater) halt ja nie auf Leute schießen musste [...], dass er halt immer das auch nicht hätte gemacht.«[112]

In dieser Sicht kommt weder die zumindest zu Irritation veranlassende Ausgangssituation (»wolln wir mal hingehn«) noch der Rechtfertigungsdiskurs der Großeltern noch die Dilemmakonstruktion der Tochter mehr vor. Hier ist sowohl das berichtete wie das potenzielle Verhalten des Großvaters im Krieg eindeutig geworden: Ganz zweifellos, so sieht es der Enkel, musste er »nie auf Leute schießen«, und wenn er gemusst hätte, hätte er es ebenso zweifellos nicht getan. Der Weitergabeprozess ist hier ein Prozess der Vereindeutigung: Was ursprünglich changierend, irritierend und durch eine antizipierende Rechtfertigung gekennzeichnet war, wird mittels der Transformation in ein abstraktes moralisches Dilemma zunächst entschärft und schließlich in die Eindeutigkeit eines historischen Verhaltens verwandelt, aus der jeder Zweifel und jede Ambivalenz getilgt sind.

Josef Renz steht in der Sicht seines Enkelkindes deutlich besser da als in seiner eigenen, und gewiss lässt sich an dieser Stelle sagen, dass das Verfahren der Abstraktion und Vereindeutigung zwar an das schon in der Zeitzeugenerzählung enthaltene Thema des Dilemmas anknüpft, dass es aber im Ergebnis eher eine Leistung des Enkels darstellt, dass Josef Renz am Ende über jeden Zweifel erhaben ist. Mehr noch: Er repräsentiert in der Sicht von Ulrich Jung sogar eine moralische Instanz, indem er, für den die Erschießung ja immerhin aus der prätendierten Betrachterperspektive interessant und unproblematisch war, nicht nur nicht geschossen *hat*, sondern auch nicht geschossen *hätte*. Übrigens bleibt ja vor dem Hintergrund des stilisierten Dilemmas »schießen oder nicht schießen« das Skandalöse der geschilderten Handlung, mal hinzugehen und zuzuschauen, wie Menschen erschossen werden, gänzlich unproblematisch und scheint in den Folgeinterviews auch gar nicht erwähnenswert. Hier zeigt sich, wie ein moralethisches Räsonnement sich vor jede Bewertung der erzählten Geschichte schiebt und diese selbst in ein moralisches Off stellt, das keine Frage mehr aufwirft.

Diese Heroisierungstendenz bildet sich in vielen Karrieren ab, die die von den Großeltern erzählten Geschichten auf ihrem Weg durch die Generationen machen. Auch in der Familie Krug findet sich eine solche Heroisierung.[113] Die 91-jährige Elli Krug betont, ebenso wie ihr 65-jähriger Sohn Bernd Hoffmann im Einzelinterview wie im Familiengespräch, dass sie bis Kriegsende nicht wusste, was Konzentrationslager sind. Später allerdings zogen ehemalige Häftlinge des Lagers Bergen-Belsen durch ihr Dorf, und Frau Krug wurde von der britischen Besatzungsmacht dazu verpflichtet, ihnen Quartier bereitzustellen – was ihr deutlich missfallen hat.

Frau Krug: »Also die Juden waren nachher die Schlimmsten. Also die haben uns richtig schikaniert. [...] Wissen Sie, die setzten sich hin, die ließen sich bedienen von uns und dann hatten, wollten se nich', wir hatten ja so'n großen äh so'n großes Heufach, da schliefen immer die drin, nachtsüber. [...] Also Juden hab' ich immer gesehen/ nachher hab' ich das anders gemacht. Da Juden und äh und Russen, die hab' ich immer gesehen, dass ich die nicht kriegte. Die war'n ganz widerlich, nich'. Und dann hab' ich mich immer vor unten an'ner Straße gestellt, vor'n Tor, und wenn se sagten: ›Quartier!‹ ›Nee‹, sag' ich, ›schon alles voll!‹ Äh, wenn nun die Juden oder sowas kamen, denn sagt' ich: ›Sind alles voll Russen, könnt ihr mit reingehen!‹ ›Nein, nein, nein, nein!‹, nich'. Und wenn die Russen kamen, denn denn hab' ich das auch denn irgend so einem gesagt, sind Juden da oder irgend sowas.«[114]

Noch heute erzählt Frau Krug, wie sie es mit einem Trick vermeiden konnte, den »Juden« und »Russen« Quartier zu machen, wobei die von ihr verwendeten Attribute (»die Schlimmsten«, »widerlich«) auf eine auch in der Gegenwart noch deutlich ausgeprägte antisemitische bzw. rassistische Haltung verweisen. Dass es sich bei den Einquartierten um Häftlinge handelte, die das nahe gelegene Lager Bergen-Belsen überlebt hatten, wird von ihr überhaupt nicht thematisiert. Im Vordergrund ihrer Erzählung steht die Belastung, die ihr selbst durch die Einquartierungen entstanden ist, und ihre pfiffige Technik, sich wenigstens die »Juden« und die »Russen« vom Hof zu halten.

Auch der Sohn berichtet, dass man vor Kriegsende nichts von den Lagern wusste. Er erzählt aber eine Geschichte, die er von seiner verstorbenen Ehefrau kennt. Die arbeitete auf einem Gut in der Nähe von Bergen-Belsen und hörte dort, dass die Gutsherrin Flüchtlinge aus dem Lager versteckte. Diese Person bezeichnet Bernd Hoffmann als »Oma«.

Bernd Hoffmann: »Ein Jahr war se (seine Frau) in Belsen auf'm Bauernhof da, nich'. Da sind se direkt vorbei, nich'. Die Oma hat dann welche versteckt, und dann, in einem Holzkessel hab'n die gesessen, hab'n die, sind die rumgekommen, überall reingesteckt, ne: ›Hier muss sich einer versteckt hab'n.‹ Dann hätten se die Oma ja sofort erschossen. Hat se sich da, hat sie, hat sie einen heißen Topf daraufgesetzt, dann mit kochenden Kartoffeln, nech, auf der Holzkiste, dass der nich, dass se den nicht gekriegt hab'n.«[115]

Die 26-jährige Enkelin Sylvia Hoffmann erzählt nun ihre Version davon, was ihre eigene Großmutter getan hat:

Sylvia Hoffmann: »Und dann hat sie auch noch mal irgend'ne Geschichte erzählt, das fand ich dann irgendwie ganz interessant, ähm . dass ähm unser Dorf dann ja schon auf dieser Strecke nach Bergen-Belsen lag, und ähm dass sie dann schon mal irgendwen versteckt hat, der halt geflohen ist von irgend so 'nem Transport und ähm den auch auch auf ganz interessante Art und Weise in irgend 'ner Getreidekiste irgendwie mit Strohhalm, und so rausgucken, hat die den dann echt versteckt. Und es kamen halt auch Leute und haben den gesucht bei ihr auf'm Hof und sie hat da echt dicht gehalten, und das find' ich . ist so 'ne kleine Tat, die ich ihr wohl echt total gut anrechne, so.«[116]

In dieser Geschichte nun sind Bestandteile zusammengeführt, die in den Erzählungen der Großmutter und des Vaters schon aufgetaucht waren: Die »Strecke nach Bergen-Belsen«, eine beherzte Frau, die Kiste, ja, sogar der Heuschober scheint in Gestalt des Strohhalms in der Erzählung der Enkelin eine Spur hinterlassen zu haben. Nur steuert die narrative Matrix, in der die Akteure und Requisiten arrangiert werden, nunmehr auf eine neue Botschaft zu: Die fremde Oma wird mitsamt ihrer Kiste gleichsam adoptiert und das Heu zum dramaturgischen Element der Darstellung, wie die eigene Großmutter die Verfolger überlistete. Damit konzipiert die Enkelin ein ganz eigenes Bild von ihrer guten Oma, das weder in deren Erzählung noch in der ihres Sohnes enthalten war.

Dies ist nicht das einzige Beispiel kumulativer Heroisierung in der Familie Krug. Von allen drei Generationenangehörigen wird auch eine Geschichte erzählt, in der ein Flugzeug über dem Heimatdorf der Krugs abstürzt und zwei der Insassen sich mit Fallschirmen retten. In der Version der Großmutter und des Vaters handelte es sich dabei um »Engländer«, in der Version der Enkelin um »Amis« – wichtiger ist aber, dass auch in dieser Tradierungsgeschichte die handelnden Personen und ihre Taten verwandelt werden. Frau Krug erzählt die folgende Geschichte:

Elli Krug: »Ja, und die anderen waren alle hier mit Fallschirm runtergekommen, die ham se den andern Tag denn gefunden, nich'. Und die hatten solche Angst, weil se doch, die Engländer, und die hatten ja auch gesagt, die werden alle totgemacht, nich', und darum hatten se ja solche Angst. Aber hier unser Gemeindediener hat se alle zusammengeholt, nich', und hat gesagt: ›Ihr braucht keine Angst zu haben!‹, nich'.«[117]

Dies ist eine Geschichte über die Angst der abgeschossenen Piloten und die gütige Art des Gemeindedieners, der die mit dem Fallschirm abgesprungenen britischen Soldaten »alle zusammengeholt« hat – was auch immer darunter zu verstehen sein mag. In der Version der Enkelin werden die handelnden Personen umstandslos ausgetauscht:

Sylvia Hoffmann: »Es sind dann ähm irgendwie zwei Amis als Fallschirmspringer runtergekommen, auf ihrem Land, und die hat sie dann auch versteckt irgendwie, ne. Und, also, wenn sie gesehen hat, dass sie helfen kann, dann hat sie das auch getan, so in ihrem Lebensraum.«[118]

Diese Erzählung bedarf nicht mehr des Kommentars. Interessant ist hier allerdings noch die Generalisierung, die Sylvia Hoffmann hinsichtlich des Hilfeverhaltens ihrer Oma vornimmt. Ganz im Gegensatz zu dem, was die Erzählung mit den befreiten KZ-Häftlingen, denen Frau Krug listig die Unterkunft verweigert, eigentlich nahe legt, stilisiert die Enkelin ihre Großmutter zu einer allzeit hilfsbereiten, couragierten und engagierten Person, die im Rahmen einer alltagspraktischen Ethik hilft, wo sie kann, und wenn nötig »Juden« genauso versteckt wie »Amis«. »Sie sind halt immer irgendwie, irgendwie so'ne ländliche Bevölkerung, die . die einfach so ist«[119], resümiert Sylvia, und etwas ironisch merkt sie an anderer Stelle an: »Oma rühmt sich schon um ihre Hilfsbereitschaft da und um ihren Mut, das ist schon, kann sie aber auch.«[120] Die Großmutter Krug ist in der Sicht ihrer Enkelin einfach ein guter Mensch, der seinen Mut und seine Hilfsbereitschaft vielfältig unter Beweis gestellt hat – da ist der Umstand, dass sie manchmal ein bisschen prahlerisch damit ist, durchaus verzeihlich.

Kumulative Heroisierungen vollziehen sich oft verblüffend schnell und umstandslos. Dabei scheint das generalisierte Bild von der jeweiligen Großmutter oder vom jeweiligen Großvater den Rahmen abzugeben, innerhalb dessen jeder sich in den Erzählungen bietende Anknüpfungspunkt zu einer »guten Geschichte« ausgeweitet wird. Dabei werden, wie im Fall von Sylvia Hoffmann, die eigentlich problematischen Implikationen der Erzählungen gleichsam weggestrichen und jeweils Plots arrangiert, die das facettenreiche und ambivalente, oft fragwürdige Erzählmaterial der Zeitzeugengeschichten auf moralisch eindeutige Haltungen der Protagonisten reduzieren – und zwar auf eindeutig positive. Die Tendenz zur Heroisierung der Großelterngeneration zeigt in aller Deutlichkeit die gar nicht zu überschätzende Wirkung, die von Loyalitätsbindungen an geliebte Menschen auf das Geschichtsbewusstsein und auf die jeweiligen Vergangenheitskonstruktionen ausgeht. Zusammen mit dem generalisierten und planen Bild von der porenlosen Schreckensherrschaft des »Dritten Reiches« ergibt die vorgängige Unterstellung, Oma und Opa hätten als so gute Menschen, wie sie in der Erfahrung ihrer Nachkommen erscheinen, jederzeit und immer schon gut gehandelt, einen wichtigen intergenerationellen Tradierungsmechanismus: die Generalisierung des Ausschnitts der persönlichen Erfahrung auf die gesamte Biographie des geliebten Menschen.

Im Familiengespräch der Grubitschs erzählt Sieglinde Grubitsch (Jahrgang 1907):

Sieglinde Grubitsch: »Aber unser Doktor Weinberg war ja Jude, und die Frau war ja Studienrätin, die haben wir ja geschützt, die sind ja, bis zum Schluss haben die wohnen können.«[121]

Auf diese starke Aussage, die ja nicht weniger impliziert, als dass die Großeltern die jüdische Familie Weinberg vor der Deportation gerettet hätten, ohne dass allerdings gesagt würde, worin denn das »Schützen« bestanden habe und was genau bedeutet, dass die Familie »bis zum Schluss« habe »wohnen können«,[122] folgt eine Rückfrage des Enkels Erich Grubitsch jun. (Jahrgang 1962): »Apropos: Wie habt ihr die denn geschützt?«[123] Es ist hier nicht zu entscheiden, ob in dieser Frage Skepsis mitschwingt oder ob es sich dabei einfach um einen Wunsch nach Detaillierung handelt. Die Antwort:

Sieglinde Grubitsch: »Ja, weil wir sie bei uns nie belästigt (haben). Wir haben uns nie belästigt gefühlt und die haben uns nicht gestört. Wir haben uns nicht, wie die Patrioten da, gesagt, hier sind Juden, da wollen wir nichts mit zu tun haben. Oder: ›Holt die weg!‹«[124]

Gemessen an der Aussage, die jüdische Familie »geschützt« zu haben, wirkt diese Erläuterung ernüchternd. Zunächst erzählt Sieglinde Grubitsch von der ausbleibenden »Belästigung« durch die jüdische Familie – eine merkwürdige Beschreibung, war doch vorher emphatisch von »unserem Doktor Weinberg« die Rede. Das »Schützen« der Familie Weinberg besteht, wie sich herausstellt, lediglich darin, dass die Grubitschs diese Familie nicht, »wie die Patrioten« es womöglich getan hätten, denunziert haben. Sie haben einfach nichts getan – und schon diese Unterlassungshandlung stellt in ihrer eigenen Perspektive eine erwähnenswerte, wenn nicht gar resistente Handlung dar.
Im Einzelinterview erzählt Erich Grubitsch jun. dann:

Erich Grubitsch jun.: »Es war halt (ein) totalitäres Regime, na gut. Wer weiß, was wir gemacht hätten. [...] Andererseits haben sie angeblich äh 'n paar Juden gerettet. Muss man ja auch anerkennen, dass/ gut, können wir heute alles nicht nachvollziehen, aber dass sie's immerhin versucht haben oder tatsächlich durchgezogen haben.«[125]

In dieser Einschätzung findet sich die bereits thematisierte Hintergrundüberzeugung, dass das Handeln unter totalitären Verhältnissen von heute aus nicht zu beurteilen sei. Die Formulierung des Enkels, »angeblich« hätten seine Großeltern »'n paar Juden gerettet«, bewahrt etwas von der Skepsis gegenüber deren Ausführungen auf; gleichwohl führt die Ausgangserzählung, die ja nicht mehr als die Unterlassung einer Denunziation für sich in Anspruch nahm, nunmehr zu der Anerkennung, »dass sie's immerhin versucht haben oder tatsächlich durchgezogen haben«. Wieder findet sich also das Phänomen, dass der Wunsch, eine moralisch integre oder besser noch: widerständige Handlung der Großeltern vorzufinden, zu einem Wegstreichen des eigentlichen Aussagegehalts der ursprünglichen Erzählung führt; immerhin ist ja der Umstand, dass man sich von der betreffenden jüdischen Familie »nicht belästigt« fühlte, zunächst einmal kein Ruhmesblatt, sondern eher geeignet, die Frage aufzuwerfen, warum denn plötzlich eine »Belästigung« hätte entstehen sollen – zumal es sich offensichtlich um den Hausarzt der Grubitschs handelt. In einer ungeschützteren Situation als der des Familiengesprächs würden diese Aspekte der Erzählung gewiss auch problematisiert werden – hier bleibt nach dem Wegstreichen der problematischen Aspekte nur noch die offene Frage übrig, ob die Großeltern die jüdische Familie tatsächlich »gerettet« oder es nur »versucht« haben. In beiden Fällen hätten sie allerdings etwas getan, was nach den normativen Maßstäben der Gegenwart Anerkennung finden kann.

Ganz ähnlich findet sich im Gespräch mit der Familie Ross die Aussage der Enkelin Tina Kunze (Jahrgang 1980):

Tina Kunze: »eben mit der Judenverfolgung und darum hat ja Opa auch die zwei Juden, was Mama vorhin gesagt (hat), vielleicht versteckt.«[126]

Im Einzelinterview mit dem Vater von Tina Kunze wird diese Episode in der folgenden Weise erzählt:

Gerhard Kunze: »dass eben dort auch mal 'n Zug mit Gefangenen vorbeirollte und dass auch auf dem Hof mal für kurze Zeit Leute sich aufhielten, ähm, ähm, die eben irgendwo nicht wussten, wo sie hinsollten, äh, was allerdings aber immer mit großen Gefahren verbunden war.«[127]

Die handelnden Personen sind in der Version von Gerhard Kunze (Jahrgang 1951) »Leute«, die sich auf dem Hof der Großeltern »aufhielten«. Der Zusammenhang mit Verfolgung und Deportation stellt sich über die Erwähnung des »Zug(s) mit Gefangenen« her, darüber, dass die »Leute« »nicht wussten, wo sie hinsollten« und darüber, dass dies alles »mit großen Gefahren verbunden war«, was in einer eher subtilen Wendung darauf verweist, dass das Handeln dieser »Leute« auch die Großeltern gefährdet hat. Diese Version der Geschichte ist also deutungsoffener als die entschiedenere Variante der Enkelin, in der die Aktivität von den Großeltern ausgeht, die »zwei Juden [...] vielleicht versteckt« haben.

Die Erzählung der Zeitzeugin Margarethe Ross (Jahrgang 1919) ist die folgende:

Margarethe Ross: »Und was soll ich Ihnen sagen: In der Nacht hat es bei uns zu Hause geklopft, und da sind zwei KZ-Frauen/ war wohl dann schon, dass es war, dass der Krieg wohl zuende ist [...], und die haben geklopft. Bei meiner Mutter. Meine Mutter hat die reingenommen . und hat ihnen, ne/ ich glaub' 'ne Tasse Milch erstmal gegeben, hat die auch schlafen lassen im Haus.«[128]

Nicht nur, dass es nicht um den »Opa«, sondern um die Urgroßmutter von Tina Kunze ging – die Geschichte mit den »vielleicht versteckten zwei Juden« spielte sich zu Kriegsende ab. Es wird sich mithin um displaced persons gehandelt haben, denen die Urgroßmutter Hilfe angeboten hat. Das Szenario, das in der Sicht der Enkelin durch den mutigen Akt des »Versteckens« und aus der Sicht ihres Vaters von »großen Gefahren« gekennzeichnet war, entpuppt sich hier, in der Darstellung von Margarethe Ross, als Hilfeleistung in einer Situation, die keinerlei Gefahr mehr birgt. Ohne die Handlung der Urgroßmutter schmälern zu wollen, lässt sich doch sagen, dass sie auf ihrem Weg durch die Generationen sukzessive eine Heroisierung erfährt.

Analoge Überhöhungen qua Refigurierung der Ausgangsgeschichten finden sich allenthalben in unserem Material; manchmal als komplexe Geschichten, manchmal als kleine Hinweise oder Erzählpartikel, die aber alle dieselbe Karriere durchlaufen: Aus eher harmlosen, oft fragwürdigen, gelegentlich eher skandalösen Handlungen, die von den Zeitzeugen erzählt werden, werden vermittelt über die zweite Generation abstraktere, in Details veränderte und nach den situativen Merkmalen deutungsoffenere Geschichten, die in der Enkelgeneration dann vereindeutigt werden – zu dem regelmäßigen Befund, dass die Großeltern, wenn es darauf ankam, eben »geholfen«, »versteckt« oder »gerettet« haben, selbst, wenn es für sie gefährlich war.

Als Hintergrund des Tradierungsgeschehens fungiert gerade der letztere Aspekt: die Situation voller Gefahren, die das couragierte Handeln der Zeitzeugen noch einmal mehr betont. Die Erfindung des ganz selbstverständlichen, alltagsethisch motivierten Handelns der Großeltern harmoniert mit dem Bild, das die Enkel von ihnen haben, und fügt dazu das Wissen um die porenlose Herrschaft des »Dritten Reiches«, die jeden – eben auch und besonders die eigenen Großeltern – in Opfer hätte verwandeln können. Dieses Bild sind die Enkel, so scheint es, um jeden Preis aufrechtzuerhalten bemüht.

Das gilt, wie das eingangs zitierte Beispiel zeigt, in dem die Heroisierung von der Interviewerin ausgegangen war, gelegentlich auch dann, wenn die Loyalitätsbindungen nicht über die Familiengeschichte, sondern lediglich über die temporäre soziale Situation des Interviews erzeugt werden. Dialoge, in denen die Interviewer dem Erzähler oder sogar den Personen, über die erzählt wird, kritische oder gar widerständige Rollen zuschreiben, finden sich in biographischen Interviews zur NS-Vergangenheit verblüffend häufig.[129] Auch die soziale Situation des Interviews etabliert überraschend schnell stabile Loyalitätsbeziehungen – zumeist sind die alten Leute sympathisch, haben interessante Dinge zu erzählen und blicken auf ein bewegtes Leben zurück; zudem haben sie sich freiwillig zu Interviews und Familiengesprächen über ein heikles Thema zur Verfügung gestellt, sich Zeit genommen, Familienfotos und Zeitdokumente bereitgelegt, Kaffee gekocht und Kuchen gebacken.

Bemerkenswerterweise wird die primäre Loyalitätsbeziehung, die die Verabredung und Durchführung eines lebensgeschichtlichen Interviews etabliert und die das erhobene Material in vielfältiger Weise determiniert, in der Methodenliteratur nicht thematisiert.[130] Diese primäre Loyalitätsbeziehung kann aber, wie das Eingangsbeispiel zeigt, ziemlich umstandslos ausgeweitet werden zu einer sekundären, die auch die Personen einschließt, über die nur berichtet wird. Dieses Phänomen lässt sich am Beispiel der Familie Beck und ihrer Interviewerin recht klar darstellen. Mathilde Beck, geboren 1924, hat im Familiengespräch eine einigermaßen nebulöse Geschichte über den Selbstmord ihres Vaters im Jahr 1940 erzählt. Die Gründe für diesen Suizid sind nie recht klar geworden – allerdings gibt die folgende Episode einen Hinweis, was ihm aus Sicht Mathilde Becks vorausgegangen sein mag:

Mathilde Beck: »Als meine Schwester '46 heiratete, kam eine Jüdin und sagte, es war ja nun auch 'ne schlechte Zeit, und sagte zu meiner Mutter: ›Und wenn Sie irgendwas brauchen, sagen Sie's, vielleicht kann ich es organisieren durch Care-Pakete und dergleichen, denn er hat mich ja auch nicht gemeldet.‹«
Interviewerin: »Was heißt gemeldet?«
Mathilde Beck: »Die Juden mussten gemeldet werden.«
Interviewerin: »Er hat diese Frau«
Mathilde Beck: »Er hat diese Frau nicht gemeldet«
Interviewerin: »Aha.«
Mathilde Beck: »Und ob da in der Richtung was vorgefallen war, wir haben nicht gefragt, wir/ man konnte ja auch kein Aufhebens davon machen. Ähm 1940 war's schon so, dass äh man Angst hatte.«
Interviewerin: »Und Sie meinen, dass Ihr Vater dann auch trotzdem im Untergrund sozusagen dagegen gearbeitet hat, obwohl er doch«
Mathilde Beck: »Nein, bestimmt nicht dagegen gearbeitet. Er hat immer versucht, äh die Sache aufrechtzuerhalten, weil er eben diese diese gute Entwicklung mitgemacht hat, nich'.«[131]

Die Heroisierung, die die Interviewerin hier vornimmt, indem sie aus dem Vater von Frau Beck gleich einen Widerstandskämpfer im Untergrund macht, weil er »diese Frau nicht gemeldet« hat, geht Mathilde Beck zu weit. Ihr Vater, der, wie sich im Verlauf des Familiengesprächs schon herausgestellt hatte, ganz im Gegenteil »überzeugter Nationalsozialist«, »alter Kämpfer« und bereits seit 1931 Ortsgruppenleiter der NSDAP war, habe »immer versucht, die Sache aufrechtzuerhalten«. Dass diese Korrektur in der späteren Weitergabe der Heroisierungsgeschichte allerdings kaum Spuren hinterlässt, zeigt das Einzelinterview mit Lars Dietrichsen, der 1975 geboren ist. Hier verfertigen Interviewerin und Enkel gemeinsam eine Geschichte vom Heldentum des Urgroßvaters:

Interviewerin: »Also das ist doch auch so, dass der Ortsgruppenleiter war oder dass er die Leute da/«

Lars Dietrichsen: »Weiß ich nicht. Ich weiß nicht, ich mein', normalerweise würdeste ja sagen, wenn's nach dem Krieg gewesen ist und äh die Straße nach dem Krieg nach ihm benannt wurde, dann wird's sicherlich gewesen sein, weil er irgendwie«

Interviewerin: »Weil er was Gutes/«

Lars Dietrichsen: »Weil er sozusagen was Gutes gemacht hat, also im Nachkriegssinn. Vielleicht weil sie wussten, er war fair und hat die Leute gedeckt. Oder, weiß nicht, hat das eingesehen, dass das alles schlecht war, was seine Partei da gemacht hat, und sich deswegen erschossen hat.«[132]

Hier wird von beiden Sprechern eine Heroisierungsgeschichte verfertigt, die von Mathilde Becks Bericht über den Selbstmord des Vaters und dem Auftritt der »Jüdin« 1946 ausgeht und die alle Ungereimtheiten aus der Geschichte genauso entfernt wie den Umstand, dass Mathilde Beck selbst darauf bestanden hatte, dass ihr Vater alles andere als ein Widerstandskämpfer gewesen war. Dass im Heimatdorf der Becks eine Straße nach dem Urgroßvater benannt wurde, dient in diesem Dialog als Beleg dafür, dass er, wie die Interviewerin sagt, »was Gutes« gemacht hat, nämlich, wie Lars ausführt, »die Leute gedeckt« und schließlich die Einsicht gewonnen hat, dass »seine Partei« schlechte Dinge getan hat.[133]

Die Bedeutung, die der kumulativen Heroisierung für die Funktion des Familiengedächtnisses zukommt, tritt im Fall der Familie Meier besonders zutage. Das in der Familie präsente und gepflegte Bild vom Urgroß- bzw. Großvater wird nach dessen Tod völlig in Frage gestellt. Dieser Mann nämlich hat eine »Chronik« verfasst, die den Familienmitgliedern erst nach seinem Tod bekannt wird. In dieser »Chronik« entpuppt er sich zur Überraschung der Familie als immer noch überzeugter Nationalsozialist, der offenbar auch an Verbrechen beteiligt war. Dieser Umstand wird im Familiengespräch der Meiers nur kurz thematisiert (»Und als dann so Hitler dann '33 an die Macht kam, äh, das beschreibt er auch so, und jetzt wird wieder Ordnung geschafft, ne«[134]), im Einzelgespräch mit der Tochter der Familie Meier, Viola König, Jahrgang 1947, eingehender dargestellt:

Viola König: »Er konnte es nicht abwarten. Absolut kriegsgeil, ne. Naja, und als er dann seine Chronik schrieb, oder beziehungsweise, als ich die in die Finger krichte, da war er schon gestorben, und ich weiß noch genau, dass ich völlig geschockt war, weil das hätte ich ihm nicht zugetraut, ne. So, ich kannte ihn als meinen Opa, ich kannte ihn anders, ne. So, ich hatte ihn völlig anders erlebt, ne. Das hätte ich ihm nicht zugetraut. Aber es stand da, es stimmte. Und das war schon was, wodran ich auch noch so zu knappsen hatte, ne. So weil das war nicht so, das stimmte nicht mit dem Bild überein, was ich so von meinem Opa hatte, ne. Das war ne sehr, sehr große Diskrepanz, ne. Und ich kann mich damals noch erinnern, da haben wir lange auch so drüber gesprochen, meine Schwester und ich. Dass wir beide da sehr, völlig von den Socken waren, ne. Das hatten wir nicht vermutet.«
Interviewer: »Also das da, also Diskrepanz inwiefern, also dass quasi der Großvater zu eventuell den Tätern gehören kann.«
Viola König: »Mhm, mhm, mhm.«
Interviewer: »Mhm.«
Viola König: »Also ich hab mein, mein Groß-, meinen Großvater als einen . sehr patriarchalischen Menschen, aber durchaus auch als einen toleranten Menschen kennen gelernt. Ne, als Kind, ja und Jugendliche auch noch. Auch und was er erzählt hat, war dann aus seiner französischen Kriegsgefangenschaft, wie nett das war, so wie nett die Franzosen waren, und so miteinander klarkamen. [. . .] Nee, das ist sowieso so 'n Phänomen (unv.) oder was ich nicht begreifen kann, ne. Dieser, wo wo kommt plötzlich so 'n Hass her, ne. Wirklich so 'n flächendeckender Hass. Ja, so so diesen Mechanismus, wie sich das entwickelt, wie das so entsteht.«[135]

Was Viola Königs Großvater in seiner »Chronik« tatsächlich offenbart hat, bleibt weitgehend unausgesprochen. Viola König schließt an ihre Ausführungen noch einen kurzen Diskurs über Daniel Goldhagens Buch »Hitlers willige Vollstrecker« an und stellt die These auf, dass bei den Tätern nicht nur »blanker Antisemitismus« vorgelegen habe, sondern dass »die niedrigsten menschlichen Instinkte da zum Tragen gekommen«[136] seien – eine Überlegung, die vielleicht in dieser theoretisierten Form einen Hinweis darauf gibt, von welcher Dimension die in der »Chronik« berichteten Erlebnisse des Großvaters gewesen sein mögen. Wie auch immer: Deutlich wird in Viola Königs Ausführungen die Härte des Bruches zwischen dem Bild vom Großvater, das sie über ihre Kindheit und Jugend entwickelt hatte, und der ganz anderen Persönlichkeit, die sich in der »Chronik« offenbarte: »Das stimmte nicht mit dem Bild überein, was ich so von meinem Opa hatte.«[137]

Die trotz dieses Bruches immer noch bestehende Loyalitätsbindung deutet sich darin an, dass Viola König auch jetzt noch nicht über den Inhalt der »Chronik« zu sprechen bereit ist; sie bestätigt lediglich die Vermutung des Interviewers, dass »der Großvater zu eventuell den Tätern gehören kann«[138]. Sie führt diese Einschätzung aber nicht weiter aus. Interessant ist hier, dass das retroaktiv wirksame Bild vom Leben des Großvaters durch seinen Bericht posthum in Frage gestellt wird, und dass es Viola König alles andere als leicht fällt, sich überhaupt mit dieser Infragestellung zu konfrontieren. Ihre Tochter Sandra hat es da leichter. Als der Interviewer sie fragt, ob die »Chronik« ihre Sichtweise auf den Urgroßvater »irgendwie verändert« habe, antwortet sie:

Sandra König: »Ehm, ja sie hat sich verändert, aber es ist nicht meine Sichtweise, glaube ich. Also ich habe meinen Opa, Uropa kennen gelernt, oder ich habe ihn erlebt, bis ich zehn war, dann ist er gestorben. Und ehm, bis ich neun war habe ich ihn erlebt so und war ein wirklich lieber Uropa, toll, hat sich immer gekümmert, ich mochte den wirklich sehr gerne, und ich wusste auch, dass seine Enkelinnen, also meine Mutter, meine Tante und Cousinen von meiner Mutter, ihn auch über alles liebten, und dann kam diese Chronik auf den Tisch. [...] Und da waren, die waren alle geschockt. Meine Mutter, meine Tante, meine Cousine, die Cousinen von meiner Mutter, die waren geschockt. [...] Weil deren Bild wurde nämlich plötzlich total zerrüttet von dem Opa. Und da war ich natürlich auch geschockt. Obwohl das überhaupt nicht hinhauen kann, das stimmt nicht, weil ich hab von meinem Opa ein ganz anderes Bild, ich habe ihn wirklich erlebt, da war ich noch sehr klein, und dann da habe ich mich um nichts in der Richtung gekümmert und da hat mich auch das Thema Nationalsozialismus, auch noch überhaupt nicht interessiert, da wusste ich vielleicht gerade mal, dass es das gegeben hat. Aber da wusste ich, da hatte ich aber nichts zu lesen und ne, so. Damit hatte ich mich noch nie mit beschäftigt gehabt, und von daher kann das mein Bild von meinem Uropa überhaupt nicht, eh, da kann's überhaupt nicht dran gewackelt haben. Das bisschen, das ich von ihm kennen gelernt habe, das wurde da gar nicht in Frage gestellt eigentlich.«[139]

Für die beim Tod des Urgroßvaters neunjährige Sandra liegt die Denkmöglichkeit, dass ihr Uropa in einer fernen Vergangenheit eine fragwürdige Rolle gespielt hatte, außerhalb ihrer Reichweite. Deshalb wird ihr Bild vom Uropa durch das, was nach seinem Tod über ihn bekannt wird, nicht gebrochen, wohl aber durch die erschütterte

Reaktion ihrer Mutter und der Verwandten irritiert. Erst als sie selbst Wissen über die Geschichte erwirbt, beginnt sich für sie zu klären, was vorgefallen war:

Sandra König: »Und das dann halt auch erst später, als ich halt ein bisschen was über die Zeit wusste, und ehm, dann konnte ich halt auch nachvollziehen, warum die halt so erschüttert gewesen waren, die haben ihn halt ganz anders erlebt, und oder er hat da wohl auch sich als jemand ganz anderes dargestellt, als der er letztendlich aus dieser Chronik hervorging, gewesen war, ne.«[140]

Das nachträglich erworbene Wissen macht für Sandra transparent, was die Erschütterung der Verwandten hervorgerufen hatte. Es ist noch immer nicht ihr Bild, das erschüttert wird, aber retrospektiv erschließt sich ihr die »Diskrepanz«, von der ihre Mutter im Einzelinterview gesprochen hatte: die Diskrepanz zwischen dem Bild, das die Familie von ihrem Urgroßvater hatte, und dem, was er in der Vergangenheit war. Dieses neue Bild überformt nun aber nicht die Vorstellung aller Beteiligter. Sandra erzählt weiter:

Sandra König: »Meine Oma sieht das auch wieder anders. Also sie war überhaupt nicht erschüttert. Weil sie sich da eigentlich gar nicht drüber gewundert hat, sie hatte ihn ja auch so erlebt, und wusste ja auch viele Sachen, und hat auch viele Sachen so mitgekricht, und war eher erstaunt darüber, dass Viola und Monika und alle, die ihn immer so als völlig ja als ganz anderen Menschen wahrgenommen haben, ne, und eigentlich dann ja, ganz doll enttäuscht über ihn gewesen sind.«[141]

In dieser Darstellung wird deutlich, dass das Familiengedächtnis sich über durchaus diskrepante Auffassungen von der Geschichte und von den Handlungen der Akteure hinwegsetzt: Die Angehörigen der drei Nachfolgegenerationen blicken aus jeweils unterschiedlicher Perspektive auf die Vergangenheit des Vorfahren. Sandras Großmutter zeigt sich nicht überrascht über das, was mit der »Chronik« zutage tritt. Ihre mit ihrem Vater gemeinsam erlebte Zeit hat einen anderen historischen Kern als die, die ihre Tochter mit ihm erlebt hat, und die hat wiederum einen anderen historischen Kern als die Zeit, die Sandra mit ihrem Uropa verbracht hat. Das Familiengedächtnis der Meiers hatte diese Zeiten, Erfahrungen und Bilder synchronisiert; als mit der »Chronik« eine andere historische Realität sichtbar wird, als sie das

Familiengedächtnis synthetisiert hatte, bricht insbesondere für die mittlere Generation, die den Großvater nur als eindrucksvolle Gestalt aus der Nachkriegszeit kannte, zugleich aber schon um die Geschichte des Nationalsozialismus wusste, eine Welt zusammen, und mit ihr das Bild vom Großvater. Diese Generation hat, ähnlich wie die Beispiele der anderen Familien gezeigt haben, ein Bild vom Großvater entwickelt, das ihn in vorteilhaftem Licht auch in der imaginierten nationalsozialistischen Zeit gezeigt hatte. Auch hier wird eine Heroisierung stattgefunden haben, die das von der Gegenwart geprägte positive Bild vom Großvater auf seine ganze Biographie generalisiert hatte. Für Sandras Großmutter sieht das anders aus: Die nämlich wusste mehr über das Verhältnis von Biographie und Geschichte dieses Mannes, während die anderen Familienmitglieder nur etwas über ihn als Person und nichts über seine vorausgegangene Biographie wussten.

Diese Interviewpassage ist eine Schlüsselsequenz für das Verstehen der Rolle, die das Familiengedächtnis für das individuelle Geschichtsbewusstsein spielt: Sie zeigt die generationsspezifisch differierende Wahrnehmung des Verhältnisses von Persönlichkeit, Lebensgeschichte und historischer Zeit, und sie zeigt auch, dass Familien offenbar eine starke Tendenz entwickeln, diese drei Aspekte in Harmonie zu bringen, die generationsspezifischen Perspektiven, wenn man will, auf denselben Punkt hin zu bündeln. Der Vorgang der kumulativen Heroisierung spielt dabei eine wichtige Rolle, ist er es doch, der vor dem Hintergrund der problematischen Geschichte gewährleistet, dass ein Familiengedächtnis geteilt und eine gemeinsame Familiengeschichte erzählt werden kann. Die »Chronik« passt nicht in das Familienalbum der Meiers; sie bricht die Möglichkeit einer einstimmig erzählten und zu erzählenden Familiengeschichte auf. Gerade in dieser negativen Form der Zerstörung des von allen Beteiligten auf je eigene Weise hergestellten gemeinsamen Gedächtnisses zeigt sich, welche Funktion das Familiengedächtnis als Synthese der unterschiedlichen Zeit- und Generationserfahrungen hat: Es stellt den transgenerationellen und überhistorischen Zusammenhang der Wir-Gruppe her, und für die Herstellung dieses Zusammenhangs sind von allen Beteiligten jene kleinen oder großen Zurichtungen des Erlebten,

Erinnerten und Weitergegebenen notwendig, die sich in unserem Material so vielfältig abbilden.

Zum Schluss dieses Kapitels noch eines der zahlreichen Beispiele eines ungebrochenen Familiengedächtnisses. Auch in der Familie Eeven wird eine Heroisierungsgeschichte tradiert, die noch auf den Urgroßvater zurückgeht, der als notorischer Gegner des nationalsozialistischen Systems dargestellt wird. Else Eeven (Jahrgang 1922) erzählt:

Else Eeven: »mein Vater war ein totaler Gegner [...]. Tatsächlich, der hat '34 schon gesagt, ›das geht zum Krieg und ihr könnt machen, was ihr wollt [...], ihr werdet euch noch wundern‹, hat er dann immer gesagt. Und wie der Krieg anfing, da sagt' er: ›Ein Jahr‹, da sagt' er: ›den gewinnen wir nicht! Die gehen viel zu viel, viel zu schnell durch ganz Europa, die kriegen einen Kollaps dabei.‹«[142]

Auch im Familiengespräch wird die kritische Haltung des Vaters, die sich zumindest diesem Zitat nach nicht auf den Nationalsozialismus per se, sondern lediglich auf den Krieg bezieht, von Frau Eeven angesprochen:

Else Eeven: »aber was mein Vater sagte und was der jeden Tag von sich gab, da hab' ich sonst was gehört, da hab'/ sowas hab' ich nicht erzählt.«

Ihr Mann, Albert Eeven, ergänzt:

Albert Eeven: »Naja, das war auch, das war extrem, das war. An sich hat er großes Glück gehabt.«
Else Eeven: »Nein, nein. Dass sie den nicht weggeholt haben. Ja, ja.«[143]

Die Tochter Claudia Eeven (Jahrgang 1949) wirft zu einem späteren Zeitpunkt im Familiengespräch auch ein, dass

Claudia Eeven: »Opa nochmal inhaftiert wurde. War das nicht auch, weil er irgendwas gesagt hatte, äh was sozusagen regierungs/der war doch mal inhaftiert zwei, drei Tage«

– worauf ihr Vater erläutert:

Albert Eeven: »Ja, er war mal, ja, er hatte auch mal ein kleines bisschen zu laut gesprochen, nich', und das hat dann jemand gehört, und dann kam unser Polizist und holte ihn ab.«[144]

Nur wenig später erzählt Albert Eeven verblüffenderweise, dass diese Inhaftierung durch Zahlung einer Geldbuße von 25 Mark abgewendet wurde und dass sie auf einen Verstoß gegen das Verdunkelungsgebot zurückging, nicht etwa auf systemkritische Äußerungen.[145] Dass diese Version vollständig der wenige Minuten zuvor erzählten widerspricht, gibt im Familiengespräch keinerlei Anlass zu Irritation oder nachträglicher Richtigstellung – ein Phänomen, das in vielen Familiengesprächen zu beobachten ist.[146]

Auch im Einzelinterview kommt Claudia Eeven auf ihren Großvater zu sprechen. Sie bezeichnet ihn zunächst als »unheimlich kritisch«, fügt dann aber noch die Bemerkung an, dass er gar »überkritisch« gewesen sei: »Und ich denke, meine Mutter hat es dadurch auch nicht leicht gehabt.«[147] Während Claudia Eeven hier den Assoziationsraum der permanenten Gefährdung der Familie durch die kritischen Äußerungen ihres Großvaters anspielt, betont ihr Sohn Thomas (Jahrgang 1969), dass seine Herkunftsfamilie vom »Jasagertum« glücklicherweise weit entfernt war.[148] Schon vorher hatte er zusammengefasst, was dieser Befund für ihn bedeutet:

Thomas Eeven: »Das ist letztendlich ja positiv, klar, man würde sich natürlich wünschen, dass es irgendwie mehr wache Deutsche gegeben hätte in der Zeit. Ähm, mich persönlich freut's letztendlich auch ein bisschen, würd' ich sagen, also dass das in meiner Familie [...] Leute waren, die halt nicht äh stramm ›Heil Hitler‹ geschrien haben, klar.«[149]

Diese eindeutige und offenbar fest verankerte Überzeugung des Enkels, einer Familie zu entstammen, die immer schon, bis in die Generation der Urgroßeltern hinein, gegen den Nationalsozialismus gewesen war, führt im Familiengespräch übrigens zu der nachgerade absurden Situation, dass der Großvater Albert Eeven seinen Enkel dazu auffordert, kritische Fragen zu stellen, ein Ansinnen, das Thomas Eeven empört zurückweist:

Albert Eeven: »Warum fragst du nun nicht: ›Opa, wieso habt ihr das alles mitgemacht? Warum habt ihr das nicht gemacht?‹ Warum stellst du nicht die Frage?«
Thomas Eeven: »Ach Opa!«[150]

Anstatt nun Albert Eeven die Frage zu stellen, die er gerne hören möchte – vielleicht weil sie ihn selbst beschäftigt, vielleicht weil er Gelegenheit zu einer Rechtfertigung haben möchte, die aus Sicht seiner Familie gar nicht erforderlich ist –, klären ihn seine Tochter Claudia und sein Enkel Thomas darüber auf, weshalb diese Frage unsinnig ist. Claudia Eeven verfolgt dabei einen sozialisationstheoretischen Ansatz:

Claudia Eeven: »Ja, aber ihr habt euch ja nicht aufgelehnt, weil ihr ja so da drauf auf Gehorsam und gehorchen und so ›alles seine Ordnung haben‹, wart ihr ja hingedrillt. Also ich meine, das kannst du ja mit mit der Erziehung heute gar nicht mehr vergleichen!«

Und Thomas Eeven ergänzt:

Thomas Eeven: »Opa, das ist die einfachste Frage, die man stellen kann natürlich. Aber das ist mittlerweile, wenn du dann äh, die Antworten sind ja so vielschichtig und die Geschichten, die ihr jetzt auch erzählt habt, sind ja so verschieden schon, dass man da/so'ne Frage kann ich gerade nicht stellen, dafür weiß ich auch zu viel darüber schon.«[151]

Albert Eeven hat dieser Aufklärung nichts entgegenzusetzen und schweigt. So absurd dieser Dialog auf den ersten Blick auch zu sein scheint – der Zeitzeuge möchte kritisch befragt werden und wird von seinen Nachkommen darüber aufgeklärt, weshalb das nicht nötig ist –, so klar offenbart er auch, dass das Wissen über die Entstehungsgeschichte und den Verlauf der NS-Vergangenheit im familialen Binnenzusammenhang paradoxe Wirkung entfaltet: Während Claudia Eevens Informiertheit über den autoritären Erziehungsstil jener Zeit, den »Drill« und die Indoktrination völlig ausreichend scheint, um zu erklären, wieso ihr Vater »das alles mitgemacht« hat, verfügt der Enkel Thomas über so viel Wissen zur NS-Geschichte, dass ihm einfache Fragen und einfache Antworten unangemessen erscheinen: »Dafür weiß ich auch zu viel darüber schon.«
Dass das Wissen hier die Funktion übernimmt, nichts mehr wissen zu wollen – nämlich über die Familiengeschichte und ihren Zusammenhang zum Nationalsozialismus –, verweist einmal mehr auf die paradoxe Folge der umfassenden Aufklärung über die nationalsozialistische Vergangenheit und die mit ihr verbundenen Verbrechen: Je

fundierter das Geschichtswissen ist, desto größer wird die subjektiv empfundene Notwendigkeit, die eigene Familie vor diesem Wissen zu schützen – das heißt, sie aus dem historischen Zusammenhang herauszunehmen, über den man so gut Bescheid weiß. Dass ein Zeitzeuge einzuklagen versucht, kritisch befragt zu werden, ist selbst Teil dieses Aufklärungsprozesses und der in den letzten zwei Jahrzehnten etablierten Erinnerungskultur in Bezug auf den Nationalsozialismus und den Holocaust. Er bekommt diese Frage nicht mehr gestellt, und das liegt daran, dass der familiale Diskurs genug Anknüpfungspunkte und Indizien geliefert hat, um das Bild einer transgenerationell antinationalsozialistischen Familie zu entwerfen, das nun nach Möglichkeit nicht wieder verwischt werden soll. Dass dieses Bild gerade vor dem Hintergrund des Wissens über das Grauen jener Zeit desto kontrastreicher und beruhigender erscheint, hatte Thomas Eeven ja schon im Einzelinterview herausgestellt: »Man würde sich natürlich wünschen, dass es irgendwie mehr wache Deutsche gegeben hätte« – nämlich solche wie seine Großeltern und Urgroßeltern.

Welche Schlüsse lassen sich aus dieser deutlichen Tendenz zu einer kumulativen Heroisierung im intergenerationellen Weitergabeprozess ziehen? Der für die Geschichtspädagogik und -didaktik nicht unwichtige Befund, dass eine Aufklärung, die ein umfassendes Geschichtswissen über die Verbrechen des Nationalsozialismus etabliert, paradoxerweise das Bedürfnis evoziert, die eigenen Angehörigen von diesem Wissen auszunehmen, ist schon skizziert worden. Das ist allerdings nicht nur negativ zu bewerten, denn immerhin lässt sich ja aus den umgedichteten Geschichten von Heldentum, Widerstand und Zivilcourage der Großeltern die vielleicht praktisch wirksame Alltagstheorie ableiten, dass individueller Widerstand auch in totalitären Zusammenhängen möglich und sinnvoll ist, dass es, emphatisch gesagt, auf die Verantwortung des Einzelnen ankommt. Insofern mögen die Geschichten von den widerständigen Großeltern und Urgroßeltern unabhängig von ihrem Wahrheitsgehalt ein motivierendes Beispiel dafür geben, sich selbst couragiert zu verhalten, wenn nahe Menschen bedroht oder verfolgt werden. Daneben ist deutlich, dass die Enkelinnen und Enkel mehrheitlich das Leitbild anti-nationalsozialistisch eingestellter Personen favorisieren – lediglich vier der von uns befragten 44 Enkelinnen und Enkel lassen Bewunderung und deutliche Affirmation den »Nazis« gegenüber erkennen.

Für das Geschichtsbild vom Nationalsozialismus und vom Holocaust bedeutet das Phänomen der kumulativen Heroisierung aber etwas ganz anderes: nämlich eine Restauration der tradierten, aber eigentlich längst abgelöst scheinenden Alltagstheorie, dass »die Nazis« und »die Deutschen« zwei verschiedene Personengruppen gewesen seien, dass »die Deutschen« als Verführte, Missbrauchte, ihrer Jugend beraubte Gruppe zu betrachten seien, die selbst Opfer des Nationalsozialismus war. Dieses Geschichtsmodell findet im kulturellen und kommunikativen Gedächtnis der Bundesrepublik offensichtlich doch einen sicheren Ort – wie etwa auch die Renaissance der Sicht des deutschen Landsers und der deutschen Flakhelferin an der »Heimatfront« in Geschichtsfeatures vom Format der ZDF-Serien »Hitlers Helfer«, »Hitlers Kinder« etc. anzeigt. Während der Holocaust im Rahmen internationaler Großveranstaltungen wie der Stockholmer Holocaust-Konferenz im Jahr 2000 als säkulares Ereignis markiert und die Jahrestage der Befreiung zunehmend festgelegte liturgische Bekenntnis- und Verantwortungsrhetoriken etablieren, verschwindet aus dem deutschen Geschichtsbewusstsein über den Nationalsozialismus das historische und politische Moment: dass es nämlich in einer zivilisierten und in vielen Zügen modernen Gesellschaft des 20. Jahrhunderts unter tätiger Beteiligung der überwältigenden Mehrheit einer gut ausgebildeten und meist vor 1933 sozialisierten Bevölkerung möglich war, eine Teilgruppe ebendieser Bevölkerung aus dem »Universum der Verbindlichkeiten«[152] auszuschließen, diese für schädlich und »unwert« zu halten, ihrer Deportation zuzusehen und ihre Vernichtung – sagen wir – billigend in Kauf zu nehmen. Von den eigentlichen Tätern, die ja in einigen Fällen auch in unserem Interviewmaterial zu Wort kommen, ist dabei noch gar nicht die Rede, von ihrer Mordbereitschaft[153] und ihrer weitgehend problemlosen Integration in die bundesrepublikanische Nachkriegsgesellschaft.[154]

Zwischen dem Bild eines sich zunehmend enthistorisierenden Menschheitsverbrechens auf der einen und einem sich zunehmend enthistorisierenden Nationalsozialismus auf der anderen Seite entsteht im Geschichtsbewusstsein, so zeigt unser Material, eine Lücke, in der der Vorgang der sozialen Erstellung des genozidalen Prozesses zu verschwinden droht – und dies bei allem faktischen Geschichtswissen, das der Geschichtsunterricht, die politische Bildung und die Gedenkstättenarbeit in den vergangenen Jahrzehnten so erfolgreich etablieren konnten.

Das Phänomen der kumulativen Heroisierung zeigt ja, wie stark emotional basierte Auffassungen von den individuellen Rollen nahe stehender Menschen das individuelle Geschichtsbewusstsein prägen und wie distanziert die kognitiven Wissensbestände über die Geschichte dazu sind. Die subjektive Syntheseleistung besteht darin, die eigenen Vorfahren qua Heroisierung aus dem Geschichtswissen herauszunehmen und das »Böse« der nationalsozialistischen Herrschaft und das »Gute« der eigenen Großeltern und Urgroßeltern in friedliche Koexistenz zu bringen. Die dabei entstehenden deutschen Geschichten vom Nationalsozialismus und vom Holocaust sind nach typischen Drehbüchern, wiederkehrenden Episoden und erprobten Erzählmustern geschrieben. Damit werden wir uns im folgenden Kapitel beschäftigen.

4. Wechselrahmen
Leidens- und Heldengeschichten
als Tradierungstypen

Im vorigen Kapitel ist gezeigt worden, wie Geschichten von den beteiligten Interakteuren gemeinsam verfertigt werden. Dabei sollte deutlich werden, dass es gerade die nebulösen, fragmentierten, widersprüchlichen und unlogischen Geschichten sind, die den Zuhörern Raum geben, ihre eigenen Versionen des Erzählten zu entwickeln und diese auch mit einem eigenen Sinn zu versehen. Umgekehrt ist aber auch darauf hinzuweisen, dass die gemeinsame Verfertigung der Vergangenheit im Gespräch sozialen Anforderungen unterliegt, die den Rahmen der Familie weit überschreiten. Denn was die einzelnen Familienmitglieder für erzählenswert halten, hängt nicht bloß von ihrer situativen Übereinkunft ab, sondern von sozial und kulturell spezifischen Erzählformen, die vorgeben, was eine Geschichte zu einer erzählens- und hörenswerten macht.

Geschichten, die aus der Vergangenheit erzählt werden, müssen in der Regel einen »Orientierungsteil«[155] aufweisen, in dem Zeit und Ort des Geschehens dargestellt und die Personen und Handlungskontexte beschrieben werden. Geschichten müssen einen Anfang, einen Mittelteil und einen Schluss haben und einen Plot aufweisen, der sie überhaupt erzählenswert macht. Dieser enthält in der Regel einen »werthaltigen Endpunkt«,[156] eine Moral, die die Geschichte für den Erzähler wie für den Zuhörer in irgendeiner Weise sinnhaft macht. Innerhalb dieses erzählkonventionellen Handlungsrahmens für die Verfertigung von Geschichten aus der Vergangenheit existieren, wie die Pilotstudie gezeigt hat[157], themenspezifisch unterschiedliche, wiederkehrende Muster des gemeinsamen Sprechens, die als »Tradierungstypen« bezeichnet werden können. Vor dem Hintergrund des Materials der Pilotstudie sind fünf solcher Tradierungstypen herausgearbeitet worden: Opferschaft, Rechtfertigung, Distanzierung, Faszination und Überwältigung. Bevor wir anhand unserer Familiengespräche und Einzelinterviews untersucht werden, ob die identifizierten Typen einer Überprüfung auf breiterer empirischer Basis standhalten, wollen wir sie kurz noch einmal im Überblick skizzieren:

Opferkonstruktionen und Umkehrungen der historischen Täter- und Opferrollen spielten in den Interviews und Gruppendiskussionen des Pilotprojekts eine dominante Rolle. Erstaunlich leicht, so zeigte sich in der Analyse der Dialoge zwischen Interviewern und Befragten, konnten diese Konstruktionen die kritischen Wahrnehmungsfilter der jüngeren Zuhörer passieren; im Gegenteil stellte sich, gewissermaßen im Jenseits des historischen Wissens der Interviewer, Mitleid und Empathie auch dann ein, wenn die Befragten sich zu Opfern in Situationen machten, in denen sie, bei Licht betrachtet, Zuschauer oder Täter waren.

Als interessantester Funktionsmodus des Tradierungstyps *Opferschaft* erwies sich ein Verfahren der »Wechselrahmung«, worunter die Inanspruchnahme von Rahmenmerkmalen zu verstehen ist,[158] die dem historischen Kontext der Verfolgung und Vernichtung der jüdischen Bevölkerung entstammen, nun aber für die Darstellung der Leidensgeschichten der ehemaligen »Volksgenossinnen« und »-genossen« verwendet werden. Solche »Wechselrahmungen« können auf zum Teil verblüffende Weise Bestandteile normativer Geschichtsbetrachtung und historische Versatzstücke mit den Interessen der Befragten in Übereinstimmung bringen, ihre Rolle in der Vergangenheit auf eine Weise zu präsentieren, die unmittelbar Mitleid und Empathie bei den jüngeren Zuhörerinnen und Zuhörern erzeugt. Wer selbst Opfer des Systems war, so scheint der Subtext solcher Opferkonstruktionen zu lauten, ist vor jedem Verdacht geschützt, Akteur oder gar Profiteur gewesen zu sein.

Dialoge im Rahmen des Tradierungstyps *Rechtfertigung* hingegen bewegen sich vor dem Hintergrund unterstellter Schuldvorwürfe an die Zeitzeugengeneration. Seine Grundierung ist die Diskussion um die »unbewältigte Vergangenheit«, die schon in den fünfziger Jahren begonnen hat und in unterschiedlichen Gestalten immer aufs Neue aktualisiert wird – sei es durch die »Goldhagen-Debatte«, die Debatte um die so genannte Wehrmachtsausstellung, die Entschädigung von

Zwangsarbeitern usw. Die Gesprächsstruktur in den entsprechenden Passagen ähnelt jener zwischen Angeklagten, die schon eine ganze Kollektion routinierter Rechtfertigungsstrategien (»Wir haben von Lagern nichts gewusst« usw.) entwickelt haben, und unterschiedlich »scharfen« Staatsanwälten, die misstrauisch den Ausführungen der Erzähler folgen. Hier findet sich das Phänomen einer »retroaktiven Tradierung«: der Einbau von Rechtfertigungsstrategien, die der Nachkriegszeit entstammen, in die historischen Sinnbildungen der Zeitzeugen.

Der Tradierungstyp *Distanzierung* basiert in ähnlicher Weise auf eingeübten Darstellungsweisen und hat sein stärkstes stilistisches Element in der Ironie, die von den Zeitzeugen offensiv eingesetzt wird, um deutlich zu machen, dass sie sich schon zeitgenössisch in kritischer Distanz zum Nationalsozialismus befunden haben. Das Mittel der Ironie verhilft den Erzählern zu praktischen Formen der Übereinstimmung mit den Interviewern: Man amüsiert sich gemeinsam über »150 prozentige Nazis« und das operettenhafte Führungspersonal des »Dritten Reiches«. Eingebaut in diese Distanzierungsdiskurse sind Geschichtstheorien, die in komparativer Betrachtung die politischen Eliten aller Länder und Epochen als lächerlich, überdreht und unglaubwürdig zeichnen und damit den Nationalsozialismus zu einer historischen Epoche wie andere auch normalisieren.

Im Rahmen des Tradierungstyps *Faszination* schlägt sich die Nachwirkung der nationalsozialistischen Propaganda am deutlichsten nieder: Die Zeitzeugen berichten mit glänzenden Augen von den Errungenschaften der NS-Gesellschaft und tauchen in die »schöne Zeit« zurück, die ihre Kindheit und ihre Jugend prägte. Die Affirmation der nationalsozialistischen Gesellschaft, die mit den Faszinationsdiskursen einhergeht, führt dazu, dass die Jugendzeiten der älteren und jüngeren Gesprächspartner miteinander verglichen werden, wobei die Gegenwart, die eben keine vergleichbaren »Leistungen« für das Gemeinschaftserleben der Jugendlichen oder für die Beseitigung der Arbeitslosigkeit vorzuweisen hat, sukzessive in eine defensive Position rückt – und mit ihr diejenigen, die ihre Jugend aus der Sicht der Älteren in nicht so schönen Zeiten verbringen mussten.

Dramatische Erzählformen kennzeichneten den Tradierungstyp

Überwältigung, in dessen Rahmen Erlebnisse und Ereignisse berichtet werden, die die Zeitzeugen so nachhaltig beeindruckt haben, dass der Eindruck entsteht, es sei inzwischen gar keine Zeit vergangen. Hier werden Erinnerungsbilder repräsentiert, deren szenische Kraft zur Identifikation und Perspektivenübernahme so intensiv einlädt, dass die Zuhörer über weite Strecken verstummen und anschließend bemüht sind, den Erzählern deutlich zu machen, dass sie die Reisen in die retrospektiven Vergegenwärtigungen des historischen Geschehens nach Kräften mitzumachen versuchen. Es ist dabei nicht nur so, dass die erzählten Erlebnisse die Älteren in der historischen Zeit emotional überwältigt haben, sondern dass ihre narrativen Reinszenierungen geeignet sind, die Jüngeren auch in der Gegenwart der Erzählzeit zu überwältigen. Es verwundert nicht, dass sich im Rahmen dieses Tradierungstyps auch Geschichten fanden, die bereits zu Erzähltopoi geronnen sind, Landsergeschichten, die – jedenfalls bei männlichen Zuhörern – noch atemlose Aufmerksamkeit und umstandslose Identifikation hervorzurufen vermochten.

In der Pilotstudie ist hervorgehoben worden, dass die situative Beziehung, in der die Sprecherinnen und Sprecher agieren, für unterschiedliche Erzählgegenstände unterschiedliche Modi der Horizontverschmelzung vorsieht, dass die intergenerationellen Texte mithin mehrstimmig komponiert sind – aus Revisionen, Bündnissen, kritischen Einwänden, Affirmationen, Identifikationen usw. Die Tradierungstypen weisen also in analytischer Perspektive Trennschärfe auf, können sich aber im empirischen Material gelegentlich durchaus überschneiden.

Wie stellen sich diese Tradierungstypen vor dem Hintergrund des erweiterten Untersuchungsdesigns und der größeren Stichprobe dar? Gegenüber der Pilotstudie ergeben sich nach der Analyse des aktuellen Materials zwei wichtige Veränderungen: dem Tradierungstyp »Überwältigung« kommt geringe Bedeutung zu, er kann entfallen; dafür finden sich in den Interviews und Familiengesprächen aber so viele Heroisierungsgeschichten – kleine oder große Geschichten von Zivilcourage und Widerstand, vom Dagegensein und von Hilfsbereitschaft –, dass die Hinzufügung eines weiteren Tradierungstyps angezeigt scheint: »Heldentum.« Die folgenden Ausführungen beschrän-

ken sich – nach einer kurzen Analyse der Gründe für das Obsolet-
werden des Tradierungstyps »Überwältigung« – auf die Analyse von
Viktimisierungs- und Heroisierungsgeschichten und ihrer Tradierung; hinsichtlich der Tradierungstypen »Rechtfertigung«, »Distanzierung« und »Faszination« sei an dieser Stelle auf die Pilotstudie
verwiesen.[159]

Über den Tradierungstyp der *Überwältigung* wurde gesagt, dass dieses dialogische Muster die Vergangenheitserzählung mit der größten
situativen Überzeugungskraft versieht.[160] Im Material der Mehrgenerationenstudie spielt er nur eine geringe Rolle, was eine einfache demographische Erklärung findet. In den etwa fünf Jahren, die zwischen
der Erhebung des Pilotprojektes und der des »Tradierungs«-Projektes
liegen, hat sich bereits ein biologischer Faktor niedergeschlagen, der
die Zeitzeugenforschung zum Nationalsozialismus ganz allgemein
betrifft: In der aktuellen Stichprobe finden sich in der Zeitzeugengeneration überwiegend Frauen (n=31) und – in Relation zum Pilotpro-
jekt – nur wenige Männer (n=17).[161] Die Überwältigungsgeschichten
wurden hauptsächlich im Zusammenhang von spektakulären Kriegs-
und Kampfsituationen erzählt und fanden insbesondere bei männlichen Zuhörern höchste Aufmerksamkeit. Die Frauen erzählen andere
Geschichten, die fallweise zwar auch dramatische und gefährliche
Szenen beinhalten; sie sind aber – gerade in den Familiengesprächen
– weniger im Genre der typisierten Abenteuergeschichte erzählt, sondern haben eher mit der Not und Gefahr im Bombenkrieg, auf der
Flucht usw. zu tun. Sie erzählen nicht vom Existenz- und Überle-
benskampf des Soldaten, sondern situieren die Akteure eher in einem
Geschehenszusammenhang, in dem sie passiv sind oder reagieren,
nicht agieren. Entsprechend ist der Erzählduktus weniger szenisch
und körperlich unterstrichen – Überwältigungen in der Erzählsituation finden nur selten statt. Insofern muss konstatiert werden, dass der
Tradierungstyp *Überwältigung* keine zentrale Rolle in den aktuelle-
ren Gesprächen mehr spielt.[162]

Ein anderer Grund für das Verschwinden von Überwältigungsgeschichten könnte in der Funktionsweise des Familiengedächtnisses
selbst liegen: Wenn es richtig ist, dass im Rahmen von Familiengesprächen vorwiegend Geschichten erzählt werden, die die Beteiligten

schon kennen, dann erscheint es wenig verwunderlich, dass diese Geschichten keine Überwältigungskraft mehr haben. Interessanterweise sind es in den 29 »Überwältigungsgeschichten«, die im Rahmen der 182 Gespräche erzählt werden, meist auch die Interviewerinnen und Interviewer, die sich von den Berichten höchst berührt und gefesselt zeigen. Wie auch immer: In empirischer Perspektive spielt dieser Tradierungstyp in der aktuellen Studie keine bedeutsame Rolle mehr, während die übrigen vier identifizierten Typen nach wie vor Gültigkeit beanspruchen können. Dies gilt insbesondere für den Tradierungstyp *Opferschaft*: In den 182 Interviews und Familiengesprächen der Stichprobe werden insgesamt 1130 Geschichten erzählt, in denen die Zeitzeugen als Opfer auftreten, als Opfer von Armut und Not (95 Geschichten), als Vergewaltigungs- und Gewaltopfer von russischen Besatzungssoldaten (130 Geschichten), als Flüchtlinge (72), als potenzielle KZ-Opfer (101) sowie als Opfer des Krieges an der »Heimatfront« und im Bombenkrieg (147). Daneben findet sich eine Fülle einzelner Opferkonstruktionen, die sich auf eher individuelle Erlebnisse in der Kriegsgefangenschaft o. ä. beziehen.

Dabei werden solche Geschichten nicht nur von den Zeitzeugen erzählt. Besonders interessant hinsichtlich der Tradierungswirkung solcher Geschichten ist die Frage, wie die Eltern und Großeltern in den Darstellungen der Angehörigen der Nachfolgegenerationen als Opfer auftreten – was immerhin gut die Hälfte der erzählten Opfergeschichten ausmacht (567 von 1130). Hierzu einige Beispiele:

Erich Grubitsch (Jahrgang 1962): »Sie (die Großmutter) hat da erzählt, was sie im ersten, zweiten, dritten Lehrjahr verdient hat, fast nichts. Also fast für'n Hungerlohn ist sie da also, hat sie sich da ernährt. Sie hatte zwei Brüder, die im Krieg beide gefallen sind, und ihre Eltern waren auch nicht so glücklich miteinander – nee, das war das war Opa. Ist ja auch wurscht.«[163]

Paula Trapp (Jahrgang 1980): »Ja, das einzigste, was ich weiß, das ist halt, dass er, als er gefangen genommen wurde, diesen Weg nach Moskau machen musste. Und dass er halt morgens, also, die haben halt auf freiem Feld übernachtet und jeden Morgen sind halt immer weniger aufgestanden.«[164]

Barbara Herbst (Jahrgang 1949): »Also meine Großmutter, die hat also eine Wahnsinnsangst immer gehabt vor'm Russen, das war nicht rauszubringen. Ja, warum? Weil sie tatsächlich auf der Flucht war'n und die Frauen vergewaltigt wurden und getötet wurden. [...] Das hat sie so erlebt.«[165]

Viktor Stein (Jahrgang 1948): »Und mein Vater hatte, das habe ich mir sehr leicht ausrechnen können, der ist 1914 geboren, und ist dann irgendwann mitten in der ersten Friedenszeit der Nazis zum Wehrdienst einberufen worden, hat seine Ausbildung gemacht, und als die beendet war, ging der Polenfeldzug los. Als er den beendet hatte, wurde er nach Frankreich geschickt, als er damit fertig wurde, ging er nach Russland, da ist er dann irgendwann in Gefangenschaft geraten. Und immer als Infanterist, so viel ich weiß, das heißt, als ein Militärteil, der wirklich immer im tiefsten Dreck sitzen musste.«[166]

Diese Beispiele sind Resultate der Tradierung von Opferkonstruktionen: In der Vorstellung der Kinder und Enkel erscheinen die Eltern und Großeltern im Zusammenhang der nationalsozialistischen Zeit in erster Linie als Leidende – der sozialen Umstände, der Kriegsgefangenschaft, der Besatzung, des Militärdienstes. Dabei fällt in Zitaten wie dem von Viktor Stein wiederum auf, dass das unterstellte Leiden generalisiert, d. h. auf alle Phasen der Vergangenheit ausgeweitet wird. Die Frage, ob sein Vater denn auch im »Polenfeldzug« oder in »Frankreich« »immer im tiefsten Dreck sitzen musste«, oder ob diese Abschnitte des Krieges nicht auch ganz andere, subjektiv positive Erlebnisse für den Vater bereithielten,[167] taucht im Rahmen solcher Generalisierungen nicht mehr auf. »Krieg« generell ist bei den jüngeren Zuhörerinnen und Zuhörern mit Angst, Schrecken und Leid assoziiert, und zwar ganz unabhängig davon, in welcher Funktion und in welchen Ländern sich die Zeitzeugen befunden haben.[168]

Auch das Bild von einer allumfassenden Bedrohung durch Denunziation wird oft umstandslos generalisiert. Dabei finden sich gemeinsame Opferschaftskonstruktionen besonders ausgeprägt in Familien, wo auch die Kindergeneration noch in den dreißiger Jahren geboren ist, wie in der Familie Krug, wo der Sohn Bernd Hoffmann (Jahrgang 1933) erzählt:

Bernd Hoffmann: »Das ist ja nicht bloß, wenn de wirklich dir einen angezeigt hast, aber diese Drohung schon, wo die mit gelebt haben, wenn's klopft irgendwo: ›Was is jetzt?‹ Ne. Muss man denken, wie die Leute eingeschüchtert waren, nech.«

Hier ergänzt die 1906 geborene Mutter Elli Krug:

Elli Krug: »Wir haben ja meistens gar nicht gewagt, irgendwas zu sagen, nich, wenn mal was/ Hatteste wirklich, wirklich was dagegen, dann konn-

87

teste, dann haste deinen Mund gehalten, haste gar nichts gesagt, denn wenn
de nur 'n Wort verkehrt gesagt hast, denn wurdeste gleich abgeholt.«[169]

Einer solchen im Gespräch gleich doppelt abgesicherten Darstellung
lässt sich aus Sicht der Enkel wenig Zweifel entgegenbringen. Dass
in der Familie Krug dem Thema der Bedrohung der »Volksgenossen«
durch das nationalsozialistische Regime eine intergenerationell stabile Deutung unterliegt, hatte die Enkelin Sylvia Hoffmann (Jahrgang 1972) bereits zuvor deutlich gemacht, als sie vorschlug:

Sylvia Hoffmann: »Vielleicht sollte die Diskussion eher so dahin gehen, ja,
wirklich auseinanderzudröseln, mit welchen Repressionsmitteln da vorgegangen wurde, mit welchen/wie halt die Angst da erzeugt wurde.«[170]

Mit noch ausgeprägterer Selbstverständlichkeit gehen die Zuhörer
davon aus, dass alles, was mit »Russen« zu tun hat, geradezu natur-
gemäß mit Bedrohung und Schrecken verbunden ist – gleich, ob es
um den »Russlandfeldzug«, die Besatzung, um russische Zwangsarbeiter oder um Kriegsgefangenschaft in der Sowjetunion geht. Hier
wird nie nachgefragt, worin denn im Einzelnen eine Bedrohung bestanden hatte oder wie eine konkrete Erfahrung gemacht wurde – das
Stereotyp vom »bösen Russen« ist auch noch in der Enkelgeneration
so fest verankert, dass jede damit verbundene Thematisierung a pri-
ori unter negativen Vorzeichen wahrgenommen wird.[171] Dieser Befund ist auch von daher bemerkenswert, als hierin eine nachhaltige
Tiefenwirkung der nationalsozialistischen Propaganda vom »bol-
schewistischen Untermenschen« wahrgenommen werden kann.[172]

Kommen wir nun zum vielleicht interessantesten Element der Opfer-
schaftskonstruktionen: zum Phänomen der »Wechselrahmung«, der
Inanspruchnahme von Merkmalen, die Bildern und Geschichten zum
Holocaust entstammen, für die Darstellung des Leidens deutscher
Opfer. Am Beispiel der 1956 geborenen Rosi Spegel lässt sich die
Verfahrensweise der »Wechselrahmung« recht genau rekonstruieren.
Sie erzählt im Einzelinterview, dass sie sich in ihrer Schulzeit inten-
siv mit der Verfolgung der Juden auseinander gesetzt hat, wobei ein
zentrales Thema für sie die Frage war, wie man sich das Grauen kon-
kret hat vorstellen können:

Rosi Spegel: »Wenn wir Mädchen da zusammengesessen haben, sagten wir: ›Stell dir doch mal vor, da liegt ein ganzer Haufen voller Kinderschuhe, oder diese Zähne, diese goldenen Zähne, diese Kronen, stell dir das mal vor!‹ Und mit solchen Sachen haben wir uns da auch diesen Graus so richtig bewusst gemacht, ne.«[173]

Die Interviewerin fragt daraufhin:

Interviewerin: »Das habt Ihr euch so vorgestellt, nachdem ihr die Bücher gelesen habt, oder habt ihr da Bilder gesehen?«
Rosi Spegel: »Naja, es gab ja Filmberichte, Bilder, also ich hab' mir da alles, was da war, hab' ich mir abgeguckt, um das zu sehen. Ich fand das auch schon schlimm, wenn ein Jude mit 'm Stern rumlaufen musste, zum Beispiel [...]. Wenn ich dann so Bücher gelesen hab', wo jetzt irgendwelche Juden versteckt worden sind, oder die haben in so 'nem Versteck gewohnt, in so 'nem Verschlag, ne. Ich konnt' mich da hinein versetzen in diese Person, und hab' det genau so gefühlt, also so ähnlich. Also ich konnt' mich da richtig hinein, reinsteigern, so das nachempfinden, was man da so dann durchmacht. So ewig im Schrank sitzen, bis das vorbei ist, bis die weg sind.«[174]

Rosi Spegel erzählt hier darüber, wie sie sich als Jugendliche detailliert und mit großer Anteilnahme mit Berichten aus der Zeit der Verfolgung und dem Holocaust beschäftigt hat und welche Quellen sie für ihre Versuche heranzog, sich in die Situation der Verfolgten hineinzuversetzen. Dabei ist besonders auffällig, dass sie sich – zumindest ihrer retrospektiven Darstellung nach – regelrecht in die Lage derjenigen hineinzuphantasieren versucht, die in Verstecken oder, wie Rosi Spegel sagt, Verschlägen überleben. Nun fragt die Interviewerin:

Interviewerin: »Hast Du eigentlich jemanden gekannt, der das mal erzählt hat irgendwie?«

Dies veranlasste Rosi Spegel, die folgende Geschichte zu erzählen:

Rosi Spegel: »Bei uns wohnte eine Dame im Haus, die war allein stehend und, weiß ich gar nicht, was mit ihrem Mann passiert ist, jedenfalls hatte sie ein Kind und war alleine. Und die wurde zum Beispiel von Russen vergewaltigt. Und sie hat immer ihr Kind, das war auch schon, weiß ich aber nicht, wie alt das war, das musste sie immer verstecken und, naja, und immer wenn's geklingelt hat, hat se erst gewartet und hat überlegt, was se macht, und die hat immer Angst gehabt, dass es eben wieder Russen sind.«[175]

Wir haben es hier geradezu mit einem Modellbeispiel einer »Wechselrahmung« zu tun, denn die Sequenz macht deutlich, dass Rosi Spegel ihre Vorstellungen von Verfolgungssituationen an Beispielen aus dem Kontext des Holocaust bildet, diese dann aber in eine Verfolgungsgeschichte exportiert, in der Deutsche die Opfer sind. In die Geschichte einer Frau, die »von Russen vergewaltigt« worden sei, fügt sie ein narratives Versatzstück, dessen Herkunft sie gerade zuvor beschrieben hatte. Im Kontext der Geschichte, die Rosi Spegel erzählt, macht die Einfügung mit dem versteckten Kind logisch keinen Sinn – wohl aber dramaturgisch, denn die Implementierung eines signifikanten narrativen Elements von Verfolgungsgeschichten aus dem Holocaust verstärkt beim Zuhörer den Eindruck, dass es sich hier um eine wirklich bedrohliche Situation gehandelt haben muss. Daneben weist Rosi Spegels Erzählung Elemente des Nebelhaften auf, wie sie bereits im vorangegangenen Kapitel beschrieben wurden: Wann sich die Geschichte zugetragen hat, was die Situation der »Dame« war, wie alt das Kind war, warum es versteckt werden musste – all das bleibt unklar. Auch Rosi Spegel komponiert die Bedrohungsgeschichte aus den unterschiedlichsten Versatzstücken, die sie unter dem Stereotyp vom vergewaltigenden Russen[176] und der Bedrohung der deutschen Bevölkerung in der Nachkriegszeit zusammenbringt.

Wie bereits in der Pilotstudie herausgearbeitet wurde, werden im Rahmen von Opferschaftskonstruktionen häufig Szenen aus der Vergangenheit »aus Versatzstücken komponiert, die man eher aus den Dokumenten über die Verfolgung und Vernichtung der jüdischen Bevölkerung kennt. Die Zeitzeugen verwenden anders gesagt Merkmale des genozidalen Prozesses, um ihre eigene historische Situation zu beschreiben. Dieser Vorgang lässt sich […] als Modulation eines Rahmens, besser vielleicht noch als ›Wechselrahmung‹ bezeichnen: Es wird ein Rahmenschema, das ursprünglich die Beschreibung eines ganz anderen Geschehens kontextualisierte, genommen und einem anderen Geschehen umschrieben.«[177]

Dieser Vorgang ist nicht so neu, wie man annehmen könnte. Schon in den fünfziger Jahren bildete sich eine Tradition der Inanspruchnahme von narrativen und visuellen Merkmalen, die dem Kontext der Konzentrations- und Vernichtungslager entstammten. Wie Robert G. Moeller herausgearbeitet hat, fand schon kurz nach dem Krieg eine Bildsprache Verbreitung, die deutsche Kriegsgefangene als kahlrasierte, hohlwangige Häftlinge hinter Stacheldraht ikonifizierte – in Form von Ausstellungsplakaten und sogar Abbildungen auf Briefmarken.[178] Cornelia Brink hat analysiert, wie sich die Bilder, die die Alliierten beim Öffnen der Lager machten – Bilder von Leichenhaufen, von fast verhungerten Gefangenen hinter Stacheldraht usw. –, von ihrem Entstehungszusammenhang sukzessive abgelöst haben und zu »Ikonen der Vernichtung« wurden, die für ein unspezifisches Grauen stehen[179] und als solche auch ganz anderen Geschehenszusammenhängen eingeschrieben werden können – eben auch Viktimisierungsgeschichten, in denen Deutsche die Opfer sind.[180]

Welche Rolle mediale Vorlagen beim Vorgang der »Wechselrahmung« spielen, wird im nächsten Kapitel ausgeführt, in dem untersucht wird, wie visuelle Versatzstücke und filmische Scripts in die biographischen Erzählungen von Zeitzeuginnen und Zeitzeugen einsickern und subjektiv den Status von »wirklich« Erlebtem erlangen. Dieser Vorgang ist aus filmhistorischer Sicht auch als »Überblendung« bezeichnet worden[181] – uns scheint jedoch der Begriff »Wechselrahmung« im Zusammenhang der Implementierung von Holocaust-Repräsentationen in Erzählungen, die Deutsche als Opfer zeichnen, zutreffender, weil hier die Dimension des Exkulpatorischen eine Rolle spielt.

Besonders deutlich wird das anhand der zahlreichen »Viehwaggon«-Geschichten, die vorwiegend die Angehörigen der Zeitzeugengeneration unserer Stichprobe, aber auch einige aus der Kindergeneration erzählen. Dabei ist zweifellos in Rechnung zu stellen, dass deutsche Kriegsgefangene und Flüchtlinge auch in Viehwaggons transportiert worden sind und die entsprechenden Erzählungen keineswegs als freie Erfindungen verstanden werden können. Zugleich aber zählen Beschreibungen von Deportationen jüdischer Opfer in Viehwaggons, in denen die Menschen so zusammengepfercht wurden, dass viele von ihnen schon den Transport in eines der Vernichtungslager nicht überlebten, zu den eindringlichsten Narrativen aus der Geschichte der Verfolgung und Vernichtung der europäischen Juden,[182] und es gibt zahlreiche filmische Adaptationen, bis hin zu »Schindlers Liste« (1993) und – in komödiantischer Brechung – »Zug des Lebens« (2000). Diese bekannten visuellen und narrativen Repräsentationen der Deportation in Viehwaggons scheinen in vielen Schilderungen der von uns interviewten Zeitzeuginnen und Zeitzeugen eine Verbindung mit den eigenen lebensgeschichtlichen Erfahrungen einzugehen. So erzählt etwa Käthe Bode (Jahrgang 1914):

Käthe Bode: »Und wir war'n doch/ wir wurden reingestopft vor die Kühe wie Viehzeug«

Ihre Tochter Doris Daum (Jahrgang 1934) ergänzt:

Doris Daum: »Das war ja dann als die Russen und Polen uns rausgeschmissen haben«
Käthe Bode: »Jajaja«
Doris Daum: »Das heißt, die Russen.«
Käthe Bode: »Die Russen.«
Doris Daum: »Da war'n die Kühe vorher drin, da war noch Schiete und alles drin, da mussten wir rein. Es war egal, wie viele drinnen war'n. Und zwischendurch haben se noch mal angehalten, haben se die Toten mal wieder rausgezogen.«[183]

Überdeutlich ist hier der Hinweis, dass es sich um Viehwaggons gehandelt hat; die Erwähnung der Fäkalien taucht in dieser Erzählung ebenso auf wie der Hinweis, dass auf diesen Transporten Menschen starben – ganz ebenso, wie es aus den Schilderungen der überlebenden Opfer des Holocaust bekannt ist. Die Erzählung der Bodes ist keineswegs ein Einzelfall. August Pfeffer (Jahrgang 1927) berichtet aus der Zeit seiner Kriegsgefangenschaft, indem er dieselben narrativen Elemente verwendet wie Doris Daum, diese aber noch um einige weitere ergänzt: um Darstellungen von Hunger, Hitze und brutalen Wachmannschaften:

August Pfeffer: »Und denn verladen in 'nen Waggon, in der Mitte 'n Loch drin. Sind über die Weichsel nach Ostpreußen, von Graudenz nach Ostpreußen [...] und dann Richtung Königsberg. [...] Und sind ausgeladen aus'm Waggon, in jedem Waggon ein paar Tote. Am 3. oder 4. September, und das weiß ich sicher, dass jemand das Datum wusste. Ich kriegte dann, am 5. September, kriegte ich 'nen halben Liter Wassersuppe extra, hinterher noch mal. Und wir haben da diese Zeit, vom 23. Juli bis 3. oder 4. September im Waggon gelegen und haben buchstäblich kein Stück Brot gesehen, kein Stück was anderes. Nur Hartweizen in Wasser und Rapshülsen gekocht. Da kam keiner mehr hin, wenn . naja. Und dann sollten wir ausgeladen werden, und keiner, keiner konnte hoch. Ham wir uns gegenseitig hochgeholfen und aus'm Waggon fallen lassen und dann ham wir dann da neben der Bahn auf der Wiese gelegen. Und die Posten wollten uns bis abends in 'ner Festung haben. Da ham se uns mit Kolbenschlägen hochgetrieben, weil keiner/konnten nich' aufstehen. Wir hatten ja die ganze Zeit im Waggon gelegen, und das war auch bei 30 Grad Hitze. Kann sich/wer es nicht mitgemacht hat, kann sich das nicht vorstellen.«[184]

Die abschließende Bemerkung von Herrn Pfeffer unterstreicht noch einmal, wie schrecklich diese Zeit für ihn war. Nun ist zwar das Unkommunizierbare der Verfolgungs- und Deportationserfahrung selbst ein Element der Überlebendenschilderungen[185] und wird auch hier, in der Wechselrahmung Herrn Pfeffers, in Anspruch genommen, aber andererseits ist jedes Element seiner Leidenserzählung eben auch bekannt, »unheimlich vertraut«, wie Aleida Assmann das einmal genannt hat.[186] Am deutlichsten wird das vielleicht anhand der Passage, in der Herr Pfeffer von den brutalen Posten erzählt, die genauso dargestellt werden, wie sie in den Erzählungen von Überlebenden die im Lager Angekommenen mit Kolbenschlägen und -stößen an die Rampe treiben.[187]

In der Familie Brinkmann wird von Lastwagen berichtet, die die Toten abtransportiert haben. Auch hier ist es, wie bei den Bodes, eine Angehörige der Kindergeneration, die 1938 geborene Hildrun Müller, die die entsprechende Erzählung mitverfertigt:

Hildrun Müller: »Ja, und weißte, was ganz ganz schlimm war für mich, 'ne ganz schlimme Erfahrung war?«
Wilhelmine Brinkmann: »Hm?«
Hildrun Müller: »Dann haben sie geschossen und dann haben sie Lastwagen«
Wilhelmine B.: »Mmmmm, die Toten alle draufgeschmissen«
Hildrun Müller: »Lastwagen. Die Toten alle von der Straße auf diese Lastwagen geschmissen«
Wilhelmine B.: »Oh, das weiß ich noch«
Hildrun Müller: »Beine ab, Arme ab«
Wilhelmine B.: »Das seh' ich heute noch«

Hildrun Müller: »Ich auch, das sehe ich heute auch noch. Das ist ganz schlimm. Alle/«

In diese dramatische Schilderung hinein fragt der Enkel Christian (Jahrgang 1972):

Christian Müller: »Und warum waren die tot?«

Seine Großmutter antwortet:

Wilhelmine B.: »Ja, erschossen.«
Hildrun Müller: »Erschossen.«
Christian Müller: »Die Frage war auch blöd.«
Wilhelmine B.: »Das sag' ich dir!«

Bemerkenswert an diesem Dialog ist, dass schon eine Verständnisfrage von allen Beteiligten fast als Infragestellung der autoritativen Schreckenserzählung empfunden wird – insbesondere von Christian Müller selbst, der seine Frage ja sofort als »blöd« charakterisiert. Jede Unplausibilität wird hier mit dem Hinweis auf das selbstevident Schreckliche, das man erleben musste, eingeebnet – Rückfragen erscheinen nachgerade unzulässig. Nun ist allerdings die Dissonanz, die in die Schilderung hineingekommen ist, nicht ohne weiteres mehr zu beseitigen, wie der Fortgang des Gesprächs zeigt:

Hildrun Müller: »Ja, ähähäh, vom vom vom Erschießen und von von Bomben.«
Christian Müller: »Also war'n das auch Amerikaner oder was?«
Hildrun Müller: »Ja.«
Wilhelmine B.: »Klar war'n das Amerikaner. 'türlich war'n das Amerikaner.«[188]

Hier nun scheint ein Einverständnis über die historische Situation hergestellt. Dass die Sprecher de facto aber von einem jeweils völlig unterschiedlichen Verständnis ausgehen, zeigt sich kurz darauf, als die Tochter wieder auf die Lastwagen zu sprechen kommt:

Hildrun Müller: »Und da stand dieser Lastwagen, seh' ich immer noch. Immer wieder einen aufgeladen«
Wilhelmine B.: »Ja, ich auch. Das hab' ich auch noch in Erinnerung.«
Hildrun Müller: »Und immer drauf. Oh, das war so schlimm!«
Christian Müller: »Aber warum waren denn da so viele tote Amerikaner?«

Hildrun Müller: »Deutsche!«

Christian Müller: »Ach, Deutsche waren das!«

Wilhelmine B.: »Deutsche waren das! Deutsche haben sie erschossen.«

Hildrun Müller: »Alles, was da auf der Straße herumlag. Oder alle Verletzten, die, die nicht mehr zu retten waren, die haben sie da alle draufgeschmissen, ne. Das war schlimm.«

Wilhelmine B.: »Das war schlimm.«[189]

Bemerkenswert ist hier, dass die Bilder von Straßen, die mit Toten übersät sind und von Lastwagen, auf die Massen von Leichen geworfen werden, nicht in die Vorstellungen des Enkels vom unmittelbaren Kriegsende passen: Das von seiner Mutter und seiner Großmutter entworfene Szenario kann er ganz offensichtlich in seinem Interpretationsrahmen für grauenhafte Ereignisse aus dem Krieg und dem Holocaust nicht unterbringen; selbst die eindringliche Schreckensschilderung seiner Mutter veranlasst ihn allenfalls anzunehmen, die Toten seien Amerikaner gewesen – wobei ihm, wie seine verzögerte Nachfrage zeigt, auch das nicht recht verständlich erscheint. Die folgende Erklärung, es habe sich bei den Opfern um Deutsche gehandelt, die tot und lebendig auf die Lastwagen geworfen worden seien, nimmt das Verfahren der Wechselrahmung noch einmal in aller Prägnanz in Anspruch – unwillkürlich fühlt man sich hier an die von den Alliierten gemachten Filmaufnahmen beim Öffnen der Lager erinnert, die gestorbene Häftlinge auf Lastwagen, zu Haufen geschichtet oder von Bulldozern zusammengeschoben zeigen.[190]

Interessant ist, dass das Verfahren der Wechselrahmung, das hier von der Zeitzeugin und ihrer Tochter angewendet wird, sich zumindest bis zu diesem Punkt am historischen Wissen oder aber an der Vorstellungswelt des Enkels bricht, der derlei Szenarien bislang nicht mit deutschen Opfern in Verbindung gebracht hatte. Noch interessanter ist hier aber, dass es gerade die um Verständnis bemühten Nachfragen des Enkels sind, die die Hinzufügung weiterer narrativer Elemente aus anderer Quelle evozieren – wie etwa den Umstand, dass unterschiedslos Tote und noch Lebende auf einen Haufen geworfen wurden.

Wenn man zu addieren versucht, wie viele Versatzstücke aus welchen Quellen hier kombiniert werden, kann man leicht in eine uferlose Aufzählung geraten: Da sind einmal die Film- und Fotodokumente aus der Zeit der Befreiung der Lager, zum Zweiten die in wenigen Fällen filmisch dokumentierten Erschießungsszenen, die zusammen mit Überlebendenberichten den Referenzrahmen für das Zusammenwerfen von Lebenden und Toten liefern, zum Dritten die Erschießungen von Verletzten, die aus demselben Assoziationsraum bzw. aus dem Zusammenhang der Diskussionen um die so genannte Wehrmachtsausstellung stammen, zum Vierten die Bilder nach Bombenangriffen, zum Fünften die nach Kampfhandlungen, schließlich solche, die eher an moderne Horrorfilme erinnern (»Beine ab, Arme ab«). Das alles soll natürlich nicht heißen, dass den Schilderungen von Frau Müller und Frau Brinkmann nicht auch reale Erlebnisse zugrunde liegen – es sind aber wohl viel eher die Überlagerung dieses Erlebnisses mit sekundären visuellen und narrativen Repräsentationen und die Inanspruchnahme von visuellen und narrativen Rahmenmerkmalen, die dem Holocaust entstammen, die hier die Erzählung bestimmen, als die Spur des lebensgeschichtlichen Ereignisses selbst. Dabei ist insbesondere bei Frau Müller und Frau Brinkmann auffällig, dass diese sich beständig darin bestätigen, dies alles »noch zu sehen« – was gegenüber den Zuhörern die prätendierte Authentizität des Geschilderten, dass es also wirklich passiert ist, noch unterstreicht.

Ein letztes Beispiel zum Verfahren der »Wechselrahmung« stammt aus der Kindergeneration. Die 1949 geborene Barbara Herbst berichtet von der Kriegsgefangenschaft ihres Vaters, »dass er immer überleben wollte und welche Strategien er entwickelt hat«.[191] Auf die Rückfrage des Interviewers, um was für Strategien es sich gehandelt habe, erzählt Frau Herbst:

Barbara Herbst: »Naja, wenn die zum Beispiel gelaufen sind. Er sagte: ›Nie hinten bleiben, immer laufen, laufen, laufen!‹ Weil er sagt, wenn man zu weit hinten bleibt, dann ham'se geglaubt, die können nicht mehr und erschießen die, ne. Und er sagte denn auch immer: ›Außen gehen, gucken, ob da was liegt, 'ne Kartoffel oder irgendwas, was man essen kann.‹ Und dann hat er, wenn er im Lager war, dann hat er angefangen zu arbeiten. Uhren reparieren, das konnte er, und dann hat er zum Beispiel Uhren oder irgendwas repariert, und dann hat er dafür Eier oder Milch oder Brot gekriegt.«[192]

Barbara Herbsts Schilderung erinnert an Geschichten von Überlebenden über die Todesmärsche bzw. über die Techniken des Überlebens im Lager. Da bereits in der Pilotstudie das Phänomen der Wechselrahmung eingehend dargestellt wurde, mögen die hier aufgeführten Beispiele genügen zu belegen, dass insbesondere die Viktimisierungsgeschichten aus dem Holocaust Erzählmuster bereitstellen, die der Betonung, Beschreibung und Illustration des Leidens der ehemaligen »Volksgenossinnen« und »-genossen« äußerst dienlich sind. Sie sind dies insbesondere auch deswegen, weil es gerade diese Bilder vom Holocaust sind, die die Kinder und Enkel kennen und die ihnen furchtbar erschienen sind: Tauchen nun mit diesem Grauen assoziierte Erzählelemente in der wahrheitsverbürgenden Situation des Familiengesprächs auf, wird das Leiden der Eltern bzw. der Großeltern in einen bereits fertig ausgestatteten Assoziationsraum eingebettet und erscheint desto wirklicher, je näher es den vorhandenen Assoziationen kommt.

Das Phänomen der »unheimlichen Vertrautheit« solcher Schilderungen ist inzwischen anhand verschiedener Beispiele diskutiert worden. Das spektakulärste hat der Fall Wilkomirski/Dössekker geliefert – bezeichnenderweise ebenfalls eine Viktimisierungsgeschichte. Hier ging es um die fiktive Autobiographie eines überlebenden Kindes, die nun aus der Perspektive des Erwachsenen erinnert wird – »Bruchstücke. Aus einer Kindheit 1939–1948« war denn auch der authentizitätsverheißende Titel, und der Autor Binjamin Wilkomirski, der in Wahrheit Bruno Dössekker heißt, berief sich nicht zufällig auf die Wahrheit der visuellen Repräsentation des Erlebten, wenn er schrieb: »Meine frühen Kindheitserinnerungen gründen in erster Linie auf den exakten Bildern meines fotografischen Gedächtnisses und den dazu bewahrten Gefühlen – auch denen des Körpers. Dann kommt die Erinnerung des Gehörs und an Gehörtes, auch an Gedachtes und erst zuletzt die Erinnerung an Selbstgesagtes.«[193]
Der überraschende Erfolg von Wilkomirskis erfundener Autobiographie bis zu seiner Enttarnung war denn wohl auch in hohem Maße darauf zurückzuführen, dass das Buch – ähnlich wie die Geschichten der Zeitzeuginnen und -zeugen aus unserer Stichprobe – mit der Im-

plementierung medialer Vorlagen arbeitete, die dem Leser merkwürdig bekannt vorkommen mussten und gerade darin die Authentizität von Wilkomirskis Schilderungen zu verbürgen schienen. Daniel Goldhagen etwa, dessen Geschichtserzählung »Hitlers willige Vollstrecker« ebenfalls einer filmisch inspirierten Erzählweise folgt und – anders als andere Geschichtswerke zum Holocaust – gern die besonders grausamen Szenen ausspielt, betonte: »Dieses fesselnde Buch belehrt auch jene, die mit der Literatur über den Holocaust vertraut sind.«[194] Raul Hilberg war hingegen neben einigen anderen sofort skeptisch gegenüber der Authentizität dieser Autobiographie, u. a. weil er Filmsequenzen wieder erkannte: »Beim Lesen stieß ich auf Passagen mit detailliert beschriebenen Vorfällen, die mir sehr unwahrscheinlich oder völlig unmöglich erschienen. Die Beschreibung von Partisanenbanden und deutschen Panzern in Polen war eindeutig eine Erfindung. Die deutsche Frau in Uniform mit Stiefeln erinnerte mich an Lina Wertmüllers Film ›Sieben Schönheiten‹.«[195]

Wie auch immer: Der Einbau medialer Vorlagen aus dem Holocaustzusammenhang ist gerade im Rahmen von Viktimisierungsgeschichten ein auffälliges Phänomen, und es zeichnet sich eine Entwicklung ab, in der der Holocaust überhaupt das master-narrative für jede Form von Geschichte abgeben wird, die mit Opfern und Tätern zu hat. Das heißt, eine Opfergeschichte wird desto plausibler erscheinen, je enger sie an dieses Narrativ angelehnt ist. Dass nichtjüdische deutsche Zeitzeuginnen und -zeugen in der Adaptierung dieses master-narratives eine Vorreiterrolle einnehmen, wenn sie sich selbst zu Opfern des NS-Regimes und seiner Nachgeschichte machen, zeigen unsere Interviews in einiger Deutlichkeit.

Dies gilt *vice versa* auch für Geschichten, die vom Heldentum unserer Befragten handeln. Der Umstand, dass in unseren Interviews und Familiengesprächen insgesamt 306 »Heldengeschichten« erzählt werden, hat uns veranlasst, sie in die Liste der Tradierungstypen ergänzend aufzunehmen. Der Begriff ist freilich etwas milder zu verstehen, als er sich anhört: Hierunter werden genauso Geschichten gefasst, die vom alltäglichen, couragierten Handeln erzählen wie von klassischen Heldentaten im Krieg. 109 Geschichten, also ein gutes Drittel, erzählen von Widerstand und Resistenz, 79 von Hilfeleistungen für Verfolgte, 30 von Heldentum und Krieg (wobei sich in dieser eher geringen Zahl wiederum die demographische Situation niederschlägt, dass viele männliche Kriegsteilnehmer mittlerweile verstorben sind). Erfasst wurden solche Geschichten dann, wenn die Erzähler mit ihnen die erkennbare Absicht verfolgen, von ihrem alltäglichen Widerstand, vom Durchkommen in schwerer Zeit, von Zivilcourage, vom »Juden helfen« usw. zu berichten – ganz unabhängig davon, ob man die Berichte von außen betrachtet als Belege für couragiertes Verhalten ansehen würde. Es geht hier einfach darum, darzustellen, was unsere Befragten im Kontext der nationalsozialistischen Vergangenheit bereits für ein Handeln halten, von dem sie glauben, dass es sie auch aus der Perspektive der Gegenwart positiv zeichnet.

Die gemeinsame Klammer aller Geschichten besteht darin, so könnte man zusammenfassen, dass man trotz allem »Mensch geblieben« sei und stets im Rahmen einer praktischen Moral gehandelt habe. So zum Beispiel, wenn es um das Verhältnis zu Zwangsarbeitern ging, wie in der Familie Eeven berichtet wird:

Claudia Eeven: »Und dann gab es doch noch sowas, dass doch immer diese Zwangsarbeiter nicht am Tisch sitzen durften. Aber bei Euch saßen die mit am Tisch.«
Albert Eeven: »Nein, nein, nein, aber«
Else Eeven: »An einer Holzkiste«
Albert Eeven: »Das heißt, hier stand der große Esstisch für uns«
Else Eeven: »und Alfred saß in der Ecke.«
Albert Eeven: »Er saß hier also.«
Else Eeven: »Er hätte mit am Tisch sitzen können, aber es war ja die Küchentür nach draußen und jeder, der auf den Hof kam, der machte die Tür auf, der klopfte ja kaum an. Und wenn du dabei gefasst wirst, dass so ein Mensch/dann warst du ja dran, nicht. Nein, nein, das ging einfach nicht.«[196]

Die Dialogsequenz beginnt mit der Einleitung einer Geschichte, die von Gleichbehandlung und Courage handeln soll: in der Familie Eeven, so jedenfalls die Auffassung der Tochter Claudia (Jahrgang 1949), saßen die Zwangsarbeiter mit am Tisch. Diese Auffassung erweist sich als falsch, wie Albert und Else Eeven erklären und auch gleich begründen. Allerdings bleibt diese Darstellung gerade nach der

Erzählaufforderung von Claudia Eeven offenbar etwas unbefriedigend – Albert Eeven (Jahrgang 1920) schließt nämlich nun eine Geschichte an, die aus seiner Sicht dokumentieren soll, wie fair in seiner Familie mit Zwangsarbeitern umgegangen wurde (auch wenn sie nicht am Tisch sitzen durften):

Albert Eeven: »Da kam morgens auch der Polizist rein, der meinen Vater denn auch wegbrachte, damals.[197] Und dann wollte er gleich den Polen, unseren Alfred, dann schlagen und dann möglichst in der Küche noch verprügeln. Da ist mein Vater aufgesprungen und hat gesagt: ›Stop! Was ist hier los? Erstens will ich wissen, was hier los ist, und zweitens, wenn er Schläge kriegt, dann bestimme ich das! Er macht seine Arbeit, und ich wüsste nicht, warum der Schläge haben soll!‹ Ja, er wäre hier bei der Nachbarin, die hatte auch 'ne Studentin aus Russland, und da hat er so'n bisschen mit geliebäugelt. Vielleicht war auch noch ein bisschen mehr, jedenfalls hat die das nun angezeigt, und nun sollte er dafür verprügelt werden.«[198]

Dies ist eine Erzählung, die vom fairen Verhalten gegenüber dem polnischen Zwangsarbeiter zeugen soll. Drei Elemente von Albert Eevens Geschichte sind typisch für Geschichten, die von Zwangsarbeitern handeln: das Fehlen jeden Kontextes, wieso man überhaupt Zwangsarbeiter beschäftigen konnte, die Verwendung von Possessivpronomen (»unser Alfred«), die zugleich die hierarchischen Verhältnisse klar machen wie eine menschlich-solidarische Komponente mitschwingen lassen, und schließlich die Betonung, dass man immer gut zu diesen Menschen gewesen sei. An der Art der Erwähnung der Nachbarin (»die hatte auch 'ne Studentin aus Russland«) wird deutlich, dass Albert Eeven die Beschäftigung von Zwangsarbeitern mit der gleichen Selbstverständlichkeit betrachtet wie einen Schüleraustausch. Der Konflikt mit dem Polizisten dreht sich übrigens nicht darum, ob Alfred geschlagen werden darf oder nicht, sondern wann und von wem. Bemerkenswert ist hier aber die Abstimmung zwischen Claudia Eeven und ihrem Vater, der diese Geschichte ja deshalb erzählt, weil seine Tochter eine positive Darstellung über das familiäre Verhältnis zu Zwangsarbeitern begonnen hatte.

Ein anderes Beispiel, aus dem Familiengespräch mit den Ubaczeks:

Paula Ubaczek: »Und meine Mutter trifft diesen Herrn Fischer (einen jüdischen Textilfabrikanten) in der Straßenbahn. Und der stand hinten auf'm Perron. Er nickte wohl bloß so. Und meine Mutter hat ihn angesprochen, hat mit ihm gesprochen, und da hat er gesagt: ›Frau Ubaczek, lassen Sie das lieber sein, nachher kriegen Sie Ärger.‹ Und da hat meine Mutter gesagt: ›Den kann ich verkraften!‹«[199]

Auch diese Geschichte, die – mit umgekehrten Rollen – an einen Eintrag aus Viktor Klemperers Tagebüchern erinnert,[200] dient der Darstellung von couragiertem Verhalten in Frau Ubaczeks Familie, ganz ähnlich wie die folgende Geschichte, die Paul Boesch (Jahrgang 1964) über seine Oma erzählt:

Paul Boesch: »Dann gibt's eine Geschichte, das war hier im Haus. Vor'm Haus stand 'ne Frau, die auch Jüdin war mit 'nem Kind, und die hat nach was zu essen gefragt, meine Oma nach was zu essen gefragt. Und mein Opa wollte dann unbedingt nicht, dass die irgendwas bekommt, weil das war gefährlich und wir kommen alle ins KZ und so. Aber meine Oma war immer stärker als mein Opa, und hat sich auch da durchgesetzt und hat der Brot gegeben.«[201]

Es finden sich noch zahlreiche ähnliche Geschichten, die davon berichten, wie man Brot unter dem Zaun eines Arbeitslagers durchgeschoben habe, um den Häftlingen zu helfen, dass man verbotenerweise BBC gehört habe, dass man jemanden nicht angezeigt hat, obwohl der BBC gehört hat, dass man sein Kind hat taufen lassen (»Aber wir waren mutig: Wir haben in der Nazizeit, in der schlimmsten Nazizeit, habe ich meine Kinder alle taufen lassen!«[202]), dass man vor dem Krieg gewarnt habe, dass man Jazz gehört habe usw. usf. Alle diese Handlungen, ob sie nun der historischen Wirklichkeit entsprechen oder nicht, werden im Rahmen unserer Interviews und Gespräche mit der Intention erzählt, sich bzw. die Eltern und Großeltern als Personen darzustellen, die sich im praktischen Handeln des Alltags couragiert und eigensinnig verhalten haben und sich anderen Werten verpflichtet fühlten als denen, die das NS-Regime favorisierte.

Eine Befragte berichtet zum Beispiel, dass sie »schon in 'ner Schule« gegen Hitler gewesen sei.

»Ja, wenn ich da nachdenke, da mussten wir mal Aufsätze schreiben, über 'ne Hitlerrede. Mann, ich hatte immer 'ne Vier! Weil ich da nie hingehört habe. Da hab' ich immer 'ne schlechte Note gekriegt!«[203]

Als widerständige Handlung kann aus Sicht der Befragten auch gelten, wenn man 1945 nicht mehr in die Partei eintrat:

»Das muss am 24. / 23. oder 24. März, da wurden wir aus'm BDM entlassen und sollten entweder in die Frauenschaft oder in die Partei übernommen werden und dann war noch 'ne große Feier, [...] da sind wir weg und keiner ist mehr in die Frauenschaft und keiner ist mehr in die Partei gegangen.«[204]

Eine andere Befragte betont, dass sie als Telefonistin auch Gespräche von Juden vermittelt habe:

»Ich hab' auch immer menschlich gedacht. Und da hab' ich denn immer diese Gespräche schnell vermittelt, nech. [...] Oder wenn Telegramme kamen, Geldanweisungen, nech. Dass die denn das Geld kriegten, damit sie ausreisen konnten. Also wir [...] haben den Juden schon geholfen.«[205]

So weit Geschichten zum Thema Zivilcourage. Die zuletzt aufgeführte Erzählung der 1920 geborenen Margarethe Haase weist schon darauf hin, dass sich viele Heldengeschichten um Hilfe für Verfolgte drehen, wobei die »Ausreise« das zentrale Thema ist: Frau Jannowitz (Jahrgang 1927) erzählt:

Eva Jannowitz: »Denn kam der Krieg. Und meine einschneidenden Erlebnisse waren, also auch das, das, das Verschwinden von 'ner jüdischen Familie, die dann 1939 sozusagen im letzten Moment, die mit meinen Eltern befreundet waren, im letzten Moment ins Ausland gingen. Und auch mit Hilfe von meinen Eltern.«[206]

Gegen Ende des Gesprächs kommt die Interviewerin noch einmal auf diese Geschichte zurück und fragt, worin denn die Hilfe der Eltern konkret bestanden habe. Frau Jannowitz erzählt:

Eva Jannowitz: »Also, sie konnten ganz regulär ausreisen. Und das ist eben das, wobei wir ihnen helfen konnten, mit den notwendigen Papieren. [...] Der Bruder meiner Mutter war ein Verwaltungsmensch. [...] Und irgendwie ist er in den Verwaltungsapparat der Gestapo geraten, obwohl meine Mutter immer versucht hat, ihn davon abzubringen. Aber es ist ihr nicht gelungen. Der war im Grunde genommen kein Nazi, aber natürlich ist er in die Partei eingetreten, ich glaube, es ging einfach um finanzielle Geschichten. Er hat dort einfach wahrscheinlich gut verdienen können. Aber er saß also in irgendeiner Verwaltungsstelle, welcher Art die war, weiß ich nicht. Jedenfalls weiß ich, dass er in der Stelle saß, wo eben auch diese Anträge auf Ausreise von den Juden landeten. Und auf diese Weise hat er mitgeholfen, dass die ausreisen konnten und sogar ihren Hausrat und alles mitnehmen konnten.«[207]

Auch wenn es vor dem Hintergrund solcher »Beziehungen« zur Berliner Reichszentrale für jüdische Auswanderung, in der der Onkel von Frau Jannowitz gearbeitet hat, nicht unwahrscheinlich ist, dass die Familie Jannowitz einer »befreundeten« jüdischen Familie bei den Ausreiseformalitäten geholfen hat, bleibt doch auffällig, dass der Kontext der ganzen Handlung für die Erzählerin völlig unproblematisch ist. Zwar hält sie es für notwendig zu erklären, warum ihr Onkel bei der Gestapo war, zumal er ja »im Grunde genommen kein Nazi« war, aber im Zentrum ihrer Erzählung steht die Unterstützung, die ihre Familie mit Hilfe dieses Gestapo-Beamten für die jüdische Familie leistet. Bemerkenswert ist hier, wie in vielen analogen Geschichten, dass der Rahmen der geschilderten Handlungen genauso wenig als problematisch empfunden wird wie die Funktion, in der die einzelnen Akteure auftreten: Die Verfolgung und Vertreibung der jüdischen Bevölkerung ist in diesen Erzählungen einfach ein Tatbestand, der weder weiter erklärungsbedürftig noch irgendwie problematisch ist. Wichtig ist den Erzählern allein, hervorheben zu können, dass sie selbst oder eben Personen, die ihnen nahe standen, innerhalb dieses gegebenen Rahmens hilfsbereit und engagiert gehandelt haben.

Die Bedeutung solcher Geschichten für die Tradierung der Vergangenheit erschließt sich unmittelbar, wenn der 1955 geborene Matthias Jannowitz im Einzelinterview zu dem Schluss kommt,

Matthias Jannowitz: »[...] dass es natürlich kompliziert ist. Weil es gab ja [...] Widerstandsgeschichten bis in die Gestapo rein. Und das ist natürlich auch das Problem, wenn man also in Diktaturen sich bewegt, dass das dann mitunter nötig ist, also so Doppelstrategien zu fahren.«[208]

Wir haben es hier mit einer vollständig zirkulären Argumentation zu tun: Ein Familienangehöriger ist selbst dann kein »Nazi«, wenn er bei der Gestapo die »Ausreise« von Juden betreibt. Im Gegenteil nutzt er aus der Sicht seiner Nichte seine Position, um zu helfen. Deren Sohn nun generalisiert das Beispiel seines Onkels zu dem allgemeinen Befund, dass es in totalitären Systemen gelegentlich notwendig sein kann, scheinbar mitzutun, um effizient Widerstand leisten zu können – womit Frau Jannowitz' Onkel in der Sicht seines Großneffen nicht mehr nur ein hilfsbereiter Gestapo-Beamter ist, wie in der Optik der Zeitzeugin, sondern jemand, der Widerstand leistet, *indem* er Gestapo-Beamter wird.

Auf Heldengeschichten aus dem Krieg gehen wir an dieser Stelle nicht näher ein, weil sie in der Pilotstudie im Rahmen von Faszinations- und Überwältigungsgeschichten eingehend dargestellt werden.[209] Abschließend lässt sich zu den »Tradierungstypen« sagen, dass Viktimisierungs- und Heroisierungsgeschichten eine außerordentlich große Rolle im Familiengedächtnis spielen, wobei besonders auffällig ist, dass selbst absurd scheinende Erzählungen im Gespräch zwischen den Generationen unproblematisch die Wahrnehmungsfilter passieren, die in anderen Situationen Erzählungen auf logische Konsistenz oder normative Angemessenheit prüfen.

Der Vorgang der »Wechselrahmung« hat sich als außerordentlich bedeutsam für den imaginativen Bildraum herausgestellt, in dem sich die Erzähler und Zuhörer in intergenerationellen Gesprächen bewegen. Die Leidenserzählungen werden mit einem Material bebildert, das zwar anderen Kontexten entstammt, hier aber den Vergangenheitserzählungen der Familienangehörigen Kontur und Plastizität verleiht. Dass dabei die »Ikonen der Vernichtung« ihres historischen Zusammenhangs enthoben werden und zu allgemein ver- und anfügbaren Illustrationen für Leidens- und Opfergeschichten aller Art werden, verweist zum einen darauf, dass der Holocaust sich mehr und mehr von einem konkreten historischen Geschehenszusammenhang in eine narrative und visuelle Metapher für ein absolutes und damit geschichtsloses Böses verwandelt. Zum anderen verweist dieser Vorgang darauf, welch außerordentlich große Rolle mediale Erzeugnisse für die Verfertigung der Vergangenheit spielen – bis in die Gestaltung der eigenen Lebensgeschichte hinein. Diesem Phänomen widmet sich das folgende Kapitel.

5. »Des Teufels General«
Film als Lebensgeschichte oder:
Wie Medien die Erinnerung formen

Filmische Medien besitzen, obwohl sie nur momentane und mikroskopische Ausschnitte von Geschehenszusammenhängen oder gestellten Ereignissen sind, eine Art Überzeitlichkeit: Sie manifestieren scheinbar authentische, in Wirklichkeit aber höchst artifizielle Perspektiven auf Geschehensverläufe, und damit werden sie zu Deutungsvorgaben, zu Interpretamenten dafür, wie etwas gewesen ist. Für die Geschichte des Nationalsozialismus ist diese interpretative Wirksamkeit der Bilder in besonderer Weise fundiert, weil die Techniken der Inszenierung und ihrer medialen Aufbereitung im Rahmen einer Herrschaftsstrategie erstmals systematischen Stellenwert gewannen. Dabei ist Ereignissen wie den Reichsparteitagen oder der Sportpalastrede von Goebbels in analytischer Perspektive bislang mehr Aufmerksamkeit geschenkt worden als der nachhaltigen Wirkung, die sich ihrer prinzipiellen Reproduzierbarkeit und ihrer dann tatsächlich unablässig stattfindenden Wiederaufführung in allen möglichen Fernseh- und Filmbeiträgen zum Thema Nationalsozialismus, Holocaust usw. verdankt – vom wissenschaftlichen Feature bis zum Videoclip, der mit NS-Ästhetik spielt.

Eine Wirkungsgeschichte der nationalsozialistischen Bilderproduktion existiert nicht. Es gibt, wie Axel Schildt schreibt, »bislang nur wenige sorgfältige Inhaltsanalysen zum Bild des Nationalsozialismus in Büchern, Wochenzeitungen, in der Tagespresse (etwa in der unspektakulären, aber in der Breite einflussreichen Lokalpresse), noch weniger aber in den nach dem Zweiten Weltkrieg in ihrer Bedeutung enorm gesteigerten elektronischen Massenmedien Hörfunk und Fernsehen – vor allem gibt es kaum Untersuchungen zu diesbezüglichen Entwicklungen in den sechziger Jahren«.[210] Und selbst wenn es solche Inhaltsanalysen in zureichendem Umfang gäbe, wäre für die Einschätzung, wie diese Bilder das Geschichtsbewusstsein vom Nationalsozialismus über die Generationen hinweg formen und in welchem Verhältnis sie zu den mündlichen Erlebnisschilderungen der Zeitzeugengeneration stehen, nur wenig gewonnen.

In unserem Material findet sich aber eine Reihe von Spuren der Wirksamkeit der medialen Bilderflut auf die subjektiv repräsentierten Vergangenheitsbilder, und zwar in unterschiedlicher Wirkungsrichtung: Zum einen werden bildhafte Versatzstücke und Spielfilmszenen ununterscheidbar mit autobiographischen Erlebnisschilderungen verwoben; andererseits dienen gerade filmische Vermittlungen und insbesondere die des Spielfilms in der Wahrnehmung der Befragten als historische Belege dafür, wie die Vergangenheit wirklich gewesen ist.

Bevor wir im zweiten Abschnitt dieses Kapitels näher darauf eingehen werden, zunächst noch einige Bemerkungen zur geschichtsbildenden Kraft der Bilddokumente zum »Dritten Reich« und zum Holocaust, die dem empirischen Material aus den Gesprächen einen wenigstens groben Rahmen zu geben vermögen.

Albert Speer hat in seinen »Erinnerungen« eine geradezu hellsichtige Einschätzung über die nachhaltige Wirksamkeit seines Lichtdoms abgegeben: Er habe, schreibt er, nicht nur die erste Lichtarchitektur erschaffen, »sondern auch die einzige Raumschöpfung, die, auf ihre Weise, die Zeit überdauert hat«.[211] Nun hat der Lichtdom nicht deswegen überdauert, weil er zigtausende von Augenzeugen beeindruckt hat, sondern weil er vielfältig abgebildet und medial weitertransportiert worden ist. Und bei diesem Prozess spielt kaum eine Rolle, ob dieser Transport in affirmativer oder kritischer Absicht vorgenommen wird – die Dauer entsteht durch das Präsenthalten des eigentlich nicht mehr Gegenwärtigen in der unablässigen Wiederholung. In diesem Sinne transportieren auch andere Bilder aus der NS-Vergangenheit – seien es die Olympia-Bilder, die der Nürnberger Aufmärsche, die der »Reichskristallnacht«, seien es Goebbels im Sportpalast oder Hitler in der euphorisierten Menschenmenge – eine spezifische Signatur der Epoche, die durch späteres Wissen zwar angereichert, aber nicht abgelöst worden ist. Anlässlich der allfälligen Jahrestage der »Machtergreifung«, des »20. Juli«, des »Kriegsausbruchs«, der Wannsee-Konferenz, flimmern fragmentierte Wiederaufführungen der immergleichen Bilder und Filmausschnitte über die Bildschirme und belegen unbemerkt die inszenatorische Kraft ihrer Produzenten stets aufs Neue.

Denn was uns da entgegentritt, sind in der Regel eben keine dokumentarischen Aufnahmen oder zufälligen Schnappschüsse, sondern genau kalkulierte Inszenierungen. Das Fatale liegt nun darin, dass man z. B. zwar analysieren kann, wie es den Regisseuren der Reichsparteitage gelang, die Masse zu formieren und die aufmarschierten Menschen zum Teil einer gigantischen Aufführung zu machen, in der jeder Statist, Hauptdarsteller und Publikum zugleich war, dass man aber für die Stringenz der Analyse die Bilder der Arbeitsdienstmänner mit geschultertem Spaten, der BDM-Mädel mit weißen Blusen und der Bannerträger mit blutroten Fahnen vorführen muss, um deutlich zu machen, was gemeint ist. Bilder lassen sich qua Vorführung analysieren, aber nicht zerstören – und jede Dokumentation manifestiert ihre Präsenz, zumal in einer Kultur, die das Visuelle so außerordentlich präferiert, einmal mehr. Einer unserer Befragten aus der Enkelgeneration (Jahrgang 1976) demonstriert das sehr eindrücklich:

Bernd Siems: »Weil ich das bisher immer nur so aus Filmen sehen konnte, wie die halt die Menschen so begeistert haben [...] /das war doch klasse, wie die das geschafft haben! Wie sie alle dann geschrien haben ›Heil Hitler‹ oder ›Sieg Heil‹! Und diese Begeisterung der Menschen macht irgendwie das Faszinierende, wie stark dann dieses Volk war. Denn die haben ja alle Angst vor uns gehabt!«[212]

Die Mutter dieses Befragten sieht das übrigens genauso:

Carola Siems: »Von der Ordnung her, von der Disziplin, vom Gehorsam, muss ich sagen, so, wenn ich alte Filme sehe, faszinierend. Allein, wenn ich die Truppen gesehen habe, wo wirklich also auf'n Millimeter alles passt. [...] Ja, Filme, wenn die aufmarschiert sind, wenn Adolf um die Ecke kam. Wie die alle strammgestanden haben. Jeder war wohl auch von ihm irgendwo angetan, nich'. Denn ich meine, es hat, glaub' ich, nie jemanden gegeben, der Menschen so in seinen Bann gezogen hat.«[213]

Die ungebrochene Wirkungskraft der Reichsparteitagsbilder zeigt sich etwa auch darin, dass die Unterstellung fortbesteht, die NSDAP habe binnen kürzester Zeit eine formierte Masse gleichgeschalteter »Volksgenossinnen« und »-genossen« produzieren können, die bis auf einige Intellektuelle und innere Emigranten niemanden ausließ, obwohl einerseits eine Vielzahl geschichtswissenschaftlicher Befunde nachdrücklich darauf hinweist, dass die NS-Gesellschaft selbst noch in den Kriegsjahren eine vielfältig differenzierte war[214] und andererseits schon rein logisch die Inszenierung der formierten Massen gar nicht erforderlich gewesen wäre, wenn sie denn real existiert hätten. Nun ist gerade die Prätention der vollständigen Formierung ein zentraler Zweck der Reichsparteitags-Inszenierungen gewesen, und der realisiert sich offenbar so erfolgreich, dass die Suggestion bis heute wirkt und mittels allfälliger Fernsehdokumentationen beständig unterfüttert wird.[215]

Dadurch, dass die Bilder zu Nationalsozialismus und Holocaust in den vergangenen zwei Jahrzehnten im deutschen Fernsehen immer präsenter geworden sind, und das Kino inzwischen ein neues Genre, den Holocaust-Spielfilm, zu etablieren scheint, schiebt sich ein riesiges Inventar von Bebilderungsmaterial vor die Deutungen jener Geschichten, die Kinder und Enkel von ihren Eltern und Großeltern erzählt bekommen. Gerade weil die Geschichten vom Krieg und von der »schlechten Zeit«, von Verfolgung und Vertreibung, oftmals einen eigentümlich fragmentarischen und nebulösen Charakter haben, gleichwohl aber das Bedürfnis besteht, eine Familiengeschichte als konsistent und sinnhaft erleben zu können, fungieren die medialen Produkte als Füllmaterial für die Leerstellen in den Erzählungen, als Erklärungen für Widersprüche und als Lichtzeichen im Nebel der erzählten Vergangenheit. Dies gilt, wie zu zeigen sein wird, übrigens nicht nur für die Nachfolgegenerationen, sondern für die Zeitzeugen selbst, deren Erlebnisse und Erfahrungen mit jenen Filmen und Bildern überblendet werden, die sie in der Nachkriegszeit gesehen haben. Die Stimmigkeit und Plausibilität von Erzählungen wird dabei zunehmend daran gemessen, inwieweit sie mit dem Bildinventar in Übereinstimmung zu bringen sind, das die Medien bereitgestellt haben. Dieser Wahrnehmungsmechanismus funktioniert auch umgekehrt: »Für wirklich hält der Filmbetrachter vor allem das, was den Eindruck von Wirklichkeit macht; für wenig eindrucksvoll wird dagegen gehalten, was diesem Illusionscharakter des Mediums nicht entspricht, sondern ihn irritiert.«[216]

Wir haben die Richtigkeit dieser Beobachtung beim Vorführen der 13 Filmsequenzen am Beginn unserer Familiengespräche in aller Deutlichkeit bestätigt gefunden. Die Überlegung, ein möglichst deutungsoffenes Material einsetzen zu müssen, das gleichwohl geeignet wäre, das Familiengespräch auf den assoziativen Raum des »Dritten Reiches« zu fokussieren, führte zur Wahl von Amateurfilmmaterial, das in einem etwa 10-minütigen Zusammenschnitt mehr oder minder zufällig und dilettantisch entstandene Aufnahmen von Hochzeitsfeiern bis zu Deportationen zeigte. Dieses unbekannte Filmmaterial, das zudem nicht nachträglich vertont, sondern stumm vorgeführt wurde, führte zu beträchtlichen Irritationen bei den Betrachtern, und zwar deshalb, weil es offenbar so etwas wie einen gesellschaftlich standardisierten, bebilderten Assoziationsraum der NS-Vergangenheit gibt, und dieser Raum scheint mit einem klar begrenzten und bekannten Inventar von Bildern und Tönen ausgestattet zu sein. Wird etwas gezeigt, was diesem Inventar nicht entspricht, wozu übrigens meist schon die Verwendung farbigen Materials ausreicht, entsteht beim Betrachter Unbehagen, zumindest das Bedürfnis, dieses Material hinsichtlich seiner Herkunft und seiner Entstehung zu problematisieren: So hat eine Befragte eine interessante Assoziation zu einem farbigen Segment in den verwendeten Filmsequenzen:

Karen Diehl: »Eben, wie da plötzlich Farbe drin war, da hab' ich also gedacht, ach, hier fängt 'ne schönere Zeit an, ein bisschen Farbe. Weil dieses Schwarz-Weiß, das ist ja zu dem Thema selber auch noch so erdrückend. So dunkel eben alles.«[217]

In diesem Zusammenhang steht auch die befremdliche Beobachtung, dass die Zuschauer gelegentlich das, was inszeniert ist, für realistischer halten als das, was tatsächlich filmisches Quellenmaterial ist. Koch nennt hier ein »russisches« Dorf, das in Ungarn für Filmzwecke erbaut und zerstört worden ist – eine Filmsequenz, die ganz ungeachtet ihrer Entstehungsgeschichte zumindest in Ungarn »mittlerweile Generationen die Schrecksekunden der Historie ins Gedächtnis brennt«.[218] Man könnte hier auch an die Bemerkung von Nicholas Ray erinnern, dass das Leben in Farbe, schwarzweiß aber realistischer sei. Die dem Film eigene Wirkmächtigkeit macht es jedenfalls zu einem Medium par excellence für die nicht-intentionale Tradierung von Geschichte und Geschichtsbewusstsein, und dies insbesondere dort, wo es ästhetisch genau jene Form in Anspruch nimmt, die mit dokumentarischen Aufnahmen aus der inszenierten Zeit assoziiert sind.

Dies bestätigt sich einmal mehr, wenn man betrachtet, wie ästhetische Produkte und eben insbesondere Filme zu Wahrnehmungs- und Deutungsrahmen für historische Erlebnisse und Ereignisse werden.

Drehbücher für das Leben

Im Folgenden nun geht es um ein ziemlich frappierendes Beispiel dafür, wie ein ästhetisches Erzeugnis zum Interpretament für zentrale Zusammenhänge der eigenen Lebens- und Familiengeschichte wird. Frau Beck ist 1924 geboren; ihr Vater war ihrer Darstellung nach ein »alter Kämpfer«, schon 1931 Ortsgruppenleiter der NSDAP und entsprechend überzeugter Nationalsozialist – wie sie selbst als Jugendliche übrigens auch. Im Familiengespräch schildert Frau Beck ihren Vater als einen Mann, der jederzeit für seine nationalsozialistischen Überzeugungen eintritt, »weil er eben diese gute Entwicklung mitgemacht hat«.[219] Allerdings hält dieser Vater seine Tochter aus nicht näher aufklärbaren Gründen davon ab, dem BDM beizutreten, gerät mit seiner Frau in eine scharfe Auseinandersetzung darüber, dass diese »nicht mehr bei Juden« einkaufen gehen will, und tritt in den Erzählungen Frau Becks überhaupt nur in Situationen auf, die in irgendeiner Weise Konflikte zwischen seiner persönlichen Überzeugung und den Normen der nationalsozialistischen Gesellschaft dokumentieren.

An ihre Darstellung, dass der Vater ihr verboten habe, dem BDM beizutreten, fügt Frau Beck eine lapidar erzählte Episode an:

Mathilde Beck: »Ja, 1940 ist er gestorben, es heißt also, ich muss dazu sagen, er ähm, er konnte sich mit dem Ortsgruppen-/ äh mit dem Kreisleiter nicht mehr verstehen und da muss auch irgendwas vorgefallen sein und äh da hat er sich erschossen.«[220]

Auch der weitere Verlauf der Erzählung klärt den Grund für diesen Selbstmord nicht auf; es bleibt bei der nebulösen Annahme, dass »irgendwas vorgefallen« sein müsse. Die äußerst beiläufige Erwähnung des Selbstmords des Vaters steht in deutlichem Kontrast nicht nur zu der biographischen Bedeutung, die dieses Ereignis für die damals 16-jährige Tochter gehabt haben muss, sondern auch zu dem Umstand, dass der zugrunde liegende Konflikt, der den Vater sich selbst töten lässt, nach Maßgabe seiner sozialen Stellung als Großbauer, Ortsgruppenleiter, alter Kämpfer und schließlich als Familienvater ungeheuer groß gewesen sein muss. Mit anderen Worten: Es ist schwer vorstellbar, welche Situation der Ausweglosigkeit, welches Vergehen oder welche innere Konfliktlage jemanden in den Selbstmord treibt, der einerseits über die skizzierten sozialen Ressourcen verfügt und der andererseits auch alles andere als ein Regimegegner oder Widerstandskämpfer zu sein scheint.[221]

Wie auch immer. Von Frau Beck jedenfalls erfährt man zunächst nichts über die Umstände des Selbstmords. Die Vermutung der Interviewerin, dass der Vater im Widerstand gewesen sei, weist sie allerdings nachdrücklich zurück (»Nein, er hat bestimmt nicht dagegen gearbeitet, er hat immer versucht, die Sache aufrechtzuerhalten.«[222]). Nach einer Weile aber kommt Frau Beck auf das Thema zurück, indem sie die Interviewerin fragt: »Kennen Sie ›Des Teufels General‹?«[223] Als diese verneint, erläutert Frau Beck:

Mathilde Beck: »Ja, General Harras stürzt, und denn in dem Film, ja, stürzt denn ab, nich, zum Schluss.«[224]

Die Geschichte, die sie über ihren Vater *nicht* erzählen kann, wird hier durch eine Parallelgeschichte ersetzt, wobei durch einen weiteren Hinweis »mit Curd Jürgens ist das« deutlich wird, dass Frau Beck sich auf den Film und nicht auf Zuckmayers literarische Vorlage bezieht. Interessanterweise beginnt sie ihre Nacherzählung des Films mit seinem Ende (»und stürzt denn ab zum Schluss«[225]), womit sie aber auch an den Schluss ihrer Erzählung über den Vater anknüpft (»da hat er sich erschossen«[226]). Der Ausgang beider Lebensgeschichten ist gleichermaßen tragisch, womit die Parallele zunächst einmal angelegt ist. Frau Beck erzählt nun weiter über General Harras:

»Der ist ja auch ganz, ja, er ist ja nicht für Hitler eingenommen, aber er ist für die Fliegerei, für den Krieg eingenommen.«[227]

»Der ist ja *auch*«, sagt Frau Beck und verweist damit auf die Parallele zu ihrem Vater, korrigiert sich aber gleich und skizziert den Grundkonflikt, in dem der General sich befindet: gegen Hitler, aber Soldat zu sein. »Also, das ist ja auch bisschen zweierlei«, befindet sie und wechselt von dieser kommentierenden Ebene wieder auf die Ebene der Nacherzählung des Films:

Mathilde Beck: »und äh er macht mit. Und plötzlich merkt er, dass Sabotage im Gang ist, und äh äh kommt dahinter, dass sein Nebenmann, mit dem er voll vertraut ist, diese Sabotage unterstützt.«[228]

Harras »macht« also Frau Beck zufolge »mit«, nämlich als Funktionsträger im nationalsozialistischen Machtapparat, was offenbar so lange unproblematisch läuft, bis er »plötzlich« bemerkt, »dass Sabotage im Gang ist« – wobei es Frau Beck nicht weiter darstellungsbedürftig erscheint, wie diese Sabotage aussieht und gegen wen sie sich richtet. Im Film wird die Sabotage, die zur Fluguntauglichkeit von neuentwickelten Maschinen führt, übrigens nicht von Harras entdeckt, sondern bildet schon von Beginn an einen Bestandteil der Rahmenhandlung. Andererseits ist die Decouvrierung des »Nebenmannes« ein Plot, der ganz am Ende der Filmhandlung steht: Harras stellt nämlich den Flugzeugkonstrukteur Oderbruch, mit dem er seit langer Zeit aufs Engste befreundet ist, zur Rede, nachdem die Suche nach anderen Quellen der Sabotage ergebnislos geblieben ist. Der sich daraufhin entspinnende Dialog ergibt eine Art von moralischer Rollenumkehrung: Oderbruch, der als Widerständler »diese Sabotage« nicht nur »unterstützt«, wie Frau Beck erzählt hatte, sondern gerade initiiert, wirft Harras vor, viel zu lange in Selbstüberschätzung und Ignoranz »mitgemacht« zu haben, während er, Oderbruch, rechtzeitig in den Widerstand gegangen sei.

Für Frau Beck steht allerdings im Vordergrund, dass Harras mit Oderbruch »voll vertraut ist«, und bei seinen Versuchen, die Sabotageakte aufzuklären, von diesem hintergangen worden ist. Die moralische Frage nach der Notwendigkeit oder Verwerflichkeit von Widerstandsakten, die ein zentrales Thema des Films ist, stellt sich Frau Beck gerade nicht: Für sie geht es um das Problem des persönlichen Verrats. Frau Beck erzählt weiter:

Mathilde Beck: »Ja, und nun wollen sie ihn aber noch retten und sagen: ›Ja, da und da [...] steht ein Flugzeug, also setz dich rein, wenn du durchkommst, ist gut!‹ Er stürzt aber ab und da sagt der äh Gauleiter, äh, ist abgestürzt, tot, Staatsbegräbnis.«[229]

Unklar bleibt in dieser Erzählung, wer diejenigen sind, die »ihn aber noch retten« wollen; in der Filmfassung steigt Harras bewusst in eins der fehlkonstruierten Flugzeuge, obwohl sein treuer Fahrer Korrianke dafür gesorgt hat, dass ein intaktes Flugzeug zur Flucht bereitsteht. Es handelt sich mithin bei Harras' Tod nicht um Schicksal, wie es Frau Beck darstellt, sondern, wie im Fall ihres Vaters, um Selbstmord, der insofern sogar nach Kamikaze-Vorbild ausgeführt wird, als Harras sich und das Flugzeug auf den eigenen Fliegerhorst stürzen lässt (wohl um mit der Vernichtung der fehlkonstruierten Flugzeuge Oderbruch zu schützen).

Während der Film also die Problematik der Schuldverstrickung thematisiert und auf eine moralische Entscheidung hin angelegt wird, erzählt Frau Beck eine Geschichte vom Schicksal. In dieser spielt zwar das Thema von der schuldlosen Schuld noch eine Rolle, aber die Lösung wird vom Schicksal diktiert – eine Interpretation von »Des Teufels General«, die in ihrer Parallelisierung zum Fall des Vaters die Funktion haben kann, dessen Selbstmord und den traumatisierenden Umstand, dass er ja damit auch die Familie und natürlich die Erzählerin selbst zurück- und allein lässt, in etwas Schicksalhaftes zu verwandeln.

Allerdings, so zeigt sich, ist der unmittelbare Anknüpfungspunkt für die Parallelisierung der Geschichten die zynische Schlusswendung, dass Harras ein Staatsbegräbnis verordnet bekommt, obwohl er ja in der Perspektive der Machthaber ein Verräter ist. Frau Beck fährt nämlich fort:

Mathilde Beck: »Ich muss sagen, mein Vater hatte auch ein Staatsbegräbnis. Wir haben allein 21 Grabreden über uns ergehen lassen müssen.«[230]

Die Nachfrage der Interviewerin, ob denn dieses Begräbnis von offizieller Seite ausgerichtet wurde, verneint Frau Beck; es sei von der Familie organisiert worden,

Mathilde Beck: »aber die die Leute waren ja da, nich, die die Reden hielten. Und die nur noch alles loben mussten.«[231]

An dieser Stelle springt die Tochter ihr erklärend bei, indem sie sagt: »Insofern ist da die Parallele zu ›Des Teufels General‹.« Frau Beck bestätigt:

Mathilde Beck: »Jaja. Denn weil dieses, wie der äh der Gauleiter da so sagt: ›Ja, also Staatsbegräbnis.‹ Da habe ich gedacht: ›Ja, wir haben auch ein Staatsbegräbnis mitgemacht‹.«[232]

Das Staatsbegräbnis für denjenigen, der sich wenigstens mit seiner letzten Handlung von jenem Staat losgesagt hatte, ist ein zynischer Akt, der die Ordnung wieder herstellt und die Wissenden zu ohnmächtigen Beschauern dieser besonderen Art von Machtdemonstration macht. Der Plot von Frau Becks Geschichte hält mithin fest, dass ihr Vater offenbar einen wie auch immer politisch motivierten Selbstmord verübt hat, was von offizieller Seite her aber kaschiert wurde.
Frau Beck verwendet also ein artifizielles Erzeugnis, um sich eine der zentralen Erfahrungen ihres Lebens nachträglich plausibel zu machen. Sie versteht ihren Vater nach dem literarischen bzw. filmästhetischen Modell des fiktionalen General Harras und verwendet die hochambivalenten Persönlichkeitsmerkmale und Handlungsweisen der Kunstfigur zur Rekonstruktion der Persönlichkeit des Vaters und seiner Handlungsmotive. Insbesondere die Umdeutungen der Filmerzählung – vom intentionalen Akt des Selbstmords zum Absturz, vom moralischen Entschluss zur schicksalhaften Fügung, von der Widerstandshandlung als letztem Akt zur gescheiterten Flucht – entlassen den Vater aus der Verantwortung für seine Tat. Das erfahrene Leid symbolisiert sich im bigotten Ritual der Machthaber, das die Familie zu ohnmächtigen Zuschauern degradiert.
Nun ist an Frau Becks Inanspruchnahme des Films als Erklärungsmodell für das Schicksal ihres Vaters am bemerkenswertesten, dass der Verweisungszusammenhang überhaupt erwähnt wird, dass mithin das Verhältnis von sicht- und interpretierbarem Modell und unsicht-

barer und undeutbarer Vergangenheit kenntlich bleibt. Um wie viel häufiger ist aber bereits der Verweisungszusammenhang verschwunden, wenn wir Partikel und Episoden unserer eigenen und fremder Lebensgeschichten nach dem Modell ästhetischer Konstruktionen zu verstehen versuchen?[233]

In der Familie Drake findet sich eine noch etwas komplexere Inanspruchnahme einer filmischen Vorlage für die Interpretation der eigenen Lebensgeschichte als bei den Becks. Gisela Drake (Jahrgang 1932) erzählt, dass sie zehn Jahre alt war, als ihr Vater »abgeholt« wurde:

Gisela Drake: »Er kam mit dem Fahrrad und stellte es an den Zaun und dann hat irgendjemand ihn mitgenommen. Ich weiß nich', ob ich nun das damals so mitbekommen hab', um was es da ging, oder ob im Nachhinein auch erst erzählt worden ist, aber es war die Gestapo, die ihn abgeholt hatte. [...] Wir hatten also ein großes Grundstück und hatten neun Mieter. Und dann hat er irgendwie bei einer Hitler-Rede die Drähte der Radioantenne da oben gekappt, dass se das nicht hören sollten, also, so wurde erzählt. Vielleicht hat er auch Reden geführt auf seiner Arbeitsstelle. Er wurde jedenfalls abgeholt nach Potsdam zur Gestapo und saß dann dort auch ein Vierteljahr und ist dann ganz schwer krank nach Haus geschickt worden und ist dann auch kurz darauf gestorben. Das lag nun nicht unbedingt daran, dass man ihn gefoltert hatte, davon hab' ich nichts mitbekommen. Er war schwer krank geworden und da haben sie ihn nach Hause geschickt.«[234]

Kurz zuvor hatte Frau Drake erzählt, ihr Vater sei vermutlich Kommunist gewesen und habe als »Kellner bei der Ufa«[235] gearbeitet. Allerdings ist diese Darstellung etwas widersprüchlich, denn die Familie wohnt seit 1938 in einer arisierten Villa, die der Vater für den Spottpreis von 30 000 Reichsmark erworben hat, im Esszimmer der Familie hängt ein Hitlerbild, und die Familie ist immerhin in Babelsberg so integriert, dass die kleine Gisela Drake eine Menge Filmstars kennt und Geburtstagskarten etwa von Paul Hörbiger geschickt bekommt. Inwieweit also Frau Drakes Vermutung hinsichtlich der politischen Haltung und des Berufs des Vaters der Realität entspricht, muss offen bleiben – sie selbst artikuliert vorsichtige Zweifel (»das hab' ich auch nur so ein bisschen vom Hörensagen«[236]; »ich weiß nicht [...], ob im Nachhinein auch erst erzählt worden ist«[237]).

Allerdings spielt genau dieser familienbiographische Hintergrund eine entscheidende Rolle in den Einzelinterviews mit der Tochter und der Enkelin, und zwar auf höchst bemerkenswerte Weise. So erzählt die Tochter Gerhild Drake (Jahrgang 1967) über ihren Großvater:

Gerhild Drake: »Und da kann ich mich erinnern, dass sie (die Mutter) erzählt hat, dass ihr Vater, der war Kellner in einem Restaurant, und der hat wohl, der war Kommunist und hat wohl immer gegen den Hitler und gegen die Nazis und die SS Reden gehalten, und dann haben sie den wohl eines Tages abgeholt, direkt aus'm Lokal. Und das ging dann auch wohl ziemlich schnell, er war dann wohl so'n Vierteljahr inhaftiert und wurde da verhört auf die schlimmste, brutalste Weise und kam dann raus und is' dann ziemlich kurz danach dann an 'ner Lungenentzündung, glaub' ich, ist er gestorben.«[238]

Bemerkenswert ist hier, dass die Hinweise auf leichte Zweifel an der historischen Überlieferung, die Gisela Drake geäußert hat (»nur [...] vom Hörensagen« usw.), in der Darstellung ihrer Tochter verschwunden sind: In ihrer Erzählung über die Erzählung der Mutter »war« deren Vater Kommunist und »hat wohl immer [...] Reden gehalten«. Seine Verhaftung durch die Gestapo geschieht in Gerhild Drakes Geschichte auf andere Weise als in der Erzählung ihrer Mutter: »direkt aus'm Lokal« wird er abgeholt, während sich in der Erzählung der Mutter die Verhaftungsszene vor dem Haus der Drakes abspielte. Etwas modifiziert fällt auch der Bericht über die Haft aus: Die Verhöre durch die Gestapo fanden für Gerhild Drake »auf schlimmste, brutalste Weise« statt, während ihre Mutter noch offen gelassen hatte, ob ihr Vater gefoltert worden war. Der weitere Ablauf der Erzählung der Tochter deckt sich dann aber mit der Ausgangserzählung: Der Vater bzw. Großvater stirbt kurz nach seiner Haftentlassung an einer Krankheit.

Die ältere Tochter von Gisela Drake, Ella (Jahrgang 1962), erzählt die folgende Version:

Ella Drake: »Der is' dann, ich glaube auch noch zu Kriegszeiten, inhaftiert worden, ins Zuchthaus gekommen, weil, ich glaub' da war irgendwas Politisches, so in Richtung Kommunisten. Und is' dann nachher wieder entlassen worden, aber an den Folgen der Inhaftierung gestorben. Ich glaube, er hatte was mit'm Magen dann dadurch. [...] Dass er gestorben war, das hat meine Mutter auch gar nicht mitbekommen, sie war nicht bei der Beerdigung mit dabei und glaubte noch lange Zeit danach, dass er lebt.«[239]

Der überraschende Schluss über den verheimlichten Tod des Vaters war weder von der Mutter noch von der Schwester erzählt worden – ansonsten deckt sich Ellas Erzählung weitgehend mit den beiden anderen Versionen, mit dem Unterschied, dass sie eine andere Krankheit des Großvaters (»was mit'm Magen«) für seinen Tod verantwortlich macht und dass ihre Erzählung insgesamt etwas vager ausfällt als die ihrer Schwester.

Ellas Tochter Jessica (Jahrgang 1982), die zu der ganzen Thematik nur Weniges und dies nur ziemlich widerwillig beizutragen hat, berichtet über diese Geschichte nichts. Während der Gruppendiskussion ist sie hauptsächlich damit beschäftigt, verschiedene Outfits für die gerade bevorstehende »Love Parade« auszuprobieren; als es um die Verfolgung der jüdischen Bevölkerung geht, lässt sie einige ausgesprochen ausländerfeindliche Bemerkungen hören, worüber sich ihre Großmutter ebenso wie ihre Mutter etwas peinlich berührt zeigen. An einer Stelle im Einzelinterview erwähnt sie den Film »Swing Kids«, den sie sehr interessant gefunden habe, vorwiegend allerdings wegen des »niedlichen« Hauptdarstellers. In dem sehr kurzen Einzelinterview erzählt sie dann fast nichts außer der Handlung eben dieses Films, die sie sehr detailliert und originalgetreu wiedergibt: In der Filmerzählung ist es der Vater des Swing Boys Peter Müller, der von der Gestapo verhaftet wurde, weil er Kommunist war, und nach der Gestapo-Haft, aus der er krank entlassen wird, stirbt. Dieser Vater spielt in Peters Leben die höchst ambivalente Rolle, dass er seine Familie einerseits wegen höchst abstrakt erscheinender Ideale im Stich gelassen hat, dass er andererseits aber als leuchtendes Vorbild insofern erscheinen kann, als er Widerstand gegen die Nationalsozialisten geleistet hat. »Swing Kids« erzählt dann so etwas wie die politische Bildungsgeschichte Peter Müllers, der sich am Ende dem Vorbild des Vaters gemäß für den Widerstand entscheidet und noch »Swing heil!« ruft, als er ins Arbeitslager deportiert wird.

Die Filmerzählung ist hinsichtlich dieser Vaterfigur vollständig deckungsgleich mit der Erzählung Gerhild Drakes; in den beiden anderen Versionen ihrer Mutter und ihrer Tochter findet sich zumindest der Plot wieder. Das bemerkenswerte Interesse der Enkelin Jessica ausgerechnet an diesem Film, der weder besonders aufregend noch bekannt ist, scheint sich genau an diese familiengeschichtlich bedeutsame, aber ziemlich nebulös bleibende Figur des Urgroßvaters zu heften: Auch wenn sie gerade über diese Figur eher unscharf berichtet (»und der Vater is halt [...] gegen Hitler, also so'n so'n Demokrat«[240]), scheint ihr ausgeprägtes Interesse an diesem Film auf einen Aspekt der Familiengeschichte zurückzuweisen, der von der Großmutter höchst widersprüchlich und unvollständig erzählt wird, vor dem Hintergrund der Filmerzählung aber plötzlich als widerspruchsfrei und konsistent erscheinen kann: Der Film liefert hier, ähnlich wie im Fall der Familie Beck, ein retroaktives Skript, das es der Tochter und der Enkelin erlaubt, eine ebenso nebulöse wie bedeutsame Episode des Familienromans in eine schlüssige Erzählung zu übersetzen. Typischerweise, und auch hier ähnelt das Geschehen dem in der Familie Beck, kann die an diesem Skript orientierte Version der Familiengeschichte vor allem deshalb als sinnhaft erlebt werden, weil den Urgroßvätern jeweils widerständige Haltungen zugeordnet werden können.

Liefert in beiden Familien die jeweilige mediale Vorlage ein Interpretament für die Deutung der eigenen Familiengeschichte, so wird zugleich klar, wie gerade mit Hilfe des filmischen Skripts das Heroisierungsbedürfnis der Enkelgeneration befriedigt wird: Das Skript von »Des Teufels General« verwandelt den Ortsgruppenleiter und alten Kämpfer der NSDAP in der Darstellung seines Urenkels in jemanden, der »irgendwelche Juden gedeckt hat«[241], die »Swing Kids« transformieren den Vater von Frau Drake, der das Esszimmer seines Hauses, das er im Zuge der Arisierung für einen Spottpreis erworben hat, mit einem Hitlerporträt dekoriert, in einen Kommunisten, der der Gestapo zum Opfer fällt. Wie auch immer die historische Wirklichkeit ausgesehen haben mag: In beiden Fällen glätten die filmischen Vorlagen die widersprüchlichen Passagen der Familiengeschichten bzw. füllen ihre Lücken auf, und zwar in der Selbstvergewisserung der Familienmitglieder wie in der Vermittlung gegenüber Dritten: Insofern werden die medialen Vorlagen erst in Kombination mit der Familienerzählung, in die sie einmontiert werden, tradierungsmächtig.

Gleichviel, ob Erzählungen, Romane, Filme, Bildergeschichten, Soap-Operas usw. usf. die Vorlagen liefern – stets handelt es sich um eine Aneignung der Vergangenheit nach sozial verfügbaren Vorbildern des Erfahrens, Deutens und Bewältigens. Insofern lässt sich an dieser Stelle sagen, dass Filme nicht nur wirkungsmächtig für ein eher verallgemeinertes Bild werden, das man sich von einer vergangenen Epoche macht, sondern dass sie ganz konkret in Deutungen wirksam werden können, die man für Abschnitte der eigenen Lebensgeschichte entwickelt oder aber für die Geschichte der Familie, zu der man gehört.

Dass andererseits der Umstand, dass der Film sich so passgenau über das eigene Leben legen lässt, ihn auch gleich wieder zur Quelle für historische Wirklichkeit macht, zeigt eine weitere Gesprächspassage. Nachdem Frau Beck ihre Arbeit in einer Munitionsfabrik geschildert hat, fragt die Interviewerin sie danach, ob dort auch Sabotage vorgekommen sei (wobei sie selbst auf eine »herzzerreißende Geschichte«[242] verweist, die sie einmal gelesen hat). Frau Beck antwortet: »Ohne weiteres. Das wird ja auch so gut im ›Teufels General‹ beschrieben, nich'. Dass da aus den eigenen Reihen die Sabotage schon kam.«[243] Das ästhetische Produkt hat also mehrere Wirkungsrichtungen. Funktioniert es in einem zentralen Aspekt als Interpretament für Geschehenes, können auch seine übrigen Bestandteile und Subtexte als Belege für allgemeinere historische Sachverhalte verwendet werden; umgekehrt verbürgt der Eindruck historischer Authentizität seine Qualität als Deutungsfolie dafür, wie es sich im konkreten Fall der eigenen Geschichte verhalten hat.

Ein Befragter aus der Kindergeneration, Paul Boesch, thematisiert selbst das Ineinanderfließen von medialen Vorlagen, Erzählungen seiner Eltern und eigenen Wahrnehmungen:

Paul Boesch: »Ich hab' nur noch die Geschichten, die haben sich irgendwie fast wie Bilder eingeprägt. Ich hab' mir dann als Kind irgendwas vorgestellt . und fand das auch irgendwie ja unfassbar.«
Interviewerin: »Mhm. Was hast Du Dir da vorgestellt, also solche Bilder, wie kann man die beschreiben?«
Paul Boesch: »Naja, ich mein', das ist dann sicher 'ne Mischung aus Film-

material und so 'nen Sachen, denke ich. Also, so SS-Männer mit Totenkopf und Stahlhelm und Maschinengewehren und langen Mänteln und großen Stiefeln und irgendwie arme Schweine, die mit geschorenen Haaren und abgemagert, ja, Opfer, Täter, hab' ich mir da ausgemalt und dazu das dann projiziert, sicher mit Bildern aus dem Fernsehen hauptsächlich. Und dazu kombiniert natürlich mit diesem Umfeld da, dieses Haus, die Straße und so. Ich hab' auch überlegt, wer hat, wer wohnt da, wessen Haus ist das und so, wo waren diese Leute und so.«[244]

Ähnlich wie Frau Becks Erzählung zu General Harras einen seltenen Grenzfall der medial basierten Erinnerungserzählung deswegen darstellt, weil die Quelle genannt wird, der das Modell entstammt, markiert dieser Befragte die ungewöhnliche Variante, dass das eigene Geschichtsbild als Komposition aus medialen Vorlagen, Erzählungen des Vaters und eigenen Wahrnehmungen betrachtet wird. Viel häufiger findet sich nämlich eine ganz selbstverständliche, unabsichtliche und vielleicht auch unbewusste Inanspruchnahme vorliegender Geschichten literarischer oder filmischer Herkunft. Dabei besteht das Problem der Analyse von Interviewmaterial, das medialen Skripts zu folgen scheint, darin, dass die Erzähler die Vorlagen nur höchst selten eins zu eins adaptieren, sondern sie mit eigenem Sinn versehen: Ähnlich wie bei der im 2. Kapitel dargestellten gemeinsamen Verfertigung der Vergangenheit im Gespräch werden die jeweiligen Versatzstücke und Fragmente aus anderen Geschichten in die eigene Lebensgeschichte integriert, indem sie angeeignet, d. h. den eigenen biographischen, situationsspezifischen und narrativen Erfordernissen entsprechend umgeschrieben werden. Gerade um den Anforderungen einer gelungenen Geschichte entsprechen zu können, müssen sie umgetextet, der eigenen Lebens- oder Familiengeschichte eingeschrieben werden.

Dieser Vorgang macht es nun allerdings schwierig, den empirischen Nachweis zu führen, diese oder jene Geschichte entstamme diesem oder jenem Film oder Buch, jedenfalls dann, wenn der Fall nicht so klar ist wie bei Frau Beck, und das ist er bedauerlicherweise fast nie. Man kann dieses Problem am Beispiel eines Befragten illustrieren, dessen Erzählungen außerordentlich detailliert und ungewöhnlich ereignisreich und spannend sind: Herr Wieck[245] präsentiert seinem Interviewer eine Sammlung von Vorkriegs- und Kriegserzählungen, die ein nahezu vollständiges Inventar von Widerstandshandlungen gegen SA-Männer und Feldwebel, von Erzählungen über Kameradschaft, Loyalität, Abenteurertum, über Verwundungen und Auszeichnungen, über Heldentum und abgeklärten Zynismus beinhaltet. Herr Wieck, so könnte man seine Geschichten zusammenfassen, repräsentiert den deutschen Landser an sich, tapfer, ehrlich, abgeklärt, von seiner Führung betrogen, aber moralisch unbefleckt. Dem Zuhörer bzw. dem Leser drängt sich jedoch während vieler Passagen der Erzählung unwillkürlich der Eindruck auf, man habe die Geschichten schon einmal gehört oder gesehen; sie muten keineswegs fremd an, sondern auf merkwürdige Weise vertraut. Der Versuch, den eigenen Assoziationen nachzugehen, erweist sich allerdings als erfolglos, weil man Herrn Wiecks Geschichten nicht findet, jedenfalls nicht im Abbildungsverhältnis eins zu eins.

Nehmen wir die folgende Erzählung als Beispiel:

Max Wieck: »Eine Episode hab' ich noch. Bei einem Großangriff, da war folgendes. Äh, wir mussten ja etwas zurück und dann ging's mal wieder vorwärts und es war'n aber Granattrichter da, die drei, vier Meter tief waren und mit Schnee und alles und bei dem Angriff, da bist natürlich immer in Deckung gegangen, und da bin ich in einen Granattrichter reingesprungen, und da war aber'n Russe drin. Der war höchstens dreizehn oder vierzehn Jahre alt, hat auch keinen Helm nichts aufgehabt, nur'n Gewehr. Und ich sprang dadrin, und ich als Sanitäter, ich hatt' ja nur meine große Kleiderschere im rechten Stiefel gehabt und meine 08 im linken Stiefel und riesen Säcke mit Verbandsmaterial. Jetzt war ich auch so schockiert, im Moment, dass ich gar keine Antwort also mit dem gefunden hab'. Und der guckt mich kreidebleich an, hat sein Gewehr, und da hat na, die Granaten da links und rechts rein, wir sind natürlich auch in Deckung gegangen, hab' halt gedacht: ›Was machste denn bloß?‹ Und dann hab' ich erstmal oben reingegriffen, und da hab' ich tatsächlich noch drei Zigaretten dadrin gehabt, die hab' ich dann raus und hab' ihm 'ne Zigarette gegeben und hab' ihm Feuer gegeben, und der guckt mich ganz entgeistert an, und dann haben wir die Zigarette geraucht, und dann hab' ich ihm nur gesagt: ›Hau ab!‹ Also, bei 'ner Gelegenheit ist er rausgesprungen. Was sollt' ich ihn erschießen?«[246]

Herr Wieck erzählt eine Geschichte, die er offensichtlich schon oft zum Besten gegeben hat: »Eine Episode hab' ich noch«, beginnt er, und berichtet dann von seiner Begegnung mit dem feindlichen Soldaten im Granattrichter. Diese Begegnung liegt als mediales Skript in vielfacher Weise vor: Das bekannteste Modell entstammt der Verfilmung von Erich Maria Remarques Roman »Im Westen nichts Neues«, freilich mit dem Unterschied, dass der junge deutsche Soldat Paul hier nicht auf einen Russen, sondern auf einen Franzosen trifft, und mit diesem keine Zigarette teilt, sondern ihn ganz im Gegenteil tödlich mit dem Messer verletzt. In der erzählten Zeit des Films dauert es dann die ganze Nacht, bis der Franzose stirbt, getröstet und umsorgt von dem verzweifelten deutschen Soldaten. Die Happy-End-Variante, die Herr Wieck erzählt, scheint hingegen eher dem ästhetischen Modell des Landserheftchens bzw. des Illustriertenromans der fünfziger Jahre[247] nachgebildet zu sein – ganz besonders die nachgerade ikonifizierte Landsergeste: »hab' ihm 'ne Zigarette gegeben und hab' ihm Feuer gegeben [...] und dann haben wir die Zigarette geraucht.« In dieses ästhetische Modell fließt, übrigens genauso wie in Remarques Vorlage, die sich ja auf den Ersten Weltkrieg bezieht, alles zusammen, was den Mythos des einfachen Soldaten ausmacht: nämlich Opfer eines heteronomen Geschehens zu sein, in dem man sich gleichwohl bewährt, gegen Menschen kämpfen zu müssen, die unter anderen Umständen die besten Freunde sein könnten, die der eigenen sozialen Herkunft, dem eigenen Ethos entsprechen und mit denen man sich in einer eigentümlichen Auszeit des Krieges für einen Augenblick verbündet – universal soldiers im Jenseits eines Krieges, der sie innerlich gar nichts angeht.

Nach diesem Modell bildet Herr Wicck eine Geschichte, die ihre Wirkung besonders durch die Detailliertheit der situativen Schilderung zu beziehen scheint: »ich hatt' ja nur meine große Kleiderschere im rechten Stiefel gehabt und meine 08 im linken Stiefel« usw. Herr Wieck erzählt eine gelungene Geschichte, die sich offenbar schon in vielen vorangegangenen Gesprächen bewährt hat. Auch hier hört der Interviewer gespannt zu, ohne nachzufragen oder zu unterbrechen – und Herrn Wieck gelingt eine narrative Konstruktion, die ihn dem jungen, erschrockenen, russischen Soldaten gegenüber als deutlich überlegen erscheinen lässt und seine gerade deshalb humane, fast väterlich-souveräne Bewältigung der Situation plausibel macht: »Was sollt' ich ihn erschießen?«

Ununterscheidbar fließen hier Fragmente des zeitgenössischen Erlebens und vorliegende ästhetische Modelle von der unerwarteten Begegnung im Schlagschatten des Krieges zusammen: Hier findet die biographische »Episode«, die so oder anders oder gar nicht geschehen sein mag, eine Form, die sie zu einer gelungenen Geschichte macht, mit gleich mehreren »werthaltigen Endpunkten«[248], wie Kenneth Gergen sagen würde. Auch im Krieg, so lautet die Moral dieser Geschichte, kann man Mensch bleiben, tötet man nicht, wenn man die Wahl hat. Plastizität und Nachvollziehbarkeit gewinnt diese Geschichte wohl vor allem deswegen, weil man sie zu kennen meint und gerade darum spontan glaubhaft und interessant findet: selbst der jüngere Zuhörer, der über keinerlei unmittelbare Erfahrung mit Krieg und Schlachtgetümmel verfügt, kann vor dem Hintergrund seiner eigenen Rezeptionserfahrung medial vermittelter Kampfdarstellungen vom Typ »Im Westen nichts Neues«, »Stalingrad« oder »08/15« im identifizierenden Mitvollzug den Eindruck gewinnen: So wird's gewesen sein, schön und schrecklich zugleich.

Die Rolle von vorgefertigten Skripts und sozial abgestützten Narrativen über die Kriegsvergangenheit ist erstaunlich wenig untersucht. Das Gespräch mit Herrn Wieck ist voll von Beispielen seiner kunstvollen Kombinatorik von biographischen Erlebnissen und vorliegenden narrativen Modellen. Das folgende Beispiel scheint ebenfalls aus »Im Westen nichts Neues« entnommen, wiederum impressiv durch die situative Detailliertheit der Schilderung und durch die Rhetorik der wörtlichen Rede mit der Autorität des eigenen Erlebnisses versehen: Herr Wieck trifft kurz nach dem Krieg in einer Kneipe einen alten Bekannten, der ihn auf die zahlreichen Orden anspricht, die Herr Wieck bei dieser Gelegenheit (aus nicht näher erläuterten Gründen) trägt:

Max Wieck: »›Mensch, Maxe, das hab' ich ja gar nicht [...] erwartet, dass du so ausgezeichnet (bist). Du du bist ja 'n Held!‹ Sag' ich: ›Wie bitte, was bin ich?‹ Sagt er: ›Bist ja 'n Held!‹ Sag' ich: ›Komm her, ich sag' dir, was ich bin.‹ – ›Ja, was bist du denn?‹ – ›Ein riesengroßes Arschloch!‹ Da sagt er: ›Das kannst du doch nicht sagen bei den (Orden) da.‹ Da sag' ich: ›Ja, glaubst du, dass ich mir das erkämpft hab'?‹‹ Sag' ich: ›Helden gibt's nicht, die sind alle tot!‹ Sag' ich: ›Ich hab' 'n Schutzengel gehabt, dass ich die ganze Zeit durch-gekommen bin! Und dann haben sie eben (für) die Nahkämpfe eins nach dem anderen gesammelt! Und am Schluss haben sie dir das Blech da hingeheftet! Und dann haste das noch gekriegt!‹ Sag' ich: ›Das ist alles!‹ Sag' ich: ›Aber sprich bloß nicht von Heldentum!‹ Sag' ich: ›Ich hab' noch nie im Leben so viel Angst gehabt, als wenn's 'n Angriff war, dass es mich erwischt!‹«[249]

Auch diese Szene hat eine Vorlage: In »Im Westen nichts Neues« steht Paul auf Heimaturlaub vor der Schulklasse seines früheren Leh-rers Kantorek, der ein glühender Patriot ist und der zunächst einmal einen Vortrag über den heldenhaften Kampf seines ehemaligen Schülers gegen die Franzosen hält, bevor er diesen dann selbst bittet, zu den Schülern zu sprechen. Dessen Vortrag fällt nun aber ganz an-ders aus, als Kantorek sich das vorgestellt hatte, denn Paul desavou-iert das heimatliche Bild vom heldenhaften Kampf, indem er den schmutzigen Alltag im Schützengraben und im Unterstand schildert, das Sterben der Kameraden beschreibt und betont, dass das Einzige, was das Überleben sichere, eben Glück sei, und nicht etwa Helden-tum. Dieses Modell und seine Rhetorik beinhalten gleich mehrere Strukturelemente: zunächst nämlich, dass das Bild, dass man sich in der Heimat vom Krieg und vom Soldaten macht (»Mensch, Maxe, [...] du bist ja 'n Held!«) mit der Wirklichkeit des Krieges nichts zu tun hat, dass der Soldat also mehr und anderes weiß als die Daheim-gebliebenen, was ihm schließlich auch das Recht gibt, abgeklärt und zynisch zu sein (»Helden gibt's nicht, die sind alle tot!«). Der kleine Soldat führt seinen Krieg jenseits von Heldentum und Verklärung und weiß, wovon er spricht. Diese Rhetorik hat im Fall von Herrn Wieck natürlich nicht nur die Funktion, seinen vorgestellten Gesprächspart-ner in der Kneipe zugleich zu desillusionieren und zu beeindrucken, sondern auch seinen jungen Gesprächspartner in der Situation des In-terviews von der Dialektik des Krieges zu überzeugen, die nur der Landser kennt: nämlich Sinnlosigkeit und Bewährung in eins zu sein.
An anderer Stelle des Interviews berichtet Herr Wieck übrigens ganz auf dieser Linie, dass er kurz darauf seine Orden gegen eine Stange Chesterfield getauscht habe, eine Tat, die sogar in einem Buch eines Kampfgefährten nachzulesen sei, und die einmal mehr seine so abge-

klärte wie aufrichtige Bewertung von solcherlei Auszeichnungen verdeutlicht. Diese Darstellung ist etwas fragwürdig dadurch, dass der Enkel von Herrn Wieck berichtet, sein Opa habe bis heute alle seine Orden zu Hause in einer Vitrine aufbewahrt, aber das unterstreicht bloß die rhetorische Funktion der Episode: Sie stellt nämlich gerade als entliehenes und bewährtes Modell den Eindruck sicher, dass der Erzähler ein kampferprobter, abgeklärter, letztlich humaner und wertorientierter Soldat gewesen ist, der die Normen des Soldaten, nicht aber die der Befehlshaber oder die der Heimat teilt.

Man kann also zumindest vermuten, dass viele Elemente der biographischen Erzählungen von Herrn Wieck ihre Quelle noch ganz woanders haben als in seiner Lebensgeschichte, und Herr Wieck ist damit beileibe kein Einzelfall, sondern nur ein besonders virtuoser (oder belesener) Konstrukteur seiner soldatischen Vergangenheit. Otto Boesch beispielsweise scheint den Plot der folgenden Erzählpassage Bernhard Wickis Film »Die Brücke« von 1959 zu entnehmen:

Otto Boesch: »Jedenfalls an der Schule hier bei uns, da war auch 'n Schüler, vom Semmeling, also vom Schmied, der Sohn und ick, wir wurden immer verwechselt. Entweder haben sie zu mir Semmeling gesagt und zu dem Boesch, nach dem Motto. Ja, wir sahen uns unheimlich ähnlich. Also ick weiß bloß eins, nachher, dass er dass äh mit 'ner Panzerfaust in die Luft geflogen (ist). Indem er der Treib/also der Kopf oben, dieser Sprengkopf, der war zwar weg, aber die Treibladung war noch und die hat er sich ooch irgendwie vorn Bauch gehalten und hat scharf gemacht dat Ding und da geht ja hinten 'n Strahl raus von zwanzig Metern, den haben sie in Stücke wieder gesucht. Wie se dat, also, ich war so erschüttert, also als Bengel, weil wir waren . wegen der Ähnlichkeit auch und so.«[250]

Dieser Textpassage liegen dieselben Konstruktionsmerkmale zugrunde wie den Geschichten von Herrn Wieck: Hier liefert die Erzählung von der frappierenden Ähnlichkeit des Schülers Semmeling mit dem jungen Herrn Boesch den biographischen Anknüpfungspunkt für eine zweite Geschichte, die dann aber einer medialen Vorlage entnommen scheint. In Herrn Boeschs Geschichte bleibt sogar – anders als bei Herrn Wieck – offen, ob er selbst an der Episode als Augenzeuge teilgehabt hat oder ob ihm das Geschehen nur berichtet worden ist: Das Satzfragment »Wie se dat« in der vorletzten Zeile deutet allerdings darauf hin, dass es sich hier um eine Erzählung von

Dritten handelt, was es nahe liegend macht, dass Herr Boesch seine Vorstellung vom Tod seines Doppelgängers mit der entsprechenden Szene aus »Die Brücke« bebildert. In dieser wird ein Zivilist, der hinter dem 16-jährigen Soldaten steht, als dieser die Panzerfaust auf einen amerikanischen Panzer abfeuert, von der Treibladung verbrannt – eine Szene von äußerster Brutalität und Eindringlichkeit. Dass Herr Boesch diese Szene über das blendet, was ihm erzählt worden ist, wird übrigens auch dadurch wahrscheinlich, dass es aufgrund der Länge der Panzerfaust kaum möglich ist, sich diese »vor'n Bauch« zu halten.

Auch im Familiengespräch erzählt Herr Boesch eine Episode, wie sie im Film »Die Brücke« vorkommt:

Otto Boesch: »Und dann weess ick bloß eens, so'n Ukrainer, also 'n Russe, ja, den hatten se mit Explosivgeschoss in den Rücken geschossen, nu is' die ganze Plautze rausjefallen, weesste, so lag er da. [...] Wie wir das gesehen haben, also, ick hab' noch nie 'n Menschen gesehen, dass die ganze ganze Plautze hängt raus. Ja, also der ist mit 'nem Explosivgeschoss in den Rücken, alles hing raus. Also glaubst du, warst du als Kind, ich will dir mal sagen, da bist du noch härter manchmal noch härter wie'n Erwachsener. Du hast dir das anjeguckt, ick meine, das war zum Kotzen, ja, aber ick weess nicht, irgendwie, dat ist mir noch nicht mal so nahe jegangen wie im Nachhinein nachher.«[251]

Im Film handelt es sich nicht um einen »Ukrainer« und auch nicht um ein Explosivgeschoss, sondern um einen amerikanischen Soldaten, der durch ein Maschinengewehr verletzt wird. Wohl aber entspricht die schockierende Darstellung der Bauchverletzung, wie sie Herr Boesch zeichnet, der Filmszene, die zudem quälend lange den am Boden liegenden und schreienden GI zeigt, der sich seine herausquellenden Organe hält. Auch die Bemerkung, Herrn Boesch sei die geschilderte Szene zeitgenössisch »nicht mal so nahe jegangen wie im Nachhinein nachher« liefert einen Hinweis auf eine nachträgliche Überblendung eines Erlebnisses oder einer Erzählung mit dem visuellen Material des Films »Die Brücke«.

Referenzen auf »Die Brücke« kommen übrigens insgesamt neunmal in den Interviews vor, in einem Fall auch als explizite Referenz für eine biographische Erzählung:

Hellmut Semper: »Denn wir haben ja praktisch das Gleiche erlebt wie in dem Film ›Die Brücke‹. Dass auf der anderen Seite der Bahnschienen nachts der Amerikaner mit Megaphonen rüberrief: ›Wir wissen, wer da drüben liegt, ihr seid Napola-Schüler, die und die Kompanie.‹ Wir war'n ja nur Napola-Schüler, wir sollten ja die ganze Front da noch aufhalten, und es wurde gesagt, wir sollten nachts also überlaufen, und wir hätten also noch zwei Tage Zeit und wenn nicht, dann könnten sie also auf uns – und sie wüssten, dass wir erst 17 war'n – Kanonen-(Feuer) nehmen. Was sollten wir machen? Wir haben geschossen. [...] Diese Angst, die entwickelte sich erst, als man praktisch so'm Panzer 'n Meter gegenüberstand. Aber auch da war bei den meisten war das doch wie Pfadfinderspielen: ›Wir wollen mal sehen, dass wir das Ding treffen.‹«[252]

Hier scheint das gesamte Szenario durch den Film geformt: Die Ausgangsszene mit dem amerikanischen Soldaten, der die Schüler zum Aufhören auffordert (im Film: »Kindergarten! Stop shooting!«) bis zur dargestellten Nähe zu den Panzern – eine der eindringlichsten Szenen aus »Die Brücke« – bis hin zum Abschießen des ersten Panzers, das im Film erst die eigentliche Katastrophe auslöst. »Die Brücke« bietet sich als Skript für die Erzählung der eigenen Geschichte wohl vor allem deswegen an, weil die jungen Soldaten völlig »sinnlos« sterben, denn die Brücke, die sie glauben, verteidigen zu müssen, soll ohnehin gesprengt werden. Darüber hinaus befindet sich die Majorität der anderen Soldaten, inklusive eines Ritterkreuzträgers, bereits auf wilder Flucht vor den Amerikanern; der Heroismus der Schüler entspringt mithin einem Glauben an Führer, Volk und Vaterland, den die anderen längst verloren haben – wozu auch gehört, dass der Sohn des Ortsgruppenleiters auf der Brücke kämpft, während sein Vater sich bereits unter Mitnahme aller Wertgegenstände und seiner Geliebten abgesetzt hat. Schließlich ist es der Topos der »verlorenen Jugend«, der den Film »Die Brücke« und seine Protagonisten zum Identifikationsangebot par excellence macht: Eingeführt werden die späteren Opfer als fröhliche, zum Teil kindlich-naive, übermütige junge Männer, die erste Liebesversuche unternehmen und mit ihren Pubertätsproblemen zu kämpfen haben, die dann aber gleichsam im Zeitraffer innerhalb von zwei Tagen zunächst zu Soldaten werden und schließlich, mit einer einzigen Ausnahme, allesamt sterben – letztlich, und das ist die ultima ratio des Films, die ihn vielleicht für die Flakhelfergeneration so attraktiv gemacht hat, aufgrund eines Missverständnisses.

Hier taucht die Frage auf, inwieweit dies alles nachträgliche Konstruktionen sind, die in Erzählsituationen sukzessive entwickelt, ausgebaut, erprobt und perfektioniert worden sind, und inwieweit den literarischen und filmischen Vorlagen ihrerseits bereits typisierte Erzählmuster und Tropen zugrunde liegen, die älteren Medien wie der mündlich weitergegebenen Geschichte, dem Märchen usw. entstammen. Denn zweifellos beziehen ja auch die filmischen Vorlagen ihre Erzählstruktur und ihre Ausstattungsmerkmale aus Narrationen, die ihnen vorgängig sind: die Bewährungsgeschichte des einfachen Soldaten im Krieg, die narrative Struktur des abenteuerlichen Berichts, die Dramaturgie der Tragödie sind ihrerseits Vorlagen, die von den filmischen Medien adaptiert werden, und das gesamte Verhältnis von Erzählvorlagen, Erlebnissen, Weitergaben von Erlebnisberichten und Bebilderungen mit vorhandenem visuellen Material ist unentwirrbar komplex.[253]

Wodurch auch immer die späteren Berichte vom Krieg gespeist werden, fest zu halten bleibt, dass schon die Wahrnehmung des Geschehens, von dem dann später berichtet wird, durch mediale Vorlagen strukturiert wird; die biographische Erzählung von Zeitzeugen ist mithin sowohl in der Erlebnis- wie in der Berichtssituation nach verfügbaren Modellen geformt, die die biographische Erfahrung dann lediglich mit einem so oder so nuancierten Inhalt variiert, um sie für den Erzähler selbst wie für den Zuhörer zu einer »wahren«, d. h. selbst erlebten und authentisch berichteten Geschichte zu machen. In diesem Sinne erfinden wohl mehr Geschichten ihre Erzähler als Erzähler ihre Geschichten. »Abenteuer erlebt nur der, der sie zu erzählen weiß«, hat Henry James bemerkt. Oder, etwas aktueller und besser auf unsere Forschungszusammenhänge bezogen: »Das Ereignis ist nicht das, was passiert. Das Ereignis ist das, was erzählt werden kann.«[254]

Wie es wirklich gewesen ist

Vor diesem Hintergrund vermag es kaum zu verwundern, dass besonders Spielfilmen oder Fernsehserien in unseren Interviews die Rolle zukommt, als Belege für historische Wirklichkeit zu fungieren. Wir haben im vorangegangenen Abschnitt zu zeigen versucht, wie sehr die Erzählungen der Zeitzeugen selbst durch die Implementierung medialer Vorlagen und Skripts geprägt sind. Sind nun nicht die Zeitzeugen, sondern deren Nachkommen die Erzähler, wird die Rolle der medialen Modelle noch einmal wichtiger – und zwar in der Weise, dass nun die Erzählungen der Eltern oder Großeltern mit Hilfe von Filmen, Fernsehdokumentationen, Romanen oder Sachbüchern bebildert werden. Dieser Vorgang war schon am Beispiel Otto Boeschs zu sehen, der zwei vermutlich gehörte Geschichten mit Szenen aus »Die Brücke« bebilderte, um ihr die Plastizität erlebter Wirklichkeit zu verleihen – und zwar im selben Maße für den Zuhörer wie für sich selbst.

Nehmen wir zunächst zur Illustration das Beispiel eines Angehörigen der Kindergeneration (Jahrgang 1949), dessen Vater Marinesoldat bei der U-Boot-Flotte war. Hintergrund seiner Erzählung ist der Film »Das Boot« von Wolfgang Petersen (1981), der sowohl in einer Kinofassung als auch in einer vierteiligen Fernsehfassung mehrfach im deutschen Fernsehen zu sehen war:

Norbert Schmitt: »Und da hat er (der Vater) gesagt: ›Also das war noch alles harmlos dargestellt, die Ängste an Bord waren noch viel schlimmer, die haben sich dann teilweise in die Hosen gemacht bei Angriffen, ne. Auch bei Alarm. Das war ja so eng alles und das hatte man eigentlich auch so'n bisschen gezeigt in dem ›Boot‹, wenn se aufgetaucht sind und da war ein Boot in der Nähe und die mussten schnell wieder runter, und dann geht's drunter und drüber, ne. Konserven fall'n da durcheinander, irgendwelche Bretter oder so, alles rennt, man stößt sich gegenseitig an. Und da hat er gesagt: ›Wirklich, das wird ganz gut dargestellt, aber teilweise war's noch schlimmer. Diese Angst, die jeder da hatte, das kann man gar nicht so wiedergeben, ne.‹ Und der Gestank oft auch im Zimmer. Äh, nich im Zimmer, im Boot, ach, die schlechte Luft und wie die dann so hausten. Und bei dieser Gelegenheit fällt mir also noch ein Erlebnis ein: Als sie unter Wasser war'n, nur noch für, weiß ich nich', 18 Stunden sag' ich jetzt mal, Sauerstoff hatten, und nich' wieder hochkamen. Die Maschinen setzten aus und die kamen nich' hoch. Das war also in dem Boot auch einmal, ne. Und so ein junger Techniker oder Ingenieur, der hat's dann halt gepackt noch, als es nur noch 'n paar Stunden Sauerstoff war'n, die Maschinen wieder in Gang zu kriegen, ne. Und diese Stunden auch, diese Angst immer, wenn das Boot da lag und dann passierte da nichts, da haben die also auch hier Lebensangst gehabt, ne. Alle Mann. Das sagt er auch, das kann man nich' beschreiben, was da für eine Anspannung war. Manche bibberten und beteten schon, und alles nur so junge Kerle, ne, von 18 bis 22.«[255]

Deutlich ist hier zu sehen, dass sich die Erzählungen des Vaters und die Bilder des Films in einem wechselseitigen Verweisungszusammenhang befinden: Herr Schmitt erzählt die von seinem Vater berichteten Erlebnisse so plastisch – etwa, wenn er von der Angst der Männer spricht –, als hätte er sie selbst erlebt. Eine solche Erzählweise ist in den Interviews gewöhnlich nur dann anzutreffen, wenn eigene Erlebnisse berichtet werden oder Quellen zur Bebilderung des von anderen Berichteten existieren. Normalerweise werden überlieferte Geschichten eher fragmentarisch und unter Hinzufügung eigener Lesarten und Variationen erzählt, so dass sie eine sinnhafte Perspektive aus der Sicht des Weitererzählers gewinnen[256]; wenn aber fixierte und komplett bebilderte Modelle zur Illustration der entsprechenden Erlebnisgeschichten vorliegen, werden sie deckungsgleich mit den Vorstellungen, die der Zuhörer von den Geschehnissen hat: Die ängstlichen Gesichter und die schwitzenden Körper im manövrierunfähigen U-Boot sind dann eben die der Schauspieler Jürgen Prochnow oder Herbert Grönemeyer; das erzählte Erlebnis bleibt nicht vorstellungsoffen und assoziativ, sondern erscheint detailliert und alternativlos bebildert. Die Macht des filmischen Mediums zeigt sich hier wiederum darin, dass eine Lesart der Vergangenheit fixiert wird – wobei Hans-Joachim Schröder darauf hingewiesen hat, dass gerade »Das Boot« und seine literarische Vorlage von Lothar Günter Buchheim »Tendenzen der reißerischen Übertreibung, der Aufblähung des Geschehens ins Monströs-Abenteuerliche, der Stilisierung von Figuren zu Berserkern und Helden«[257] aufweisen.
Der ehemalige Marinesoldat Schmitt freilich charakterisiert die filmische Darstellung seinem Sohn zufolge als »harmlos«; die Wirklichkeit sei noch viel schlimmer gewesen. Sein Sohn fügt diese In-

formation und die illustrierenden Beschreibungen (»die haben sich
[…] in die Hosen gemacht«; »und der Gestank«) an die Bilder und situativen Elemente, die er aus dem Film kennt: Der Film gewinnt hier
eine doppelte Funktion als Illustration *und* als Beleg für eine vergangene Wirklichkeit. Dieser zirkuläre Charakter der Schlussfolgerungen aus Filmen beschränkt sich nun keineswegs auf Aussagen, die
man in Interviews findet, sondern scheint viel allgemeiner darauf zu
verweisen, dass mediale Produkte und eben insbesondere Spielfilme
die Interpretation historischer Ereignisse zugleich vorgeben und belegen. Ein gutes Beispiel für diese dem Film eigene Dialektik liefert
eine Besprechung des auf den originalen Filmaufnahmen des Eich-
mann-Prozesses basierenden Films »Der Spezialist« von Eyal Sivan
(1999). Der Rezensent charakterisiert den Generalstaatsanwalt Haus-
ner sowie das Gericht, das ja keineswegs aus Schauspielern besteht,
die nach einem Drehbuch agieren, in der folgenden Weise: »Man
kennt den Typus des übereifrigen Anklägers aus dem Kino und auch
die drei weisen Richter: den gestrengen Vorsitzenden, den scharfsin-
nigen und den melancholischen Beisitzer.«[258]

In dieser dialektischen Funktion, im selben Zug Interpretament und
Beleg zu sein, tauchen Spielfilme in vielen Interviews auf: Oft wird
ihre Betrachtung als Schlüsselerlebnis erfahren, das einem hilft, die
Geschichte zum ersten Mal richtig zu begreifen. So berichtet etwa
Frau Pfeffer (Jahrgang 1957) zur Holocaust-Serie von 1979: »Habe
das also das erste Mal begriffen, was der Krieg bedeutet hat und was
eigentlich richtig passiert ist.«[259] Die Enkelin der Familie Kern bemerkt über dieselbe Fernsehserie:

Stephanie Roth: »’79 ist der, glaub’ ich, das erste Mal in Deutschland gelaufen, da hab’ ich ihn auch gesehen, das erste Mal, da war ich 13. Und ich fand
das auch ziemlich schrecklich. Klar, man hat schon mal ’n bisschen was von
gehört, aber was genau die Judenvernichtung war, wusst’ ich bis dahin nicht.
Also ich hab’ nich’ gewusst, dass unter den fadenscheinigsten Begründungen,
was weiß ich: ›Der Mensch ist geistig gestört, der muss ins Sanatorium‹ […],
das war mir überhaupt nicht bewusst. Dass se den Angehörigen dann auch
noch nette Briefchen geschrieben haben, so nach dem Motto: ›Wir konnten
leider nichts mehr für Ihre Tochter tun.‹ Wie das dann abging und wie brutal
die behandelt und gehalten wurden, schlimmer als Vieh, das war mir überhaupt nicht bewusst, und ich fand das total erschreckend.«[260]

Wenn Spielfilme im Rahmen des Schulunterrichts eingesetzt werden, verstärkt sich ihre autoritative Funktion als Beleg für historische Wirklichkeit einmal mehr. So erzählt die Enkelin der Familie Nolte (Jahrgang 1976):

Anja Gross: »Ja, in der Schule haben wir ›Schindlers Liste‹ gesehen. [...] Da wird das da nun echt [...], da sieht alles so wirklich aus, wenn man sich das vorstellt, das war jetzt so'n Film und der basiert eigentlich auf wahren Begebenheiten, dass das wirklich so war.«[261]

»Schindlers Liste«, der in unseren Interviews am häufigsten erwähnte Spielfilm, erweist sich aufgrund seines Realismus als besonders geeignet, Geschichtsbilder zu fundieren bzw. zu bestätigen. In der Sicht des Enkels der Familie Stein (Jahrgang 1974) zeigt dieser Film:

Torsten Stein: »dass es eben auch Leute gab, die das nicht toll fanden, die eben [...] der NSDAP beigetreten sind und da nur so mitschwammen und sich da nicht eingesetzt haben großartig dafür, sondern eben nur aus finanziellen oder wirtschaftlichen (Gründen) den eigenen Vorteil gesehen haben. Und da dann deswegen nur in die Parteien, in die NSDAP zum Beispiel, eingetreten sind. Das Bild hat sich so'n bisschen verändert, dass es da eben viel feiner abgestuft ist und nich' so schwarzweiß.«[262]

Das folgende Beispiel zeigt allerdings, dass dieselbe Quelle und auch dieselbe Unterstellung von historischer Realitätsangemessenheit ganz unterschiedliche Lesarten zulässt:

Bernd Siems: »Im Grunde genommen (ist) auch für mich klar geworden, dass diese Raffgier des Menschen da hervorgekommen ist, denn der Schindler hat das ja, so wurde es jedenfalls für mich im Film dargestellt, auch nur gemacht, damit er sein Portemonnaie füllen konnte und dass er sein Geschäft dadurch gemacht hat.«[263]

Einen anderen Enkel hingegen hat der Film so »beeindruckt und mitgerissen«, dass er und seine Freundin »in Jerusalem sogar [...] über die Mauer geklettert sind und da 'nen Stein auf sein Grab gelegt haben«[264]. Hier handelt es sich um eine direkte Fortsetzung des filmischen Epilogs von »Schindlers Liste«, in dem die Überlebenden zusammen mit den Schauspielern, die ihre historischen Rollen im Film darstellen, jeweils einen Stein auf das Grab Oskar Schindlers legen. Und wie Spielbergs Film mit diesem Epilog eine Schnittstelle zwischen Filmerzählung und Wirklichkeit etabliert, so verlängert der Enkel der Familie Silbermann zusammen mit seiner Freundin diese Schnittstelle zu seinem eigenen Leben, indem er einer Handlungsvorlage folgt, die der Film geliefert hat. An dieser Schnittstelle fallen narrative Wirklichkeit des Films und die Handlungswirklichkeit des Betrachters in eins.

Wenn auch hinsichtlich der Spielfilme die Aussagen aus der Kinder- und Enkelgeneration viel häufiger sind als in der Zeitzeugengeneration (110 zu 13 expliziten Bezügen), finden sich auch bei letzterer zahlreiche Verweise auf Dokumentar- und Spielfilme als historisches Quellenmaterial, oft in legitimatorischer Absicht:

Rainer Hofer: »Und man darf eben auch nicht vergessen, dass diese Judenverfolgung ein zum Teil sogar allgemein europäisches Problem war. Denn ich hab' also diesen Film über die ›Comedian Harmonists‹ gesehen, wo der Chikowski sagt: ›Denn is' mein Vater umgebracht worden, nein, der is nicht von den Deutschen umgebracht worden, den haben die Polacken umgebracht!‹ Es hat also Polen und Letten und Esten und Litauer gegeben, die haben die Juden genauso umgebracht wie die Deutschen.«[265]

Der Befund, dass gerade Spielfilme und Romane, also ausdrücklich fiktionale Erzeugnisse, als Quellen für historische Wirklichkeit betrachtet werden, ist vielleicht nicht sehr überraschend. Interessant ist dabei aber, dass gerade die fiktionalen Quellen als solche erfahren und gedeutet werden, die die Wirklichkeit eins zu eins und scheinbar absichtslos wiedergeben. Besonders der dem Spielfilm eigene Evidenzcharakter, dass er ohne didaktische Absicht Geschichten und Geschehensabläufe erzählt, scheint ihn gegenüber den absichtsvollen Vermittlungsformen in Gedenkstätten, Dokumentarfilmen usw. attraktiver und wirklichkeitshaltiger zu machen: Während die pädagogischen Geschichtsdarstellungen in den Interviews regelmäßig daraufhin abgeklopft werden, wer die jeweilige Quelle erstellt und welche Absicht er damit verfolgt hat, ob der Bericht tendenziös, langweilig oder eine Zumutung war, bleiben die Film- und Romanerzählungen weitgehend unbewertet und gerade darum als Dokumente dafür im Bewusstsein, wie es wirklich gewesen ist.

6. »Der Russe nahm ja keine Rücksicht«
Deutungsmuster und Topoi
als kollektive Bezugsrahmen der Erinnerung

Wenn man sich heute über Zwangsarbeit im »Dritten Reich« oder
über die »Reichskristallnacht« informieren will, wenn man Genaue-
res über Sonnwendfeiern oder nationalsozialistische Totenkulte wissen möchte, kann man zur »Enzyklopädie des Nationalsozialismus«[266] greifen oder zu einem der anderen Lexika, die Auskunft über
diese Zeit geben; man kann wissenschaftliche Abhandlungen studieren und Geschichtsbücher lesen. Hier wie dort wird man »Daten und
Fakten« aufgeführt und Zusammenhänge erklärt finden.

Enzyklopädien oder Lexika, wissenschaftliche Abhandlungen und
Geschichtsbücher waren jedoch nicht primär das, was Maurice Halbwachs vor Augen hatte, als er von den »kollektiven Bezugsrahmen
des Gedächtnisses«[267] sprach. Mit kollektiven oder »sozialen Rahmen« meinte er vielmehr jene Vorstellungs- und Denkweisen, Haltungen und Überzeugungen, über die sich eine Gruppe als Gruppe
definiert, und die ihre Identität über die Zeit hinweg sichern. Im
Folgenden werden wir uns mit solchen kollektiven Bezugsrahmen
des Gedächtnisses befassen. Es wird uns um jene sozialen Rahmen
gehen, die es ermöglichen, Erinnerungen an vergangene Ereignisse in
der Gegenwart des Gesprächs zu rekonstruieren.

Wenn man von kollektiven Rahmen der Erinnerung spricht, liegt die
Frage nahe, wie sich das Verhältnis zwischen individuellen Erinnerungen und ihren Bezugsrahmen gestaltet. Besteht zwischen ihnen
ein ähnliches Verhältnis wie etwa zwischen Bilderrahmen und den
Bildern, die sie begrenzen? Halbwachs verneint diese Frage ausdrücklich.[268] Auch wenn die Assoziation zu Bilderrahmen nahe liegt,
so führt sie doch auf eine falsche Spur. Denn Leinwand und Bilderrahmen sind aus unterschiedlichen Materialien gemacht, Erinnerungen und ihre sozialen Rahmen nicht. Vielmehr zeichnen sich die
kollektiven Bezugsrahmen des Gedächtnisses gerade dadurch aus,

dass sie, wie er schreibt, »gleichfalls aus Erinnerungen gebildet sind«[269].

Was Halbwachs damit meint, lässt sich an seinen Überlegungen zum Familiengedächtnis verdeutlichen[270]: Manchmal sind es, um seine eigenen Beispiele anzuführen, einfache Sätze wie »in unserer Familie wird man alt« oder »... ist man stolz« oder »... bereichert man sich nicht«[271], die unausgesprochen mitschwingen, wenn sich einzelne Familienmitglieder an Ereignisse erinnern, die in der gemeinsamen Geschichte eine Rolle spielen. Es können jedoch auch »der Herkunftsort oder das Herkunftsland oder eine charakteristische Gesichtsbildung eines ihrer Mitglieder« sein, die den symbolischen Raum für Familienerinnerungen abstecken. »Auf jeden Fall«, so Halbwachs, »stellt das Familiengedächtnis aus verschiedenen aus der Vergangenheit behaltenen Elementen solcher Art einen Rahmen her, den es intakt zu halten sucht«, einen Rahmen, wie er weiter schreibt, der »über dem Lauf der Zeit« zu stehen scheint.[272]

Daraus erklärt sich nicht zuletzt auch die Schwierigkeit – aus Halbwachs' Sicht sogar die Unmöglichkeit –, eine genaue Trennlinie zu ziehen zwischen den Erinnerungen an einzelne Episoden (etwa der Familiengeschichte) und den kollektiven Bezugsrahmen des Gedächtnisses. Wären letztere nicht auch aus Erinnerungen gemacht, wäre das vielleicht möglich. So aber lassen sich Erinnerungsbilder nicht wie andere Bilder ohne weiteres aus ihren Rahmen nehmen. Jede Erinnerung ist immer schon beides: Erinnerung an eine Episode, die für das eigene Leben oder das Leben der Gruppe Bedeutung erlangt hat, *und* Vergegenwärtigung jener Sätze, Orte oder Gestalten, über die sich eine Gruppe definiert. Was explizit erinnert wird, transportiert implizit immer auch Letzteres mit.

Implizite Erinnerungen – jene Erinnerungen, die uns als solche nicht bewusst sind[273] – sind im familiären Diskurs über das »Dritte Reich« auf vielfältige Weise präsent. Im Vorangegangenen haben wir uns mit Spielfilmen und mit der Art und Weise beschäftigt, in der diese Eingang ins kommunikative Gedächtnis finden. Auch dabei ging es um implizite Erinnerungen, liefern doch mediale Produkte nicht selten die Vorlage für die Geschichten, die im kommunikativen Gedächtnis aufbewahrt sind, obwohl jeder explizite Verweis darauf fehlt.

Die impliziten Erinnerungen, die Gegenstand dieses Kapitels sind, sind anderer Art. In ihrer Form gleichen sie vielfach den einfachen Sätzen, über die sich eine Familie als Familie definiert, und die aus Halbwachs' Sicht den kollektiven Bezugsrahmen individueller Erinnerungen mitkonstituieren. Es sind Sätze, die nicht als Erinnerungen, sondern als Überzeugungen formuliert werden: Sätze wie »man musste da ja mitmachen« oder »jeder hatte Arbeit« oder »es war eine schlimme Zeit«. Es sind Sätze, die in den Interviews, die wir geführt haben, immer wieder auftauchen. Zwar können sie im Einzelnen unterschiedlich formuliert sein – etwa wenn davon die Rede ist, dass »es eine schreckliche Zeit« oder »eine schwierige Zeit« war. Aber das erstaunt nicht, wenn man sich vor Augen hält, dass wir es mit einem *mündlichen* Überlieferungszusammenhang zu tun haben.

Auch Hans-Joachim Schröder ist bei der Analyse der Erinnerungen ehemaliger Mannschaftssoldaten auf das Phänomen der »wiederkehrenden Einzelsätze« gestoßen.[274] Wohl wissend, dass es, wie er schreibt, »eine Bezeichnung, die Missdeutungen gegenüber immun ist, nicht gibt«[275], hat er vorgeschlagen, diese in den Erzählungen immer wiederkehrenden »einfachen Aussagesätze« oder »einfachen Aussagen« als »Topoi« zu bezeichnen.[276] Im Unterschied zu Schröder, der Topoi als Bezugspunkte eines Generationen-Gedächtnisses beschrieben hat, werden wir uns mit solchen Topoi beschäftigen, die über Alltagsgespräche intergenerationell tradiert werden, die also sowohl in den Erinnerungen der Zeitzeugen wie auch in den Erzählungen der nachfolgenden Generationen immer wieder auftauchen: Es wird um den Topos der »bösen Russen« gehen, denen nicht selten die »guten Amerikaner« gegenüberstehen, um den Topos der »reichen Juden«, und auch um die Rolle, die gegenwärtig »die Nazis« in den Erinnerungen an das »Dritte Reich« spielen. Es wird um Topoi gehen, die wir als »leeres Sprechen« bezeichnen: Redensarten wie »se haben die Juden dann weggeholt« oder »das ging da ja dann los«. Weder wer mit »se« gemeint ist, noch was »dann los ging«, wird hier gesagt. Es wird den Gesprächspartnern überlassen, diese Leerstellen aufzufüllen, sich, in anderen Worten, ein konkretes Bild der Akteure oder Vorgänge zu machen.

Doch im Folgenden wird es nicht nur um zentrale, den gegenwärtigen familiären Diskurs über das »Dritte Reich« bestimmende Topoi gehen. Nicht selten erreichen die in den Interviews immer wiederkehrenden Aussagen einen Grad von Komplexität, der es notwendig macht, das Phänomen anders als mit dem Begriff »Topos« zu bezeichnen. Es sind Aussagen, die nicht in einzelnen Sätzen, sondern in Form von Argumentationen vorliegen, so etwa, wenn die eigene Begeisterung oder die der Eltern oder Großeltern für die NS-Jugendorganisationen mit den »natürlichen« Eigenschaften junger Menschen wie Naivität, mangelnder Erfahrung und jugendlichem Enthusiasmus erklärt werden, wenn festgestellt wird, dass es »nach '33 erst mal bergauf ging«, und dies als Grund dafür angeführt wird, dass die politische Führung der Nationalsozialisten akzeptiert wurde, oder wenn auf die Manipulierbarkeit »des Menschen« hingewiesen wird, um zu erklären, weshalb es so wenig Widerstand gegen »die Nazis« gab. Wenn es um Argumentationen dieser Art geht, werden wir von »Deutungsmustern« sprechen.[277]

Das Phänomen der in den Interviews in den unterschiedlichsten Zusammenhängen immer wieder verwendeten Topoi und Deutungsmuster wäre jedoch nur unzureichend beschrieben, wenn wir uns allein auf jene Gesprächspassagen konzentrieren würden, in denen tatsächlich von den »bösen Russen« oder den »guten Amerikanern« gesprochen wird, oder wenn Berichte über die begeisterte Teilnahme an Aufmärschen der Hitlerjugend *explizit* mit dem Verweis auf die eigene Jugend eingeleitet werden. Denn vielfach klingen solche Sätze auch unausgesprochen mit, beispielsweise wenn Kinder oder Enkel die Erfahrungen ihrer von der Hitlerjugend begeisterten Eltern oder Großeltern schildern, oder wenn die nachfolgenden Generationen die Zeitzeugen danach fragen, ob sie von Vergewaltigungen und Plünderungen durch »die Russen« etwas mitbekommen haben, dieselbe Frage aber in Hinblick etwa auf die amerikanischen Besatzungstruppen *nicht* stellen. In solchen Fällen bilden die Deutungsmuster und Topoi, die wir im Folgenden diskutieren, die *stillschweigenden* Voraussetzungen des intergenerationellen Gesprächs über das »Dritte Reich«.

Was im familiären Diskurs über die Zeit des Nationalsozialismus als selbstverständlich gilt, weicht in vielem von dem Bild ab, das in Lexika und Geschichtsbüchern über das »Dritte Reich« gezeichnet wird, oder das über die öffentlichen Debatten der Vergangenheit im kulturellen Gedächtnis verankert zu sein schien. Das zeigt sich auch im Ost-West-Vergleich: Obwohl sich das offizielle Geschichtsbild in der ehemaligen DDR deutlich von dem in der Bundesrepublik unterschied[278], gebrauchen die von uns interviewten ostdeutschen Familien in ihren Erzählungen über das »Dritte Reich« kaum andere Deutungsmuster und Topoi als die westdeutschen Familien. Welche Lexika und Geschichtsbücher also auch immer in den Regalen der heimischen Wohnzimmer gestanden haben mögen oder immer noch stehen – in den »Familienalben« finden sich, auch wenn es um Deutungsmuster und Topoi geht, viele gleich lautende Einträge.

Stillschweigende Voraussetzungen des Gesprächs

Jeder Text, schreibt Umberto Eco, ist »eine faule Maschine, die vom Leser einen Teil ihrer Arbeit zu tun verlangt«, und er fügt hinzu, dass es wohl so sein muss, denn »wenn ein Text alles explizit sagen wollte, was sein Empfänger begreifen soll: Er würde kein Ende finden.«[279] Zwar hat Eco vor allem literarische Texte und die Art und Weise im Blick, in der sie die Mitarbeit des Lesers einfordern. Seine Überlegungen treffen aber auch auf nicht fiktionale Texte und auf Geschichten zu, die im Rahmen von Gesprächen erzählt werden. Auch diese Erzählungen erfordern die interpretative Mitarbeit des Zuhörers, seine Kooperation, die nicht zuletzt darin besteht, die Leerstellen der Erzählung – das, was nicht explizit gesagt wird – aufzufüllen.

Man kann diesen Vorgang an einer Erzählung der 1966 geborenen Stefanie Roth verdeutlichen. Sie berichtet im Einzelinterview darüber, was ihr ihr Großvater über seinen Weg in die Kriegsgefangenschaft berichtet hat:

Stefanie Roth: »Was er damals noch erzählt hat [. . .], das is mir irgendwie so ziemlich im Gedächtnis hängen geblieben, weil ich gedacht habe, das muss echt/ das war 'n Pokerspiel (Mhmh). Es wurde nämlich hinterher/ die Russen und die Amerikaner, die ham sich praktisch die Gefangenen aufgeteilt, und das hieß dann einmal, der eine nach links zu den Russen und der andere nach rechts zu den Amerikanern. Und er hatte halt Glück, dass er zu den Amerikanern kam und somit nach Hause. Alle andern, die den Russen zugeteilt wurden, die kamen nämlich nach Sibirien ins Arbeitslager (Mhmh). Und so wie er das erzählt hat, klang das eigentlich noch relativ sachlich, und ich hab mir gedacht, mein Gott, es hätte auch/ das war echt so'n Glücksspiel, ne, er hätt's auch eben nicht das glückliche Los treffen können (Mhmh), sondern eben ab nach Sibirien kommen können.«[280]

Historisch ist es sehr unwahrscheinlich, dass sich die Geschichte so zugetragen hat. Die Art und Weise, wie die Gefangenen »aufgeteilt« werden, erinnert denn auch weniger an Berichte über den Umgang der Alliierten mit Kriegsgefangenen als an Szenen aus dem Kontext der Judenverfolgung: »Der eine nach links«, »der andere nach rechts«.[281] Die Zuteilung geschieht willkürlich, und so können die Betroffenen nur auf ihr Glück hoffen. Entweder sie ziehen »das glückliche Los« und kommen – wie Herr Kern – »zu den Amerikanern«, oder sie werden »den Russen zugeteilt«.

Diese Geschichte dokumentiert zum einen die Macht des Zufalls: Es war ein »Glücksspiel«, wie Stefanie Roth sagt. Wer jedoch zu den Gewinnern, und wer zu den Verlierern zählt, darüber besteht kein Zweifel: Diejenigen, die Glück hatten, kamen »zu den Amerikanern«, »und somit nach Hause«, diejenigen, die Pech hatten, kamen in russische Kriegsgefangenschaft und damit »nach Sibirien ins Arbeitslager«. Genauso selbstverständlich wie Stefanie Roth hier Amerikaner mit Freiheit assoziiert (die Möglichkeit einer amerikanischen Kriegsgefangenschaft taucht erst gar nicht auf), genauso selbstverständlich unterstellt sie, dass alle russischen Kriegsgefangenen nach Sibirien transportiert worden sind.

Hätte Stefanie Roth all das, was sie beim Erzählen ihrer Geschichte als selbstverständlich unterstellt, im Interview erläutern müssen, die Erzählung wäre wahrscheinlich nicht nur sehr lang geworden, sie hätte vermutlich auch ihre Pointe verloren. Aber Stefanie Roth musste das alles nicht weiter ausführen. Dass »die Amerikaner« die »gute Seite« repräsentieren, und es für ihren Großvater »Glück« war, ihnen zugeteilt zu werden, muss der Interviewerin genauso unmittelbar eingeleuchtet haben, wie sie umgekehrt die Assoziationskette Pech–Russen–Sibirien anscheinend problemlos nachvollziehen konnte. Jedenfalls findet sich im Transkript nichts, was auf eine Irritation bei der Interviewerin hinweisen würde. Im Gegenteil, sie bestätigt Stefanie Roth mit mehreren »Mhms« in ihrer Erzählung.

Dass »die Amerikaner« die gute Seite und die Russen die Gegenseite repräsentieren, scheint im Gespräch also weder für Stefanie Roth noch für die Interviewerin erklärungsbedürftig zu sein. Gut und Böse sind klar zugeordnet, Zweifel darüber kommen erst gar nicht auf. Topoi scheinen also nicht nur das Erzählen anzuleiten, sie bilden – wie hier »die guten Amerikaner« und »die bösen Russen« – auch den Hintergrund, vor dem Geschichten gehört und bestätigt werden. Dabei zählen »die guten Amerikaner« und »die bösen Russen« zu jenem Repertoire kollektiver Selbstverständlichkeiten, auf die gegenwärtig in Gesprächen über das »Dritte Reich« stillschweigend zurückgegriffen wird.

»Die Russen« und »die Amerikaner«

Wie Stefanie Roth ihre Assoziation von Amerikanern und Freiheit nicht erklären musste, sondern davon ausgehen konnte, dass auch die Interviewerin verstehen würde, dass es für ihren Großvater ein Glück war, »den Amerikanern« und nicht »den Russen« zugeteilt zu werden, so wird in vielen Gesprächen stillschweigend vorausgesetzt, dass die anderen – seien es die Interviewer oder die jeweils anwesenden Familienmitglieder – dieselben Überzeugungen haben. Und diese Annahme ist in den allermeisten Fällen auch zutreffend, denn die Generationen unterscheiden sich nicht wesentlich in ihrem Bild von »den Amerikanern« und »den Russen«.

Sie unterscheiden sich jedoch deutlich in ihrem Sprachduktus. So sprechen weit mehr Zeitzeugen von »dem Russen« und »dem Ami« als Angehörige der Kinder- und Enkelgeneration, und wenn sich doch Ausnahmen finden, so nur bei Personen, die zwar genealogisch zur Kindergeneration zählen, aber noch in den dreißiger Jahren geboren wurden. Unabhängig davon, ob von »den Amerikanern« oder »dem Ami«, von »den Russen« oder »dem Russen« die Rede ist, gleichen sich die Bilder inhaltlich. »Russen« sind diejenigen, vor denen man

Angst hatte und nicht selten zu fliehen oder sich zu verstecken versuchte. Und es sind auch diejenigen, vor denen man *zu Recht* Angst hatte: Die Geschichten, die in den Familien über »Russen« erzählt und tradiert werden, handeln vor allem von Vergewaltigungen, Plünderungen, Rache und Mord.[282] Und auch die Interviewer arbeiten nicht selten mit ihren Fragen an diesem Bild mit: »Also als Frau konnte man sich einigermaßen sicher fühlen, also außer wenn man auf Russen auf eh, auf irgendwelche russischen Armeen gestoßen ist, oder wie war das?«[283]

Im Gegensatz dazu steht das Bild »der Amerikaner«, das in den Familien tradiert wurde. Zwar finden sich auch hier vereinzelt Schilderungen der Angst vor den Amerikanern. Meist wird diesen Schilderungen jedoch hinzugefügt, dass sich die Angst als unbegründet herausstellte. Man hätte zunächst zwar »furchtbare Angst vor dem Amerikaner« gehabt, meint eine Zeitzeugin, es seien ja auch Gräuelmärchen erzählt worden, als »er« dann aber kam, sei »man so richtig aufgelebt«[284]. In der Familie Brinkmann sind sich im Gruppengespräch alle darüber einig, dass man zunächst Angst vor den Amerikanern hatte, »nur nachher haben die ja Schokolade verteilt«[285]. Berichte von Vergewaltigungen kommen nicht vor, und wenn die Zeitzeugen in wenigen Fällen von Plünderungen durch »die Amerikaner« erzählen, so werden diese Geschichten von den Angehörigen der nachfolgenden Generationen nicht aufgegriffen. Es dominiert ein positives Bild: »Nee, der Bevölkerung is nix passiert«, sagt Birgit Roth, Angehörige der Kindergeneration, »von den Amerikanern hatten die gar nichts zu befürchten, also das war in Ordnung«.[286]

Wie selbstverständlich hingegen »die Russen« mit Tod und Verwüstung assoziiert werden, zeigt eine Geschichte, die Doris Daum im Gruppengespräch erzählt. Frau Daum ist Angehörige der Kindergeneration, hat jedoch, da sie 1934 geboren ist, noch eigene Erinnerungen an das »Dritte Reich«:

Doris Daum: »Und dann war ja bei uns Typhus, warn se ja viele/ hatten das gehabt. Da kam auch 'n russischer Arzt, der war auch sehr nett, der hatte, glaub' ich, 'ne deutsche Mutter gehabt, und der war auch/ das war auch schlimm, ne, mit den/ überall wurde denn an der Tür 'n Totenkopf dran gemacht.«[287]

Der »russische Arzt« war »sehr nett«, ein Umstand, der für die Erzählerin nicht selbstverständlich ist. Sie hält es, im Gegenteil, für erklärungsbedürftig, wieso die Attribute »nett« und »russisch« gleichzeitig auf eine Person angewendet werden können: »der hatte, glaub' ich, 'ne deutsche Mutter«.

Selbstverständlich ist für Doris Daum aber, dass Russen Frauen vergewaltigen, gleichviel, ob Kinder in der Nähe sind oder nicht. Es ist so selbstverständlich, dass sie gar nicht bemerkt, wie sehr sie sich selber widerspricht:

Doris Daum: »Naja, und den einen Tag, da wollten die Russen/ kamen ja einfach rein und haben die Frauen vergewaltigt. Und da hatten wir grad so viel Kinder zum Spielen gehabt, da is er abgehauen. Die haben ja kein Pardon genommen, ob da Kinder drum rum waren, die haben die Frau genommen und/ nö, da isser abgedampft, weil so viel Kinder da waren.«[288]

Im Gespräch geht dieser Widerspruch unter. Doris Daums Mutter, die 1914 geborene Käthe Bode, reagiert zustimmend: »Ja, ja, haben viel vergewaltigt.« Das Bild der rücksichtslosen, vergewaltigenden Russen scheint so stark, dass selbst das gleichzeitig erzählte Gegenbeispiel nichts daran ändert. Das Stereotyp behauptet sich sogar gegen die zugleich mitgeteilte gegenteilige Evidenz.

Nicht nur die Geschichten, die die Angehörigen der Zeitzeugen- und Kindergeneration über »die Russen« erzählen, sondern auch die der Enkel handeln von Angst und Flucht, von Vergewaltigung und Plünderung. Dabei scheint der Topos der »bösen Russen« eine Leitlinie für Geschichten vom Kriegsende und der unmittelbaren Nachkriegszeit vorzugeben, die im Familiengedächtnis aufbewahrt werden.

Die Geschichten, die von den Angehörigen der Enkelgeneration *nicht* weitererzählt werden, sind Geschichten, die ein etwas differenzierteres Bild sowjetischer Besatzungssoldaten zeichnen, oder Äußerungen, in denen ihrem Tun auch Verständnis entgegengebracht wird. Geschichten oder Äußerungen dieser Art sind im Vergleich zu den Interviewpassagen, in denen ein uneingeschränkt negatives Bild »der Russen« gezeichnet wird, zwar selten, kommen jedoch bei Angehörigen der Zeitzeugen- und Kindergeneration vor. So berichten einige Zeitzeugen, und zwar mehr ost- als westdeutsche, auch von positiven Erfahrungen mit russischen Besatzungssoldaten, oder fügen in ihre negativen Berichte den Hinweis auf die Verbrechen der Deutschen in der Sowjetunion ein, und in einigen Fällen tun dies auch Angehörige der Kindergeneration, wobei sich hier keine Unterschiede zwischen Ost und West finden lassen. In den Erzählungen der Enkel spielt all dies nicht mal mehr eine Nebenrolle.

Keine Rolle spielt in den Erinnerungen der Enkel an die Erzählungen ihrer Großeltern und Eltern der Topos der »primitiven Russen«: Russen, die nicht einmal die einfachsten Regeln der Zivilisation kannten, die eine Toilette für ein Waschbecken hielten oder eine Kaffeemühle für ein Telefon, die dachten, man könne aus einer großen Uhr zwei kleine machen, oder sich selbst von Kindern leicht überlisten ließen.[289] Solche Erzählungen, die zum einen demonstrieren sollen, wie sehr sich »die Russen« von »den Deutschen« unterscheiden, und zum anderen die Überlegenheit letzterer hervorheben, finden sich noch bei Angehörigen der Zeitzeugen- und Kindergeneration, aber nicht mehr bei den Enkeln.

Was sich im familiären Diskurs über »die Russen« durchgesetzt hat, ist das Bild des »bösen Russen«, dessen Opfer die deutsche Zivilbevölkerung war.[290] Damit zeigt die nationalsozialistische Propaganda auch in den Erzählungen der nachfolgenden Generationen noch ihre Wirkung. Im Fall »der Amerikaner« dominiert ein Stereotyp, das positiv konnotiert ist: Steffi Schwarz (Jahrgang 1972) berichtet, dass eine Geschichte, die in ihrer Familie öfter erzählt wurde, sie besonders beeindruckt hätte:

Steffi Schwarz: »Saßen dann halt alle im Haus, und warteten halt nur was kommt [...] und dann hatten sie ein großes Hoftor und alle guckten aus dem Fenster und dann fiel nur langsam das Hoftor um, und dann konnte man halt den Panzer sehen, der rein kam.«[291]

Das hätte »so was Sensationelles« gehabt, »das konnte ich mir gut vorstellen, dann da zu sitzen und vielleicht schon so zumindest mitzukriegen: Die einen sind die Bösen, die andern sind die Guten, und nicht zu wissen, wer dann nun kommt.«[292] Die geschilderten Szenen scheinen einer filmischen Dramaturgie zu folgen, und das ist vermutlich auch der Grund, weshalb gerade sie Steffi Schwarz im Gedächtnis geblieben sind. Es gibt »die Bösen« und »die Guten«, und die Spannung, die aus dem Nicht-Wissen entsteht, »wer dann nun kommt«. Dementsprechend »langsam« fällt auch das Hoftor vor den Augen der Hausbewohner um, und man konnte den Panzer sehen: »Und dann war halt klar, dass es die guten Männer mit den Kaugummis waren.«[293]

Sicherlich haben viele der Angehörigen der Kinder- und Enkelgeneration im Geschichtsunterricht, in Dokumentationen oder Zeitungsberichten gehört oder gelesen, dass im Zweiten Weltkrieg um ein Vielfaches mehr Sowjetbürger getötet wurden als Deutsche, manche berichten auch davon, dass sie die »Wehrmachtsausstellung« besucht oder zumindest die Diskussionen rund um die Ausstellung verfolgt haben.[294] Wenn es in den Familien um »die Russen« geht, bleibt all dies jedoch unerwähnt. So trifft auch auf die nachfolgenden Generationen zu, was Lutz Niethammer für die Generation der Zeitzeugen beobachtet hat,[295] nämlich, dass Russen als Opfer der nationalsozialistischen Gewaltherrschaft in der Erinnerung der Deutschen kaum vorkommen. Erzählt wird allein über die eigene Mutter, die Angst vor Vergewaltigung hatte, über die eigene Familie, die Opfer von Plünderungen durch sowjetische Soldaten wurde, oder über die Racheakte, von denen die deutsche Bevölkerung betroffen war.

Dass der Topos von den »bösen Russen« seine Wirkung in den Erinnerungen der nachfolgenden Generationen derart entfalten kann, hat seinen Grund auch darin, dass die in Familien überlieferten Geschichten über Russen und Amerikaner auf ein aus unzähligen Filmen und Büchern bekanntes Erzählmuster treffen.

»Die Juden« und »die Deutschen«

Stereotype Darstellungen finden sich auch in den Geschichten, die über »die Juden« in den Interviews erzählt wurden. Viele Angehörige der Zeitzeugengeneration äußern sich auch heute noch in erschreckend antisemitischer und rassistischer Weise über »die Juden« und lassen erkennen, dass der besonders in den letzten beiden Jahrzehnten« etablierte Diskurs über den Holocaust und die nationalsozialistischen Verbrechen in der Zeitzeugengeneration in einer Hinsicht kaum Spuren hinterlassen hat: »Juden« sind auf jeden Fall keine Deutschen; die Verbrechen, die an ihnen begangen wurden, sind an anderen, Fremden begangen worden, und zum Teil ist es auf deren Verhalten selbst zurückzuführen, dass sie Objekt von Hass, Ausgrenzung, Verfolgung und Vernichtung geworden sind. Dabei wird deutlich, dass stereotype Bilder in die Schilderung der zeitgenössischen Wahrnehmung einfließen, die entweder direkt auf die nationalsozialistische Propaganda und auf später veröffentlichte Filmdokumente aus dem Vernichtungsfeldzug im Osten zurückzuführen sind – etwa, wenn die 1916 geborene Lore Renz sich erinnert, einen »Trupp alter Juden« gesehen zu haben,

Lore Renz: »die da zusammengerottet waren. [...] Manche hatten solche Bärte, nech, so längere Bärte, und das war eigentlich, das konnt' ich ja, hab ich ja nie vergessen, dieser Anblick, wie diese Männer, diese alten Männer da standen. Hatten so große schwarze Hüte, die Juden so haben, auf, nech.«[296]

Helene Stein (Jahrgang 1924) erzählt:

Helene Stein: »Und wenn man sie dann so laufen sah, mit den langen Bärten, den Kitteln undsoweiter, da hatte man auch so'n bisschen, als Kind, so'n bisschen Angst gehabt, und da hat man auch gedacht: Was sind das für Menschen?«[297]

An einer anderen Stelle des Interviews berichtet Frau Stein, dass sie 1945 einen Zug von KZ-Häftlingen gesehen habe:

Helene Stein: »Da waren auch viele Juden dabei, das sieht man ja dann immer, ne. Und auch Ausländer.«
Interviewerin: »Woran hat man das gesehen?«
Helene Stein: »Na, die hatten, also die Juden kann man schon erkennen, also die echten Juden, so mit der Nase und dann, vor allen Dingen hatten sie alle Bärte gehabt, weil sie sich ja nicht rasieren konnten undsoweiter. Also die sahen furchtbar aus. Und die haben uns da einen hasserfüllten Blick zugeworfen.«[298]

Frau Haase (Jahrgang 1920) erzählt, dass ihr Vater in den zwanziger Jahren manchmal morgens die Zeitung aufschlug und sagte: »Den hat der Cohn auch auf'm Gewissen.« Dieser Kommentar des Vaters war ihr zunächst rätselhaft, später jedoch, meint sie, habe sich ihr der Sinn erschlossen: »Später hab' ich erfahren wieso. Er (der Cohn) hat immer viel Geld verborgt mit Wucherzinsen.«[299]

Und auch das antisemitische Stereotyp »der feigen, unterwürfigen Juden« taucht in ihren Erzählungen auf:

Margarethe Haase: »Und diese Kinder, die/ also die Juden/ Judenkinder waren irgendwie . anders als wir. Also die waren irgendwie anders. Ich kann es Ihnen jetzt nicht sagen wieso, also der eine Junge, der war zum Beispiel so feige […] also der hatte immer Angst und/ ›bitte nich, bitte nich‹ und/ so devotisch.«[300]

Das Flehen des Jungen gibt Frau Haase wieder, ohne auch nur einen Augenblick zu zögern. Dass seinen verzweifelten Bitten ein Angriff vorausgegangen sein muss, er also zu Recht Angst gehabt hat, findet keine Erwähnung. Frau Haases Beschreibung fehlt auch heute noch jede Empathie; irgendeine Form von Unrechtsbewusstsein ist ihr nicht abzulesen.

Antisemitische Deutungsmuster tauchen auch in der Kindergeneration auf, wenn auch in einer komplexeren Form, in die vergangenheitspolitische Diskurse der Nachkriegszeit und pro- bzw. philosemitische Stereotype eingelagert sind:

Ella Drake: »Also gerade die beiden war'n wunderschöne Menschen. So was leicht semitisches hatten sie. So so jüdisch.«[301]

Der 1937 geborene Erich Grubitsch entwickelt eine komplexe Argumentation, die »die Juden« einerseits als distinkte Personengruppe mit spezifischen Eigenschaften identifiziert, die andererseits, gleichsam gegen sich selbst, vor antisemitischen Vorurteilen geschützt werden muss:

Erich Grubitsch: »Sie wissen ja, so eine Eigenart taucht manchmal auf, die so am Rande des Überheblichen sein kann, wenn man, äh . Vielleicht liegt das daran, dass Juden manchmal auch eine Diskriminierung empfinden, die gar nicht da ist. Und dann spielen sie oft eine fast zynische Überheblichkeit daraus, nicht, das ist etwas . Dieser dieser Hochmut, den sie sich ja manchmal sogar selber vorwerfen, der taucht dann manchmal so auf. Das muss eine Schutzfunktion haben, denk ich mir. Und da hab ich dann in diesen Augenblicken dann gefragt, warum diese Frage, oder warum das so ausgesprochen wird. Oder warum das so gezeigt wird, als sei man etwas besseres. Das ist doch die Gefahr, Antisemitismus zu erzeugen, dass man in dem Augenblick auch noch einen Hochmut als, äh, naja, ich will nicht vom auserwählten Volk sprechen, aber dass man so etwas dann deutlich macht.«[302]

Das umfangreichste und häufig generationsübergreifend repräsentierte Teilstereotyp ist das vom »reichen Juden«, das in den Interviews und Familiengesprächen vielfältig vorkommt, etwa wenn der 1954 geborene Peter Schütz mitteilt, dass »die Juden zu den Reichsten gehörten, das war schon immer so«[303]. Es sind aber vor allem Zeitzeugen, die erzählen, Juden hätten in den dreißiger Jahren durchweg entweder in akademischen Berufen (vor allem als Ärzte) oder als Händler und Geschäftsleute gearbeitet, hätten in »reichen Gegenden« gelebt und über beträchtlichen wirtschaftlichen Einfluss verfügt. Wenn die Zeitzeugen von persönlichen Bekanntschaften mit Juden berichten, beschreiben sie meist nicht die Personen, sondern erwähnen nur ihre Berufe oder ihren sozialen Status. Auch wenn es um Klassenkameraden oder -kameradinnen geht, die – wie die meisten sagen –, »plötzlich« nicht mehr zum Unterricht erschienen,[304] wird oft wie selbstverständlich auf den Beruf des Vaters hingewiesen oder angeführt, dass es sich um »reiche Leute« handelte. So etwa erzählt Lore Renz (Jahrgang 1916) von einer Mitschülerin, der »letzten Jüdin« in ihrer Klasse, wie sie sagt:

Lore Renz: »Lilly Schneider, der Vater war Arzt auf'm Gesundheitsamt hier in Hannover, die wohnten in Kleefeld, nech. Da wohnten ja überhaupt die besseren Leute, Kleefeld, Kirchrode, die ganzen Juden wohnten hauptsächlich da [. . .]. Aber die sind eben/ konnten noch auswandern, nech.«[305]

Die Darstellungen der Zeitzeugen unterscheiden sich in dieser Hinsicht kaum voneinander. Und ähnlich wie in der Erzählung von Frau Renz der antisemitische Topos der »reichen Juden« der Feststellung vorausgeht, »die konnten noch auswandern«, mündet in den meisten Erzählungen der Zeitzeugen der Hinweis auf die finanziellen Möglichkeiten der betroffenen Personen oder Familien in Berichte von ihrer Flucht noch vor Beginn des Zweiten Weltkriegs.
Gleichlautend sind die Schilderungen der Zeitzeugen auch in anderer Hinsicht: In keiner ihrer Erzählungen kommen die der Flucht vorausgegangenen Diskriminierungen zur Sprache. Die Flucht wird nur als solche erwähnt, scheint jedoch nicht weiter erklärungsbedürftig zu

sein. Aber schon »Flucht« ist nicht der Begriff, den die Zeitzeugen verwenden. Sie sprechen davon, dass »die Juden« »ausgewandert« oder »abgehauen« seien, sich »weg-« oder »aus dem Staub gemacht« haben. Und immer wieder taucht in diesem Zusammenhang »Geld« auf: »Die Juden«, die das Konfektionsgeschäft in der Danziger Straße besaßen, und mit denen ihr Vater zusammengearbeitet hatte, so berichtet Wilhelmine Brinkmann, sind »abgehauen«, »nach Amerika und so, nich'. Denn die hatten ja Geld . die/diese Leute hatten ja Geld.«[306]

Das Stereotyp der »reichen Juden«, die noch vor Kriegsbeginn – meist nach Amerika – »ausgewandert« sind, findet sich zwar viel häufiger in den Erinnerungen der Zeitzeugen als in den Erzählungen ihrer Kinder. Aber auch wenn sich Angehörige der nachfolgenden Generation an die Erzählungen ihrer Eltern erinnern, taucht dieser Topos immer wieder auf. So etwa berichtet Kurt Jung, dass seine Eltern »auch viele jüdische Familien« kannten,

Kurt Jung: »die in Hannover Geschäftsleute waren, ne, die dann im Laufe der Zeit wieder aufgetaucht sind, viele sind ja noch vor Kriegsbeginn ausgewandert nach Amerika, die dann später wiedergekommen sind, große Geschäftsleute.«[307]

Es ist jedoch nicht nur der Topos der »reichen Juden«, der von der Kindergeneration aufgegriffen wird. Ähnlich ungebrochen wie die Zeitzeugen verwenden auch einige Angehörige der Kindergeneration die nationalsozialistischen Kategorien der »Halb-« oder »Vierteljuden«. Dabei fließen diese Begriffe meist beiläufig in Erzählungen ein. An keiner Stelle wird auf die Herkunft oder Funktion solcher Kategorisierungen hingewiesen.

Beiläufig und vollkommen selbstverständlich wird in den Interviews auch zwischen »den Juden« und »den Deutschen« unterschieden. So etwa erzählt Birgit Roth (Jahrgang 1939):

Birgit Roth: »Ich weiß nicht, warum die die Juden raus haben wollten, Juden war'n eigentlich die besten Geschäftsleute, ham ja eigentlich den größten Anteil hier früher gehabt in Deutschland, ne. Überall große Geschäfte und die Deutschen ham da gearbeitet.«[308]

Vieles an dieser Interviewpassage ist bezeichnend: Sie ist nicht offen antisemitisch. Vielmehr wird versucht, mit der Aussage, dass »Juden« »die besten Geschäftsleute« waren, das anfänglich geäußerte Unverständnis zu erläutern. Aber nicht nur, dass schon mit der Frage, »warum die die Juden raus haben wollten«, die Tatsache ausgeblendet bleibt, dass es sich um Massenmord und nicht um Vertreibung handelt. »Die Deutschen« tauchen auch allein als diejenigen auf, die für die jüdischen Geschäftsleute arbeiteten – wer »die« sind, wer also »die Juden raus haben wollten«, bleibt offen. Und auch die prinzipielle Unterscheidung zwischen »Juden« und »Ariern« wird in Form der Differenzierung zwischen »den Juden« und »den Deutschen« erhalten. Was von der Sprecherin als kritische Äußerung intendiert war, tradiert im selben Zug antisemitische Stereotype und nationalsozialistische Kategorisierungen: Juden werden nicht als Deutsche betrachtet.

So selbstverständlich, wie die »reichen Juden« in den Interviews mit den Zeitzeugen und Angehörigen der Kindergeneration auftauchen, ist der Topos in der Enkelgeneration nicht mehr vertreten; so erinnert sich die Enkelin von Lore Renz zwar daran, dass ihre Großmutter von jüdischen Klassenkameradinnen erzählt hat, der – wie bei der Großmutter – selbstverständliche Hinweis auf den sozialen Status der Familien fehlt jedoch. Auf die Frage der Interviewerin, welche Geschichten ihr die Großmutter aus der Zeit des Nationalsozialismus erzählt hat, antwortete Nina Jung (Jahrgang 1975):

Nina Jung: »Ja, also zum Beispiel halt, dass dann auf einmal halt die jüdischen Mädchen aus, wie gesagt, aus der Klasse verschwanden.«[309]

Sowenig aber die Erinnerungen der Enkel an die Erzählungen ihrer Eltern oder Großeltern vom Topos der »reichen Juden« geleitet sind, so sehr sind ihre Erzählungen von einem anderen Bild dominiert. Nina Jung ist die einzige der interviewten Enkelinnen und Enkel, die eine Geschichte ihrer Großmutter erinnert, die *nicht* davon handelt, dass Juden geholfen wurde, dass sie versteckt oder auf andere Art und Weise gerettet wurden oder dass es Widerstand gegen ihre Verfolgung gab. In allen anderen Fällen sind es die eigene Großmutter oder der eigene Großvater, die verfolgten Juden mitmenschlich begegnen, sie vor der Verfolgung zu bewahren versuchen, oder sich – wie in einem Fall – dagegen wehren, »dass Menschen irgendwie . alle in so 'ne Grube geschmissen wurden oder so was und dann einfach so begraben werden, und da hat er« – der Großvater – »eben desertiert«[310]. Das Bild der guten Großeltern scheint so dominant zu sein, dass all die anderen Geschichten über »die Juden«, die die Zeitzeugen nicht zuletzt auch in den Familiengesprächen erzählt haben, von den Enkeln nicht wahrgenommen, nicht erinnert oder zumindest nicht weitererzählt werden.

»Die Nazis«

»Über Nacht«, sagt Hilde Brack (Jahrgang 1912) im Familiengespräch, »haben se die weggeholt und die Läden eingeschlagen in der Stadt und haben's angesteckt, [. . .] also die Nazi bei den Juden.«[311] Im Unterschied zu vielen anderen Interviewten, die nur von »se« sprechen, wenn es um Täter im Kontext des Holocaust geht, und damit offen lassen, wen sie für die Verfolgung jüdischer Bürger verantwortlich machen, wird Frau Brack hier konkreter: Es waren »die Nazis«, die die Juden »weggeholt« und ihre Geschäfte »eingeschlagen« und »angesteckt« haben. Sie selber habe sich jedoch »wenig um die Politik gekümmert«, da sie »gar nicht so für die Nazis war«[312]. Was »gar nicht so« bedeutet, lässt Frau Brack offen, erzählt im Anschluss jedoch, dass ihr Mann bei der SA war: »Der musste zur SA und da war er/ sonst hätt' er keine Arbeit gekriegt, weil er arbeitslos war.«[313] Auch auf die irritierte Nachfrage des Interviewers (»Ja, aber warum musste er zur SA rein? Das versteh' ich nicht«), wiederholt Frau Brack nur das, was sie schon gesagt hatte: »Ja, da muss er ja rein, sonst wäre er nicht eingestellt (worden) bei der Firma. Er war ja arbeitslos.«[314] Sie fügt jedoch hinzu, dass er »von den Nazis auch nichts gehalten« habe.

Dass Herr Brack Mitglied in einer NS-Organisation war, macht ihn für seine Frau also noch nicht zu einem Nationalsozialisten. »Die Nazis« sind für sie die anderen – diejenigen, die für die Judenverfolgung verantwortlich waren, die sie mit »der Politik« assoziiert, um die sie sich »wenig gekümmert hat«. Zu einem späteren Zeitpunkt im Gruppengespräch erzählt Frau Brack, dass ein Bekannter ihres Mannes, der als Soldat, wie sie sagt, in Polen eingesetzt war, ihnen während eines Fronturlaubes Bilder gezeigt hat:

Hilde Brack: »Da haben die Juden/ das hat der geknipst, die Juden da ihr Grab raus schaufeln müssen. Alles voll. Und da sind se dann so rein gekommen. Haben se se erschossen und rein. [...] Aber was sollen wir da machen, was sollten se machen, wenn sie so was da erzählt hätten, die hätten uns auch gleich aufgehängt, die Nazi.«[315]

Keine der Fragen, die diese Geschichte aufwirft, wird von Frau Brack angeschnitten: Wer war für die Massenerschießung verantwortlich? Welche Rolle spielte der Bekannte ihres Mannes dabei? Warum hat er die Erschießungen fotografiert? Ihr geht es allein darum, zu demonstrieren, dass »auch« ihr eigenes Leben und das ihres Mannes von »den Nazis« bedroht wurde: Hätten sie weitererzählt, was sie auf den Fotos gesehen hatten, »die hätten uns auch gleich aufgehängt«. Dass sie selber auf dem Weg der mündlichen Weitergabe von der Massenerschießung erfahren hatte, geht dabei unter. Aber es war schon zuvor zu sehen, dass die parallele Erzählung gegenläufiger Evidenzen im Familiengespräch kaum zu Irritationen Anlass gibt.

Zu Beginn des Gruppengesprächs hatte Frau Brack ihre Distanz zu »den Nazis« betont, die sie für die Judenverfolgung verantwortlich gemacht hat. Hier nun werden sie und ihr Mann selber zu potenziell Verfolgten. Das »Dritte Reich« erscheint als ein Zwangs- und Terrorsystem, das dem Einzelnen keinerlei Handlungsspielraum ließ. So wird selbst das Weitererzählen dessen, was sie auf den Fotos dokumentiert gesehen hatten, zum lebensbedrohlichen Akt – zu einem Akt des Widerstands, der von »den Nazis« sofort mit dem Tod bestraft worden wäre. Die Gruppe der Opfer wird hier also von Frau Brack wie selbstverständlich erweitert: Sie zählt sich selber genauso dazu wie ihren Mann. Dass dieser Mitglied der SA war, spielt keine Rolle. Die Täter sind für Frau Brack die anderen: »die Nazis«.

Auch für Frau Jannowitz (Jahrgang 1927) stehen »die Nazis« auf der einen, die eigenen Familienmitglieder auf der anderen Seite. Ihr Vater war Sozialdemokrat, wie sie im Einzelgespräch erzählt, und als

Buchhalter bei der Leipziger Volkszeitung angestellt. Im Januar 1933 »kamen die Nazis und besetzten die Volkszeitung«[316]; ihr Vater verlor seine Arbeit. Erst zwei Jahre später, 1935, bekam er in einer anderen Stadt eine neue Anstellung. Er wurde Buchhalter in einer Mühle, »die immer so am Rande des Bankrotts dahinschrammte«. Der Umzug der Familie folgte, und »die unmittelbaren Erfahrungen mit den Nazis hörten auf«[317]. Frau Jannowitz berichtet aber, dass sie in ihrem neuen Wohnort »auch mit zu den Maiumzügen (ging), die die Nazis machten, und merkte, wie anders die waren«.[318]

In welcher Hinsicht »die Nazis« anders waren, führt Frau Jannowitz nicht näher aus. Später im Einzelgespräch kommt sie jedoch auf den Bruder ihrer Mutter zu sprechen, der »Verwaltungsexperte« war:

Eva Jannowitz: »Und irgendwie ist er in den Verwaltungsapparat der Gestapo geraten, obwohl meine Mutter immer versucht hat, ihn davon abzubringen. Aber es ist ihr nicht gelungen. Der war im Grunde genommen kein Nazi, aber natürlich ist er in die Partei eingetreten. [...] Er hat dort einfach wahrscheinlich gut verdienen können.«[319]

Und wie um deutlich zu machen, dass ihr Onkel trotz Mitgliedschaft in der NSDAP und Tätigkeit bei der Gestapo »kein Nazi« war, erzählt Frau Jannowitz, dass er »in der Stelle saß, wo eben auch diese Anträge auf Ausreise von den Juden landeten«, und dass er so »mitgeholfen« hat, dass eine mit ihrer Familie befreundete jüdische Familie »ausreisen« konnte, »und sogar ihren Hausrat und alles mitnehmen«[320] durfte.

Die Lebensläufe von Frau Brack und Frau Jannowitz sind sehr verschieden, nicht nur hinsichtlich ihrer Erfahrungen im »Dritten Reich«. Frau Brack hat später in der Bundesrepublik gelebt, Frau Jannowitz in der DDR. Auch bildungs- und familienbiographisch unterscheiden sich die beiden Frauen deutlich voneinander. Frau Brack gab als Schulabschluss »Hauptschule« an und als Beruf »Hausfrau und Mutter«. Frau Jannowitz arbeitete nach ihrem Hochschulabschluss jahrelang im Verlagswesen und war mit einem Mann verheiratet, der zu Ende des Krieges für einige Monate in einem Konzentrationslager interniert war.

Trotz der unterschiedlichen biographischen Erfahrungen aber ähneln sich die Erzählungen von Frau Brack und Frau Jannowitz auf einer strukturellen Ebene, und zwar in zweierlei Hinsicht. Zum einen differenzieren beide Frauen zwischen »den Nazis« und der eigenen Familie: Frau Brack betont, dass ihr Mann, von dessen Mitgliedschaft in der SA sie berichtet, nichts »von den Nazis gehalten hat«, und Frau Jannowitz hebt hervor, dass ihr Onkel »kein Nazi« war, trotz seiner Mitgliedschaft in der NSDAP und seiner Arbeit für die Gestapo.

Eine weitere Parallele zwischen den Erzählungen von Frau Brack und Frau Jannowitz liegt in der Begründung für die Mitgliedschaft der eigenen Angehörigen in NS-Organisationen. Beide führen ökonomische Gründe an: Der Mann von Frau Brack war arbeitslos, und so erscheint es seiner Frau als vollkommen selbstverständlich, dass er in die SA eintritt, um wieder Arbeit zu bekommen. Ja, in Frau Bracks Augen »musste« er sogar der SA beitreten, »sonst wäre er nicht eingestellt (worden) bei der Firma«. Aus einer historischen Perspektive betrachtet erscheint diese Argumentation mehr als zweifelhaft, zumindest wirft sie die Frage auf, in welcher Art von »Firma« Herr Brack denn später gearbeitet hat. Wichtiger als dies ist für unseren Kontext jedoch die Selbstverständlichkeit, mit der seine Frau diese Argumentation vorbringt. *Sie* zweifelt nicht, und reagiert auch dementsprechend erstaunt auf die irritierte Nachfrage des Interviewers.

Auch Frau Jannowitz begründet die Arbeit ihres Onkels für die Gestapo mit dem besseren Gehalt: »Er hat dort einfach wahrscheinlich gut verdienen können.« Zwar spricht Frau Jannowitz – im Unterschied zu Frau Brack, die die SA-Mitgliedschaft ihres Mannes als Notwendigkeit darstellt – hier von »wahrscheinlichen« Motiven ihres Onkels, weist ihre Begründung also als retrospektive Vermutung aus. Nichtsdestotrotz aber greift auch sie auf ein Deutungsmuster zurück, das in dieser Form in den Gesprächen, die wir geführt haben, häufig auftaucht, und das Saul Padover schon 1944/45 bei seinen »Vernehmungen im besetzten Deutschland«[321] begegnet ist, die Deutung nämlich, dass die Mitgliedschaft in NS-Organisationen primär auf ökonomische Beweggründe und nicht auf ideologische Überzeugungen zurückzuführen ist.

Ökonomische Motive gelten meist als nicht weiter begründungsbedürftig. Frau Brack muss nicht eigens sagen, dass sie den Schritt ihres Mannes für gerechtfertigt hält; das scheint sich aus ihrer Sicht von selbst zu verstehen. Und auch Frau Jannowitz nennt finanzielle Motive ihres Onkels, ohne ihre Sichtweise weiter zu erläutern. Wie selbstverständlich erwarten beide Frauen, dass ihre Hinweise auf Arbeit und besseres Gehalt die Mitgliedschaft eigener Familienangehöriger in Institutionen des NS-Staates auch in den Augen ihrer Gesprächspartner rechtfertigen und diese sich dadurch von »den Nazis« unterscheiden.

Und sie scheinen dies zu Recht zu erwarten. Mit »den Nazis«, sagt die Tochter von Frau Brack im Einzelgespräch, wollte ihre Mutter »nichts zu tun haben«[322]. Dass ihr Vater SA-Mitglied war, spielt auch in ihren Erzählungen keine Rolle. Und obwohl der Interviewer nachgefragt hatte, als Frau Brack zu Beginn des Gruppengesprächs meinte, dass ihr Mann der SA beitreten »musste«, fragt er sie im kurz darauf stattfindenden Einzelgespräch:

Interviewer: »Ja, und was haben Sie mitgekriegt so von den Nazis dann in der Zeit, als das aufkam?«
Hilde Brack: »Ach eigentlich wenig, weil ich hab' mich da nie so drum gekümmert, ne.«
Interviewer: »Sind da Leute in Uniformen durch die Straßen gegangen, oder so, HJ-, BDM- oder SA- oder SS-Uniformen?«
Hilde Brack: »Nein, da kann ich mich nicht drauf entsinnen.«[323]

Dieser Dialog verwundert vor dem Hintergrund dessen, dass Frau Brack wenige Stunden zuvor berichtet hatte, dass ihr Mann Mitglied der SA war. Doch ebenso wie ihre Tochter übernimmt hier auch der Interviewer wie selbstverständlich die Unterscheidung, die Frau Brack im Gruppengespräch eingeführt hatte: »Die Nazis« sind auch für ihn ein Phänomen, das sich allein in der Öffentlichkeit zeigt: »Sind da Leute in Uniformen durch die Straßen gegangen [...]?« Dass »Nazis« auch im Privatleben von Frau Brack eine Rolle gespielt haben könnten, das schließt seine Frage schon von vornherein aus.

Wird in den Gesprächen, die wir geführt haben, über »die Nazis« gesprochen, hat das meist die Funktion, sich selbst oder die eigene Familie vom historischen Geschehen im »Dritten Reich« zu distanzieren. Zwar gibt es auch Fälle, in denen eigene Angehörige als »Nazis«

oder »Nationalsozialisten« bezeichnet werden: Herr Wieck etwa spricht von Teilen seiner Familie als »eifrigen Nationalsozialisten«[324] und Herr Schmitt hebt hervor, dass eine Linie seiner Familie »alles reine Nazis«[325] waren. In beiden Fällen jedoch stellen die Erzähler im selben Atemzug die für ihren Selbstentwurf wichtigen Personen – den Großvater bzw. den Vater – als Gegner »der Nazis« vor. Herr Wieck präsentiert seinen Großvater als »Mitbegründer der SPD«[326] und Herr Schmitt sagt: »Da könn' Sie sich vorstellen/ und mein Vater als einziger Kommunist, was da los war.«[327] Die für die eigene Geschichte bedeutsamen Personen sind auch in Herrn Wiecks und Herrn Schmitts Darstellung »keine Nazis«. »Die Nazis« sind die anderen – die »Gegentypen« zum eigenen Großvater bzw. Vater.

Werden Familienmitglieder als »Nazis« bezeichnet, mit denen sich die Erzähler auf die eine oder andere Art und Weise identifizieren, geschieht dies nicht ohne gleichzeitige Rechtfertigung. Dabei werden kollektive Deutungsmuster in Anspruch genommen – Sätze, die den Bezugsrahmen des kommunikativen Gedächtnisses konstituieren: Man war gezwungen, in die NSDAP einzutreten; man konnte aufgrund seiner ökonomischen Lage nicht anders handeln oder tat es, weil es *alle* taten. Ausnahmen finden sich nur dann, wenn sich die Interviewpartner auch heute noch positiv mit dem »Dritten Reich« identifizieren. In unserer Stichprobe ist dies vor allem Frau Haase (Jahrgang 1920): Sie findet, dass das »Dritte Reich« eine »gute Zeit« war[328], und bezeichnet ihren Vater emphatisch als einen »überzeugten Nationalsozialisten«.[329]

Wie sehr sich das Bild einer Person über die Generationen hinweg verändern kann, soll am Beispiel der Familie Grubitsch gezeigt werden. Ähnlich wie Frau Haase beschreibt auch Frau Grubitsch ihren Mann als schon früh »begeisterten Nazi«. Im Unterschied zu Frau Haase jedoch merkt sie sofort an, dass er »in der Partei« war, weil er sonst »gar keine Stellung gekriegt«[330] hätte. Ökonomische Motive dienen also auch ihr zur Rechtfertigung der Parteimitgliedschaft ihres Mannes. Der Sohn von Frau Grubitsch zeichnet ein etwas anderes Bild. Für ihn war sein Vater genau das Gegenteil von begeistert: »Ich weiß, dass mein Vater das mit gewissem Widerwillen gemacht hat

[...]. Er hat auch einen Bonbon getragen auf seinem Revers, das ist aber nicht immer auf allen Anzügen zu sehen.«[331] Die Darstellungen der Zeitzeugin und ihres Sohnes sind jeweils auf ihre Art und Weise ambivalent.

Das Bild, das der Enkel von seinem Großvater zeichnet, ist es nicht mehr: Er ist sich sicher, wie er betont, dass seine Großväter »keine Nazis« waren, »auch mein Opa kein Parteimitglied war, also väterlicherseits, mütterlicherseits auch nicht«.[332] Von Generation zu Generation also wird das Bild eindeutiger, werden »die Nazis« immer mehr zu den »anderen« und damit die Distanz der eigenen Vorfahren zum Geschehen im »Dritten Reich« immer größer.

»Weil man überhaupt nichts von wusste«

Erinnerungen werden meist in Form von Geschichten weitergegeben, und in Geschichten spielen Erwartungen eine zentrale Rolle. Stereotype Bilder wie die vom »bösen Russen«, »guten Amerikaner« oder »reichen Juden« liefern nicht zuletzt die Grundlage für solche Erwartungen. Sie markieren den Rahmen, innerhalb dessen bestimmte Geschichten wie selbstverständlich erzählt werden können. Wenn »die Russen« von vornherein mit Vergewaltigung, Plünderung und Mord assoziiert werden, wird sich niemand an einer Geschichte stoßen, die von vergewaltigenden, plündernden oder mordenden Russen handelt. Wenn »die Juden« per se mit Reichtum in Verbindung gebracht werden, wird weder auf Seiten der Erzähler noch auf Seiten der Zuhörer eine Erklärung notwendig sein, wenn berichtet wird, dass es sich die Familien von Schulkameradinnen »leisten konnten, abzuhauen«.

Wie resistent solche Stereotype sein können, zeigt sich etwa, wenn Frau Daum[333] von einem sowjetischen Soldaten erzählt, der gerade nicht dem Bild des »bösen Russen« entspricht, das sie kurz vorher gezeichnet hat, jedoch weder ihr selber noch ihren Zuhörern dieser Widerspruch bewusst wird. Im Gegenteil, im Gespräch wurde *nur* das Bild der auf nichts und niemanden Rücksicht nehmenden Russen von den Zuhörern aufgegriffen und bestätigt. Und auch der Umstand, dass die von den Zeitzeugen zwar selten, aber gelegentlich doch erzählten Geschichten über plündernde amerikanische Soldaten bei den nachfolgenden Generationen kaum ankommen, spricht für die Annahme, dass »die guten Amerikaner« im kommunikativen Gedächtnis so verfestigt sind, dass gegenläufige Geschichten gar nicht wahrgenommen werden.

Medium der Weitergabe von Topoi und stereotypen Bildern ist nicht zuletzt das familiäre Gespräch. Dabei werden Vorstellungen oder Überzeugungen oft nicht intentional, sondern beiläufig im Rahmen von Geschichten tradiert, deren Gegenstand primär ein anderer ist: »Die bösen Russen« kommen in Geschichten vor, die von »schlimmen Zeiten« für die Erzähler handeln oder die Gefahren schildern, denen nahe Verwandte ausgesetzt waren. »Die reichen Juden« tauchen oftmals dann auf, wenn erzählt wird, dass Personen, die die Interviewten persönlich kannten, »plötzlich weg waren«, und dieser Umstand mit ihrer Flucht erklärt wird oder Vermutungen über ihren Verbleib angestellt werden. Und in Geschichten, in denen es zuallererst um Verführung, Zwang oder Ohnmacht geht – um die eigene Ohnmacht oder die von Familienmitgliedern, um den »Druck«, den man selber empfunden hat, oder die fehlenden Handlungsspielräume, von denen die Eltern oder Großeltern berichten – werden nicht selten in einem Nebensatz »die Nazis« dafür verantwortlich gemacht.

Im Folgenden wird es um Deutungsmuster gehen, die in den Gesprächen, die wir geführt haben, immer wieder auftauchen. Es sind kollektive Deutungsmuster, die ähnlich wie die beschriebenen Topoi Leitlinien vorgeben, denen Geschichten folgen, die in individuellen wie in Familiengedächtnissen aufbewahrt sind. Im Unterschied zu den Topoi jedoch, die Bilder von Akteuren zeichnen, haben die Deutungsmuster, mit denen wir uns im Folgenden beschäftigen, die Funktion, Geschehenszusammenhänge zu erklären.

Deutungsmuster erweisen sich dabei als ähnlich erfahrungsresistent, wie wir es für die Topoi beschrieben haben. So etwa erzählt Otto Rust (Jahrgang 1924) im Einzelgespräch, dass er von Konzentrationslagern erst nach 1945 gehört habe: »Kann ich ehrlich sagen, ich hab' da nie was gewusst davon.«[334] Gleich darauf berichtet er jedoch:

Otto Rust: »Das erste Mal hab' ich's gesehen in Peenemünde, wo die Raketenversuchsanstalt war. Da war ein Lager, da stand auch noch drüber ›Arbeit macht frei‹, ne. Und da kamen die jeden Morgen raus zum Arbeiten. Und wissen se, was ich da so widerlich empfunden habe? (Was denn?) Da warn die Kapos, was ja eigentlich Kumpel waren. Die ham ihre eigenen Kumpel mit Knüppel zur Arbeit getrieben. Wenn ich das nicht selbst gesehen hätte, würde ich es nich' sagen. Aber es ist so gewesen.«[335]

Allein das Vorgehen der »Kapos« stellt Herr Rust hier als unmenschlich dar. Über ihr Verhalten empört er sich und hebt dabei deutlich hervor, dass er Augenzeuge des Geschehens war: »Wenn ich das nicht selbst gesehen hätte, würde ich es nich' sagen. Aber es ist so gewesen.« Dass er gleichzeitig Augenzeuge der Existenz »eines Lagers« war, geht dabei unter. Weder ihm selber noch dem Interviewer fällt dieser Widerspruch auf. Für den weiteren Verlauf des Gesprächs relevant ist ausschließlich Herrn Rusts Beteuerung, von der Existenz der Konzentrationslager erst »im Nachhinein« gehört zu haben. »Wie war das für Sie dann«, fragt der Interviewer wenig später, »als Sie nach dem Krieg von dem Holocaust, der Judenvernichtung, gehört haben?«[336]

Historiker haben sich mit der Frage beschäftigt, wie die »Volksgenossen« auf die Judenverfolgung reagiert haben und was sie von der Judenvernichtung wussten, wissen konnten oder wissen wollten.[337] Die so rekonstruierte Realität im »Dritten Reich« unterscheidet sich dabei in vielem deutlich von den Äußerungen der Zeitzeugen zu der Frage, was man zeitgenössisch wusste oder wissen konnte. Das aber scheinen auch die Zeitzeugen zu wissen. Zwar treten nicht viele so selbstbewusst auf wie Herr Hofer (Jahrgang 1925), der sich im Gruppengespräch darüber entrüstet, dass »heute immer bestritten« wird, dass man damals nicht wusste, dass Konzentrations- und Vernichtungslager existierten.[338] Der explizite Verweis darauf, dass es abweichende Meinungen gibt, findet sich aber auch in Äußerungen anderer Zeitzeugen. Mathilde Beck (Jahrgang 1924) etwa sagt im Gruppengespräch:

Mathilde Beck: »Das denn, von den KZ's. Es wird so viel gesagt: ›Mensch, das musstet ihr doch wissen‹. Das wurde so geheim gehalten.«[339]

158

106mal wird in den Gesprächen, die wir geführt haben, beteuert, dass »man nichts wusste«. Dabei betonen mehr als ein Drittel der Zeitzeugen, dass sie nicht wussten, dass es Konzentrationslager gab.[340] Die meisten der Gesprächspassagen, in denen auf dieses Deutungsmuster zurückgegriffen wird, sind in ihrem Charakter jedoch ähnlich vage wie die Äußerungen von Frau Beck (»das denn, von den KZs«) – und das verweist auf ein in den Gesprächen vielfältig anzutreffendes Phänomen, das wir als »leeres Sprechen« bezeichnen: Akteure und ganze Geschehenszusammenhänge werden nicht benannt, sondern als »sie«, »se«, »die« bzw. »das da« bezeichnet.

Das »leere Sprechen« ist eine Redeweise, die wie keine andere das intergenerationelle Gespräch über das »Dritte Reich« prägt: Akteure – und zwar meist die Täter – bleiben konturlos, historische Vorgänge werden nur in Umrissen beschrieben, so dass unklar bleibt, worum es eigentlich geht und das Geschehen fast harmlos erscheint. »Von den Juden«, sagt Paula Ubaczek (Jahrgang 1921), »das hab' ich erst mitgekriegt wie der Krieg vorbei war, wie die KZ's aufgemacht wurden, da kriegten wir das mit.«[341] Das »leere Sprechen« besteht in der Unbestimmtheit des Vorgangs, der assoziativ und indirekt thematisiert wird – es bleibt den Zuhörern überlassen, die leeren Stellen mit eigenen Annahmen darüber aufzufüllen, worüber die Erzähler eigentlich sprechen. Empört, sagt Frau Brinkmann (Jahrgang 1915), sei sie gewesen, »wie das alles rauskam«[342], und Frau Schulze (Jahrgang 1920) berichtet:

Elisabeth Schulze: »Was die anderen erleiden mussten, das haben wir ja gar nicht mitgekriegt. Das haben wir dann erst hier, wo die Zeitung wiederkam, haben wir das gelesen, nech. Und wo wir mal 'n Radio kriegten, dass wir das dann hörten, aber sonst haben wir nichts gewusst, [...] was überhaupt alles lief, nech.«[343]

Vielleicht vermittelt sich mit dem »leeren Sprechen« unter Tradierungsgesichtspunkten aber noch etwas anderes: dass es bestimmte Geschehenszusammenhänge gibt, die gerade als Unbestimmte zureichend thematisiert sind. »Das da« und »es« fungieren selbst schon als Signifikatoren für Zusammenhänge, über die genauer zu sprechen gar nicht sinnvoll ist: »Sicher, es darf so schnell nicht vergessen werden, es muss immer mal wieder drüber gesprochen werden, damit auch, dass das nicht wiederkommt«[344], so die 1906 geborene Elli Krug im Familiengespräch. Im Einzelinterview versichert sie:

Elli Krug: »Wir sind ja auch gar nicht soviel gewahr geworden, nich. Es wurde ja alles doch heimlich gemacht und so. Und wenn man denn jetzt so/ wenn ich so manches Mal dies alles so höre, denn is mir das doch so'n bisschen komisch. Denn denk' ich, da hat man alles nicht gewusst, was alles passiert ist.«[345]

Ihr Sohn, Bernd Hoffmann (Jahrgang 1933), antwortet auf die Frage der Interviewerin nach Fernsehsendungen, die er zum Thema Nationalsozialismus sieht, ähnlich vage und gleichzeitig ähnlich bestimmt wie seine Mutter:

Bernd Hoffmann: »Na nun, was jetzt so gezeigt wird, ist/ das ist ja schon fünfzig Jahre nach der/ da wiederholt sich ja manches [...]. Bloß die ersten Jahre war das ja natürlich ganz hoch interessant, weil man überhaupt nichts von wusste.«[346]

Und auch die Enkelin von Frau Krug, Sylvia Hoffmann (Jahrgang 1972), antwortet auf die Frage, was sie in ihrer Familie über den Nationalsozialismus gehört habe:

Sylvia Hoffmann: »Ja also, bei Oma mal angefangen, sie hat natürlich die Schiene so. ›hab' ich nichts von mitgekriegt‹, ›wir hier auf dem Land haben nichts gewusst‹ und so. Und ich denke, das ist auch ehrlich von ihr gemeint, weil es fehlte ja auch gänzlich an Medien.«[347]

Diese Aussage mag erstaunen, präsentiert Sylvia Hoffmann in ihren Erzählungen ihre Großmutter doch als jemanden, der »Juden versteckt« und ihnen somit das Leben gerettet hat[348] – eine Tat, die sie ihr »hoch anrechnet«. Dass ihre Großmutter nicht gleichzeitig »Juden versteckt« haben kann und »nichts von mitgekriegt« hat, dieser Widerspruch bleibt jedoch auch hier unbemerkt. Zwar schwingt zunächst leise Ironie mit, wenn Sylvia Hoffmann sagt, dass ihre »Oma« »die Schiene« fährt, »hab' ich nichts von mitgekriegt, wir hier auf dem Land haben nichts gewusst«. Schließlich schätzt sie die Äußerung ihrer Großmutter aber doch als »ehrlich« ein: »weil es fehlte ja auch gänzlich an Medien«.

Sylvia Hoffmann ist nicht die Einzige, die darauf verweist, dass es

»an Medien fehlte«, und damit zu begründen versucht, weshalb man tatsächlich »nichts von mitgekriegt« hat. Auch zwei Angehörige der Kindergeneration führen den Umstand, dass die Zeitzeugen »nichts wussten«, auf die »fehlenden Medien« zurück. So sagt etwa Claudia Gross (Jahrgang 1954): »Und ich nehme einigen ab, dass sie's auch nicht gewusst haben, weil die Medien waren nicht so.«[349] Und Maria Schulze (Jahrgang 1947) stellt fest:

Maria Schulze: »Ja, meine Mutter sagte, das wissen die einfach alle gar nicht so [...], die ham das irgendwie damals nicht mitbekommen. Sie sagt ja auch, dass die Medien, das war ja auch alles nich so wie heute. Denn heute gibt's das Fernsehen, das hat's ja noch alles gar nicht gegeben.«[350]

Zusammenfassend betrachtet erscheint hinsichtlich der Tradierung von Topoi und Deutungsmustern die Existenz selbstverständlicher Gewissheiten bemerkenswert, die schon zu den Eingangsvoraussetzungen des intergenerationellen Sprechens über die Vergangenheit zählen – über die historischen Rollen »der Russen« auf der einen und »der Amerikaner« auf der anderen Seite zum Beispiel braucht nicht eigens Einverständnis hergestellt zu werden, da es per se besteht. Erschreckender ist freilich der generationenübergreifend antisemitisch eingefärbte Topos der »reichen Juden« und das Deutungsmuster, dass »Juden« und »Deutsche« in jedem Fall zwei verschiedene Personengruppen darstellen, was sich als ein posthumer Sieg der nationalsozialistischen Verfolgungs- und Vernichtungspolitik interpretieren lässt.

Daneben verdient insbesondere das »leere Sprechen« Beachtung, da es einen Mechanismus intergenerationeller Tradierung bildet, der mit der bereits beschriebenen Funktion inkonsistenter, widersprüchlicher und nebulöser Geschichten korrespondiert, deren Tradierungswirksamkeit gerade darin besteht, dass sie mit den Inhalten und Vorstellungen aufgefüllt werden können, die am besten die Sinnbedürfnisse der Zuhörerinnen und Zuhörer erfüllen. Wo »leer« gesprochen wird, so könnte man sagen, öffnet sich der weiteste Raum, den Sprechern gerade jene Intention und jenes Gemeinte zuzuschreiben, das man ihnen aus der eigenen Perspektive am liebsten unterstellen würde.

7. »Die eine und die andere Welt«
Das Geschichtsbewusstsein vom Nationalsozialismus im Ost-West-Vergleich

Der Zeitraum der systempolitischen Konfrontation der beiden deutschen Staaten war gleichbedeutend mit einer Phase konkurrierender Geschichtsbilder in Ost und West. Dies betrifft die Zeit des Nationalsozialismus wie wohl keinen anderen Abschnitt der Geschichte. Zwar war die Abgrenzung von der NS-Vergangenheit sowohl für die Bundesrepublik wie für die DDR ein zentraler Bestandteil des staatlichen Selbstverständnisses, aber die Ursachen, die zur Entstehung des NS-Herrschaftssystems geführt hatten, und die Folgen der deutschen Verbrechen wurden verschieden interpretiert. Entsprechend unterschiedlich waren die Strategien im Umgang mit dem gemeinsamen historischen Erbe, die nicht zuletzt auch weitreichende Folgen für die deutsch-deutschen Wahrnehmungen und Beziehungen hatten. Während der Antifaschismus in der DDR zur staatstragenden Ideologie wurde, berief man sich in den ersten Jahrzehnten der Bundesrepublik auf den Antitotalitarismus. Damit verbunden war der Vorwurf an den jeweils anderen Staat, er stehe in der Tradition des faschistischen bzw. totalitären NS-Regimes. Der Umgang mit der NS-Vergangenheit basierte in diesem Sinne immer auf einer doppelten Abgrenzung: Zum einen wurde er als Bruch mit der Zeit des »Dritten Reiches« verstanden, zum anderen als Absage an die politische Ordnung des konkurrierenden deutschen Staates.[351]
1990 wurde dieses Konkurrenzverhältnis aufgehoben und die deutsche Teilung auf staatlicher Ebene durch den Beitritt der DDR zur Bundesrepublik überwunden. Der im kulturellen Gedächtnis der DDR omnipräsente Antifaschismus wurde nun in weiten Teilen revidiert.[352] Das bedeutete, dass antifaschistische Traditionskabinette und Gedenkstätten umgestaltet, Denkmäler, die man zu DDR-Zeiten errichtet hatte, entfernt und Lehrpläne in den ostdeutschen Schulen ausgetauscht wurden. Damit einhergehend wurde die frühere staatsoffi-

zielle Deutung der Entstehung und Folgen der NS-Herrschaft, wie sie in diesen Gedächtnisorten zum Ausdruck gebracht worden war, selbst zum Gegenstand historiographischer Bemühungen.

Mit welchem Anspruch und Selbstverständnis z. B. Gedenkstätten eingerichtet oder Gedenktage inszeniert wurden, dazu gibt es, wie für den Bereich der Geschichts- und Erinnerungspolitik der DDR ganz allgemein, heute bereits sehr eindrucksvolle Analysen und Darstellungen.[353] Denn die manifesten, kulturell objektivierten Formen des Gedächtnisses an die NS-Zeit in der DDR sind empirisch relativ leicht zu erfassen. Ungleich schwieriger verhält es sich mit der Frage, was die Menschen in Ostdeutschland heute noch bewusst oder unbewusst von diesen kulturellen Traditionsbeständen erinnern. Welche Spuren haben die Medien des kulturellen Gedächtnisses – die Geschichtsbücher, Filme, Gedenktage und Denkmäler der DDR – im Gedächtnis ihrer ehemaligen Bürger hinterlassen? Oder anders gefragt: Hatte die explizit normative Seite der antifaschistischen Erinnerung überhaupt jemals Auswirkungen auf das Geschichtsbewusstsein und wenn ja, welche?

Letzteres wurde auch schon zu Zeiten des »real existierenden Sozialismus« diskutiert. So versuchten zum Beispiel die Forscher des »Zentralinstitutes für Jugendforschung Leipzig«, das Geschichtsbewusstsein von DDR-Jugendlichen Mitte der achtziger Jahre über umfangreiche Befragungen und die Auswertung von Schulaufsätzen zu ergründen.[354] Fast zeitgleich machte sich auch ein westdeutsches Historikerteam auf den Weg, um die Lebensgeschichten von Menschen in einer ostdeutschen Industrieprovinz festzuhalten.[355] Beide Projekte förderten insofern Erstaunliches zutage, als die Forscher das, was sie erwartet und wonach sie gesucht hatten, nirgends entdecken konnten. So wenig wie die Wissenschaftler aus Leipzig jene Jugendlichen fanden, die ihnen im Duktus marxistisch-leninistischer Ideologie von »falschem Bewusstsein« oder »imperialistischen Klasseninteressen« zu berichten wussten, so wenig trafen die westdeutschen Historiker auf den gelebten Antifaschismus von unten.

Zumindest die Ergebnisse des DDR-Jugendforschungsprojektes zeigten dabei sehr deutlich, dass nicht eben viel von der öffentlichen Geschichtsdarstellung – zumindest auf einer begrifflichen Ebene – in die

Geschichtsdeutung der Jugendlichen Eingang fand. Ihr Geschichtsbewusstsein schien viel stärker von jenem Gegenstück beeinflusst, das die offizielle Faschismusinterpretation in der Alltagspraxis hat: von den lebensgeschichtlichen Erfahrungen und Erinnerungen ihrer Großeltern an die NS-Zeit.

Nicht nur in der DDR, auch in der alten Bundesrepublik und im vereinten Deutschland stand und steht die »große Geschichte« neben den familiären Erzählungen über die NS-Vergangenheit. Auch hier befinden sich »Familienalbum« und »Lexikon« in einem mehr oder minder starken Spannungsverhältnis zueinander.

Dennoch gab es einen fundamentalen Unterschied zwischen dem Lexikon der »großen Geschichte« in Ost und West: Die Historiographie wie die öffentliche Erinnerungskultur der DDR folgten einem von den politischen Instanzen »oktroyierten Geschichtsdiskurs«[356]. In diesem Sinne war der öffentliche Diskurs über die NS-Vergangenheit sehr viel stärker vereinheitlicht und weist auch über die Jahrzehnte hinweg nur graduelle Veränderungen auf.[357]

Doch auch wenn in der DDR ein staatliches Deutungsmonopol in Hinblick auf geschichtliche Prozesse beansprucht wurde, so ist doch immer zu berücksichtigen, dass es außer den von der marxistisch-leninistischen Faschismustheorie dominierten Erinnerungszeichen im öffentlichen Raum andere Diskurse gab, die für das Geschichtsbewusstsein der DDR-Bürger relevant waren. Neben den schon erwähnten Gesprächen im Familienkreis sind hier sicherlich die vom westdeutschen Fernsehen ausgestrahlten Filme und Geschichtsdokumentationen zu nennen, die auch in der DDR rezipiert wurden.[358]

Hierzu hat Lutz Niethammer bereits in den achtziger Jahren die Vermutung geäußert, dass, wie er es damals nannte, das »Gedächtnis des Volkes in der DDR« im Hinblick auf die Wahrnehmung der verschiedenen Opfer des Nationalsozialismus »problemhaltiger« gewesen sei.[359] Gemeint war damit, dass die DDR-Bürger durch die Rezeption der ost- wie der westdeutschen Öffentlichkeit über ein in Teilen differenzierteres Bild vom Nationalsozialismus verfügten.

Die in den vorangegangenen Kapiteln dargestellten Mechanismen der Verfertigung von Vergangenheit im Gespräch konnten wir bei ost- wie westdeutschen Familien beobachten. Im folgenden Kapitel wollen wir darstellen, worin sich Ost- und Westdeutsche deutlich voneinander unterscheiden, wenn sie heute über die NS-Vergangenheit sprechen.

Die Interviewsituation als Ort der Erinnerung

Unsere Gespräche mit Familien aus Ostdeutschland wurden nahe am zehnten Jahrestag von Wende und Mauerfall durchgeführt. Ein Zeitpunkt, in dessen Umfeld nicht nur die Angleichung der materiellen Lebensverhältnisse in Ost und West, sondern auch der Stand der so genannten inneren Einheit ausgiebig bilanziert und damit breit in der Öffentlichkeit diskutiert wurden.

Alle Gespräche mit den Familien aus Berlin, Brandenburg, Mecklenburg-Vorpommern, Sachsen-Anhalt und Thüringen wurden von Interviewern durchgeführt, die in den alten Bundesländern leben. Bereits mit der ersten Kontaktaufnahme und dem Hinweis darauf, dass die Interviews im Kontext eines Forschungsprojektes der Universität Hannover stehen, wurde schnell deutlich, dass hier Westdeutsche Ostdeutsche befragen. Neben einer Verständigung über das ohnehin normativ hochgradig aufgeladene Thema Nationalsozialismus sind die Gespräche damit zusätzlich geprägt von der populären Trennung in »Ossis« und »Wessis« – und von der von großen Erwartungen wie Enttäuschungen bestimmten Debatte über die so genannte Mauer in den Köpfen. Auch wenn dieser Umstand nicht explizit angesprochen und thematisiert wird, läuft er doch als Subtext der Interviews mit – und definiert so den Gesprächsrahmen. Dies gilt um so mehr, als auch bestimmte Annahmen über den Umgang mit dem Nationalsozialismus in der DDR breit in den Medien diskutiert werden. Ein weit verbreiteter Erklärungsansatz lautet zum Beispiel, dass »die Ostdeutschen« anfälliger für rechtsextremes Gedankengut seien, da sie die NS-Vergangenheit nie richtig bewältigt hätten und von einem diktatorischen System ins nächste gekommen seien.

Diese Vermutungen sind auch unseren ostdeutschen Interviewpartnern geläufig. Sie interpretieren die an sie gerichteten Erwartungen und orientieren daran ihre Selbstdarstellung. Dieser Vorgang trifft auf jedes Interview zu.[360] Weder die Interviewer noch die Interviewten lassen sich allein auf ihre situativen Rollen reduzieren, sondern sie agieren immer auch als »Vertreter ihrer Generation, ihres Geschlechts, ihres Wissens und ihrer Erfahrungen«.[361] In vielen Interviewstudien wird die Gesprächskonstellation jedoch weitgehend ausgeblendet. Wenn man aber die Involviertheit des Forschers in den Forschungsgegenstand und die Beziehungssituation berücksichtigt, in der über den Nationalsozialismus gesprochen wird, dann lässt sich sehr viel besser erklären, warum sich z. B. die meisten unserer ostdeutschen Gesprächspartner so demonstrativ vom Rechtsradikalismus distanzieren.[362]

Doch die Ost-West-Konstellation der Gespräche hat auch noch andere Auswirkungen. Durch sie entsteht ein erhöhter Klärungsbedarf, der nicht so sehr das historische Phänomen des Nationalsozialismus selbst betrifft als vielmehr seine Rezeptionsgeschichte. Sehr wichtig ist es den ostdeutschen Befragten, ihren westdeutschen Gesprächspartnern zu erläutern, wie und in welchem Kontext Kenntnisse über den Nationalsozialismus erworben und weitergegeben wurden. Dadurch verschiebt sich der Schwerpunkt der Interviews insgesamt: Konzentrieren sich die Interviews mit den Westdeutschen stärker auf das historische Geschehen der Jahre 1933–1945, so scheint dieser Zeitraum für die Ostdeutschen in einem sehr spezifischen Sinne weiter zurückzuliegen. Hier liegt die DDR-Zeit zwischen der NS-Vergangenheit und der Gegenwart. In diesem Sinne ist nicht nur die DDR, sondern auch der frühere Umgang mit der NS-Vergangenheit inzwischen ein Teil der Geschichte. Natürlich kann man sagen, dass auch für die Westdeutschen die Zeit der alten Bundesrepublik Teil der Vergangenheit ist. Doch von den auf »die Wende« folgenden Veränderungen wurde ihr Leben nicht in demselben Ausmaß beeinflusst. Die Menschen in Ostdeutschland waren in existenzieller Hinsicht von den Ereignissen der Jahre 1989/90 betroffen. Das hat zur Folge, dass die Ostdeutschen heute auf zwei abgeschlossene Epochen und somit auf zwei Vergangenheiten zurückblicken, was als anhaltende »Ungleichzeitigkeit der Erinnerung« in Deutschland beschrieben worden ist.[363] Und auch wenn es vorkommt, dass Westdeutsche den Nationalsozialismus mit dem SED-Staat vergleichen und dabei von einer zweiten »Vergangenheitsbewältigung« sprechen, so geschieht dies – wie wir noch sehen werden – weitaus seltener, und ihren Vergleichen kommt eine andere Funktion zu.

Bei den Gesprächen über den Nationalsozialismus, die wir in Ostdeutschland geführt haben, wird die DDR-Vergangenheit immer wieder mitthematisiert. Zum einen werden die Zeit von 1933 bis 1945 und die Zeit von 1945/49 bis 1989 von den Befragten in sehr vielfältiger Weise miteinander verglichen und Methoden und Strukturen der beiden Herrschaftssysteme zueinander in Beziehung gesetzt. Zum anderen ist die Auseinandersetzung mit der NS-Zeit bei unseren Interviewpartnern aus Ostdeutschland untrennbar mit einer Distanzierung vom staatsoffiziellen Antifaschismus der DDR verbunden. Die Frage nach dem persönlichen Umgang mit der NS-Vergangenheit wird auf dem Umweg über den früheren und heutigen öffentlichen Umgang mit diesem Abschnitt der Geschichte beantwortet. Das, was man früher gelernt, gehört und gewusst hat, wird dem gegenübergestellt, was man heute weiß – was heute anders ist.

Der Titel dieses Kapitels entstammt dem Gruppengespräch mit der Familie Linde aus Mecklenburg-Vorpommern. Mit den Worten: »insofern gab es schon *die eine und die andere Welt*« fasst der 56-jährige Sohn Hans Linde zusammen, was er und seine Mutter dem Interviewer vorher wortreich zu erklären versucht haben, nämlich, dass es in der DDR verschiedene Orte für ganz unterschiedliche Diskurse über die nationalsozialistische Vergangenheit gegeben hat. Ein Umstand, der für die ehemaligen Mitglieder der ostdeutschen »Nischengesellschaft«[364] selbstverständlich war, der dem westdeutschen Interviewer aber erst genauer dargelegt werden muss.

Herr Linde berichtet dem Interviewer zu Beginn des Gruppengesprächs, dass in seiner Familie in Bezug auf die NS-Vergangenheit »eigentlich keine Fragen offen geblieben sind«, weil, wie er weiter ausführt, »in meiner Kindheit sehr viel über diese Zeit gesprochen wurde. [...] Es war denn doch immer recht, recht offen.« Diese Ausführungen werden von seiner Mutter ergänzt:

Gerda Linde: »Nun ist ja eins, ist da noch *bei uns* gewesen. Ein Teil war für die Familie, ein Teil für die Öffentlichkeit. Das war ja (lacht) gefährlich, wenn man an die Öffentlichkeit getragen wurde, nicht. [...] Das war ja *hier*,

wenn sie was Schräges sagten, dann wurden sie (I: Ja, ach so, hm.) einge-
steckt *hier* (lacht). Das haben Sie nicht so kennen gelernt, aber das haben *wir*
ja noch kennen gelernt.«

Hans Linde: »Naja, aber ich meine, das ist aber typisch für Ostdeutschland,
dass es dort leider, aber mit Sicherheit eine bestimmte Doppelzüngigkeit gab.
Dass in den Familien, im Freundeskreis und so weiter über Dinge anders gesprochen wurde als offiziell. [...] Beispielsweise Westfernsehen, das war
Tabu. Obgleich jeder wusste von jedem, oder fast von jedem, dass er es sah,
nicht. Und dann ja, augenzwinkernd wurde das denn eben akzeptiert. Und so,
insofern gab es schon die eine und die andere Welt.«[365]

Frau Linde grenzt die von ihrem Sohn betonte Offenheit der Gespräche über den Nationalsozialismus für den Zeitraum vor 1989 auf
die Privatsphäre ein. Was im Familienkreis erzählt wurde, war nicht
unbedingt für die Öffentlichkeit bestimmt. Frau Linde expliziert hier
den aktuellen Gesprächsrahmen. Der Interviewer ist nicht Teil der
gleichen Erinnerungsgemeinschaft. Er kann nicht wissen, wie es »bei
uns«, wie es »hier« war. Der Interviewer gehört zu denjenigen, die
»nicht so kennen gelernt« haben, was die Lindes oder allgemeiner die
einstigen Bürger der DDR erfahren haben. So gab es in der DDR
einen Diskurs über den Nationalsozialismus, der strikt privat war.
Worin sich diese nur privaten von den öffentlichen Erzählungen
unterschieden, führt Frau Linde jedoch nicht näher aus; sie verweist
nur auf die möglichen Dissonanzen. Denn das Private konnte, in den
Worten von Frau Linde, auch »Schräges« enthalten, das nicht im
Einklang mit dem öffentlichen Diskurs stand. Und anders als im
Westen konnte das »Schräge«, sofern es öffentlich wurde, auch
schwerwiegende Konsequenzen nach sich ziehen. Die offizielle Geschichtsdeutung war in diesem Sinne mit einem viel höheren Grad an
Verbindlichkeit ausgestattet, als dies in der Bundesrepublik jemals
der Fall war.[366] In Frau Lindes Hinweis zeigt sich aber auch ein weiteres Spezifikum des ostdeutschen Diskurses. Denn anders als in der
Bundesrepublik konnten die Erzählungen im Familienkreis allein
schon deshalb in den Rang von oppositioneller Systemkritik erhoben
werden, weil sie im Widerspruch zur staatlichen Überlieferung standen.

Zunächst bleibt festzuhalten, dass nun Herr Linde den Hinweis auf
die »Doppelzüngigkeit« des Diskurses nicht als familienspezifisches,

sondern als ein ostdeutsches Phänomen verstanden wissen will. Ebenso wie man die privaten Erzählungen von Nationalsozialismus und Krieg nicht öffentlich machte, sondern »offiziell« anders (oder über anderes sprach), so wurde wortlos – »augenzwinkernd« – anerkannt, dass man sich privat auch über das Westfernsehen informierte.[367] »Insofern gab es schon die eine und die andere Welt« – dieser Satz umschreibt nicht nur das Verhältnis von privatem und öffentlichem Diskurs in der DDR. Er verweist auch darauf, dass man in der »einen« privaten Welt auch an der »anderen« westdeutschen Medienwelt teilhatte. Welche konkreten Auswirkungen dieses Phänomen der »allabendlichen ›kollektiven Ausreise‹«[368] vor 1989 auf das Geschichtsbewusstsein gehabt haben könnte, darüber lassen sich heute nur noch schwer Aussagen treffen.[369] Man sollte jedoch immer berücksichtigen, dass bereits zu DDR-Zeiten Filme wie »Das Boot«, »Die Brücke« und zahlreiche andere Spielfilme und Dokumentationen auch im Osten begeisterte und betroffene Zuschauer gefunden haben.[370] Das ostdeutsche Gedächtnis war eben, wie Niethammer zu Recht hervorgehoben hat, zu jeder Zeit auch mit westdeutschen Diskurselementen verknüpft.

Doch auch wenn die inoffizielle Welt des DDR-Alltags – die Gespräche im Familienkreis und das Westfernsehen – sicherlich auch zu DDR-Zeiten bereits zu Angleichungen des Geschichtsbewusstseins von Ost- und Westdeutschen geführt hat, so verbirgt sich gerade hinter der einstigen strikten Trennung und Gegenüberstellung von offiziell und inoffiziell, von öffentlich und privat, heute noch ein signifikanter Unterschied zu den Familiengesprächen in Westdeutschland. Den früheren offiziellen Diskurs über den Faschismus gibt es heute nicht mehr, aber die familiären Überlieferungen sind dieselben geblieben. Mehr noch: Letztere haben – und das ist eine der zentralen Thesen dieses Kapitels – nach 1989 eine Aufwertung erfahren. Denn das, was die Großeltern und Eltern schon zu DDR-Zeiten zu Hause über den »Faschismus«, den sie selbst erlebt und nicht selten auch mitgetragen hatten, erzählt haben, hat sich als beständiger erwiesen als die DDR-offizielle Lesart der Geschichte. Im »Familienalbum« blieb auch in Zeiten eingeschränkter Öffentlichkeit das aufgehoben, was man nicht wissen sollte oder durfte, aber dennoch wusste. Dies betrifft z. B. die sowjetischen Speziallager, über die man durch private Gespräche schon vor 1989 informiert war, deren Geschichte aber erst danach öffentlich diskutiert und erforscht wurde.

Wie die vergangene Welt des offiziellen und inoffiziellen DDR-Alltags die Gespräche über den Nationalsozialismus heute prägt, werden wir im Folgenden zeigen. D. h. wir werden an Beispielen aus mehreren Familien demonstrieren, wie die DDR- und NS-Vergangenheit miteinander verglichen werden und wie auf diesem Wege die NS-Zeit stärker von der Geschichte seit 1945 überlagert wird als in westdeutschen Interviews. Zum anderen werden wir die von den Interviewten formulierte Kritik am offiziellen Antifaschismus diskutieren. In diesem Zusammenhang gibt es eine Kategorie von wiederkehrenden Geschichten, in der sich die Ost-West-Unterschiede wie in einem Brennglas bündeln: die Berichte über die sowjetischen Speziallager in Deutschland.

Diese »weißen Flecken« des früheren Geschichtsbildes beschäftigen vor allem die Angehörigen der Kindergeneration, während für die Enkel eine Kritik der dichotomen Darstellung des Nationalsozialismus in den Schulbüchern und Gedenkstätten der DDR im Vordergrund steht.

DDR-Vergleiche

Man müsse sich die Bedrohung, mit der die Menschen im »Dritten Reich« gelebt hätten, immer wieder klarmachen – »die Leute waren eingeschüchtert« – sagt der 1933 geborene Bernd Hoffmann aus Niedersachsen. Seine Ausführungen erfahren die lebhafte Zustimmung seiner Mutter und er fährt fort: »Wie in der DDR, wir waren das gleiche System.« Seine Mutter bestätigt erneut: »So war das.«[371]

Die meisten Vergleiche von DDR- und NS-Vergangenheit, die in den westdeutschen Familien angestellt werden, ähneln diesem Beispiel. Sie sind kurz und knapp und die Parallelisierung dient in der Regel dazu zu illustrieren, wie wehrlos man in der NS-Zeit war.

Darüber hinaus wird dieser Vergleichshorizont von den westdeutschen Befragten herangezogen, um eine mangelnde Aufarbeitung der

Vergangenheit nach 1945 wie 1989 gleichermaßen zu beanstanden. »Geschichte ist nun mal ungerecht – die Kleinen hängt man, die Großen lässt man laufen«, so könnte man diese Variante von DDR-Vergleichen zusammenfassen. Dennoch werden DDR-Vergleiche von unseren westdeutschen Interviewpartnern selten in Anspruch genommen. Wird dieser Vergleich in Ostdeutschland von allen Familien aufgegriffen, so taucht er in Westdeutschland nicht einmal in der Hälfte der Familien auf. Dabei sind es in erster Linie die ostdeutschen Zeitzeugen und Angehörigen der Kindergeneration, die das NS-System und die DDR sehr viel häufiger vergleichen als ihre Altersgenossen im Westen. Von der Enkelgeneration selbst wird der Vergleich (mit einer Ausnahme)[372] nicht angestellt.

Auch die Funktion dieses Vergleichs ist in Ost und West verschieden. Der westdeutschen Zeitzeugen- und Kindergeneration dient die Parallelisierung – wie gesagt – dazu, Bedrohung und Zwang im Nationalsozialismus oder die Ungerechtigkeit der Geschichte für den »kleinen Mann« hervorzuheben. In den interviewten ostdeutschen Familien zeigt sich ein anderes Bild. Hier sind die Vergleiche nicht nur vielfältiger, sondern sie werden im Gespräch sehr viel stärker intergenerationell ausgehandelt. Für die ostdeutsche Kindergeneration ist die DDR-Vergangenheit nicht nur Geschichte, sondern Teil der eigenen Biographie. Werden hier Vergleiche von Sozialismus und Nationalsozialismus angestellt, so sind die Kinder (d. h. die heute ca. Vierzig- bis Sechzigjährigen) in sehr viel stärkerem Maße gezwungen, sich zu positionieren. Doch häufig heben die Kinder selber systemische Ähnlichkeiten von NS- und DDR-Gesellschaft hervor und verbünden sich mit ihren Eltern zu einer generationenübergreifenden Zeitzeugengemeinschaft. Nur in zwei Familien aus der ehemaligen DDR wird dieser Vergleich dezidiert zurückgewiesen.

Und doch zeigt sich auch in der Ablehnung des Systemvergleichs, welch große Rolle er für die Auseinandersetzung mit der NS-Vergangenheit nach 1989 spielt. So sagt der 44-jährige Sohn der Familie Silbermann im Einzelgespräch:

Ernst Silbermann: »Was mich als DDR-Bürger maßlos und immer mehr aufregt und wahnsinnig verärgert, ist dass es so viele gibt, die sich inzwischen als ehemalige DDR-Bürger outen, die Vergleiche wagen zwischen dem, was in der DDR existiert hat und dem, was vor '45 in Deutschland existierte. Also da, da würde ich sagen, da sträuben sich mir die Nackenhaare und ich bin ernsthaft erbost darüber, wie intelligente, denkende Menschen sowas von sich geben können.«[373]

Ernst Silbermann hat die Beobachtung gemacht, dass der Nationalsozialismus und die DDR »inzwischen« immer häufiger miteinander verglichen werden. Was ihn dabei besonders verärgert, ist der Umstand, dass es ausgerechnet »ehemalige DDR-Bürger« sind, die diese Vergleiche anstellen. Diese müssten es, so kann man den Einwand von Herrn Silbermann interpretieren, eigentlich besser wissen, kennen sie die DDR doch aus eigener Anschauung. Dass der Sohn der Familie Silbermann diesen Vergleich so empört zurückweist, liegt auch darin begründet, dass sein Vater in der NS-Zeit verfolgt wurde und mehrere Konzentrationslager sowie das Vernichtungslager Auschwitz überlebt hat. Auch der Zeitzeuge der Familie Anger hat die Verfolgung durch den NS-Staat überlebt und alle Familienmitglieder wenden sich massiv gegen etwaige Vergleiche von Nationalsozialismus und DDR-System.

Diese beiden Familien weichen stark von den anderen 38 Familien ab, deren Zeitzeugen eher als Zuschauer, Mitläufer und Täter im »Dritten Reich« zu bezeichnen sind. Es ist wichtig, diesen Umstand hier noch einmal hervorzuheben, macht er doch deutlich, dass man mit dem Gebrauch von Begriffen wie dem des kollektiven Gedächtnisses oder gar von kollektiver Identität auch Gefahr läuft, die Gruppe »der West- und Ostdeutschen« wie »der Deutschen« insgesamt zu homogenisieren.[374]

Die Familien, in denen die Zeitzeugengeneration im Nationalsozialismus verfolgt wurde, werden an anderer Stelle ausführlich dargestellt.[375] Zunächst jedoch zu denjenigen, die Vergleiche von NS- und DDR-Vergangenheit heranziehen. Hier ist es vor allem die Großelterngeneration in den neuen Bundesländern, die diese Vergleiche bemüht. Weil diese Generation sowohl die Zeit des Nationalsozialismus wie die DDR-Zeit aus eigener Lebenserfahrung kennt, nimmt sie für sich in Anspruch, die Zeit vor 1945 mit der Zeit danach vergleichen zu können. Sie seien diejenigen, wie es zum Beispiel Frau Haase formuliert, die »jetzt zwei Diktaturen mitgemacht« haben:

»einmal in der damaligen Zeit unter Hitlers Führung und dann nachher in der DDR-Zeit«[376].

Für die ostdeutschen Zeitzeugen ist eine biographische Erzählung mit der Herausforderung verbunden, der eigenen Lebensgeschichte über beide gesellschaftliche Systeme hinweg Kontinuität zu verleihen. In der Familie Boesch stellt sich diese Kohärenz in den Erzählungen des 1933 geborenen Zeitzeugen Otto Boesch über das Genre der »Lausbubengeschichten« her. Wie viele andere Angehörige dieser Generation schildert er sein Erleben des Jahres 1945 als schlagartigen Wandel: »Bis Mai '45 war ich ein Nazi«[377], sagt Herr Boesch. Erst als er den ersten Russen durch seine Straße reiten sah, sei er »entnazifiziert« gewesen: »Da hab' ich gesagt: ›So, Adolf Hitler, du hast uns angeschissen. Das wars.‹«[378] Doch auch wenn Otto Boesch schildert, dass er als Kind zunächst an den Nationalsozialismus geglaubt hatte, so begreift er sich zugleich als jemanden, der sich, wenn die Zumutungen allzu groß wurden, trickreich zu entziehen wusste. Seine Anekdoten erzählen nicht nur davon, wie er den Fähnleinführer bei der Hitlerjugend austrickste, sondern auch wie er sich in den fünfziger Jahren bei den Weltfestspielen der Jugend listig gegen die »FDJler« zur Wehr zu setzen wusste. An seinen Berichten lässt sich ablesen, dass er meint, aus seiner Erfahrung mit dem Nationalsozialismus Lehren gezogen zu haben. Er sieht sich durch seine Erfahrungen in der NS-Zeit mit einer stärkeren Sensibilität gegenüber Zwang und Unaufrichtigkeit ausgestattet, die ihn »bei Honecker nie'n Blatt vor'n Mund«[379] nehmen ließ. Wenn man nicht sagen kann, »da hat einer hingeschissen und das stinkt«, so formuliert er dieses Credo in einer seiner Geschichten, dann ist man »wieder bei Adolf Hitler«[380] angekommen.

Auch in anderen Berichten von Zeitzeugen aus Ostdeutschland werden die Vergleiche mit Verweis auf konkrete Ereignisse hergestellt, die man so oder in ähnlicher Form auch in der Zeit vor 1945 wahrgenommen hat. So sieht sich Frau Drake in der DDR der sechziger Jahre durch die öffentlichen Kampagnen gegen das »Westfernsehen« an die eingeschränkte Meinungs- und Informationsfreiheit im »Dritten Reich« erinnert:

Gisela Drake: »Die erste Wahl, die ich hätte mitmachen müssen, war 1961, da wohnte ich in Köpenick, und da waren in den Geschäften ausgestellt Fernsehapparate. Und da stand dran: ›Wer Westfernsehen sieht, sieht den kapitalistischen Feind‹ oder so. Irgend so was. Und ich wurde denn auch hinzitiert, irgendwie zu zwei Leuten, die kamen denn zu mir in die Wohnung: Warum ich denn nicht zur Wahl gehen würde? Und da hab ich gesagt: ›Wissen Sie, was hier in diesem Geschäft zu sehen war, das erinnerte mich an meine Kinderzeit: ›Feind hört mit‹ stand da überall an den Wänden in der Stadt. Und da wurden die Leute angezeigt, die also den englischen Sender gehört haben. Ja, BBC und so, und jetzt steht das hier wieder so, und das finden Sie in Ordnung, dass Menschen nicht (lacht) Westfernsehen sehen dürfen?‹ Das weiß ich noch, das war so meine erste/ das war auch wirklich wie in der Nazizeit.«[381]

Frau Drake beschreibt sich ebenso wie Herr Boesch durch die Erfahrung des Nationalsozialismus als wachsam gegenüber jedweder Einschränkung der Meinungsfreiheit. Interessant ist dabei, dass die westdeutschen Interviewten die Auswirkungen der NS-Herrschaft auf die Bürger der ehemaligen DDR genau gegenteilig einschätzen. Sie merken in diesem Zusammenhang an, dass ihre ostdeutschen Altersgenossen nicht in der Lage waren, die Unfreiheit in der DDR überhaupt als solche wahrzunehmen. Die hätten das »nicht so empfunden«, sagt Frau Nolte, »weil sie ja von einer Diktatur in die andere kamen«[382] und auch Herr Hoffmann meint: »Die sind von einer Diktatur in die andere gekommen und haben das gar nicht gemerkt.«[383]

Frau Haase aus Sachsen-Anhalt hebt in ihren Erinnerungen an die NS-Zeit immer wieder die »Sauberkeit, Ordnung, Disziplin«[384] jener Zeit als positiv hervor. Gerade im Vergleich zur Gegenwart sieht sie diese Tugenden noch eher in der DDR verwirklicht. Frau Haase war vor 1945 BDM-Führerin. Ihr Vater war ziviler Funktionsträger des NS-Staates auf Kreisleiterebene und sie zählt auch die anderen Funktionen, die Familienmitglieder innehatten, mit Stolz auf. Ihre Verachtung für die DDR ist weder ideologisch begründet, noch ist sie auf das »diktatorische System« zurückzuführen. Für sie ist die DDR der – im Vergleich mit dem »Dritten Reich« – schlechter organisierte Staat gewesen. Der Nationalsozialismus war »eine gute Zeit«[385], was man vom Gesellschaftssystem der DDR nicht uneingeschränkt behaupten könne. Auch bei ihrem Vergleich der Jugendorganisationen in beiden

Staaten schneidet die Hitlerjugend besser ab, weil sie »zackiger« organisiert war.[386] Frau Haases Berichten über die NS-Zeit fehlen die Distanzierungsmomente fast vollständig, die für die Erzählungen anderer Zeitzeugen kennzeichnend sind.

Frau Ross (Jahrgang 1919) hingegen berichtet davon, dass sie sowohl den Nationalsozialismus wie die DDR als Diktatur empfunden hat, wobei sie, wie sie sagt, »viel schlimmer den Kommunismus erlebt«[387] hat. Ihren Onkel hatte man in der »Sowjetischen Besatzungszone« (SBZ) enteignet, woraufhin er sich erhängte. Auch sie selbst habe eine Hausdurchsuchung über sich ergehen lassen müssen. Das, was heute im Fernsehen gezeigt werde, »mit Horchen an der Wand«[388], wie sie es nennt, und damit auf die Methoden der Staatssicherheit in der DDR anspielt, habe sie aber nicht erlebt. Dennoch, so Frau Ross, kann man die »Stasi«, wenn auch mit Einschränkungen, durchaus »mit Hitler vergleichen«.[389]

Margarethe Ross: »Die waren ja skrupellos und gemein bis zum geht nicht mehr. Ich meine, das KZ war nicht dahinter, was. Aber nehmen wir Bautzen und so weiter, war das nicht auch furchtbar? Ich denke, allzu viel hat sich da/ ist da nicht übergeblieben. Die haben willkürlich gehaust.«[390]

Herr Boesch und Frau Drake hatten erzählt, dass sie begeisterte Mitglieder im Jungvolk bzw. bei den Jungmädeln waren. Das Jahr 1945 stellten sie als eine schockartige Ernüchterung dar, die sie ihrer Ansicht nach für den weiteren Verlauf ihres Lebens mit einer kritisch-aufmerksamen Haltung gegenüber jedweder Politik ausstattete. Bei der etwas älteren Frau Ross, die noch der Kriegsgeneration zuzurechnen ist, wird die Zeit von 1933 bis 1989 hingegen zu einem Kontinuum: Für sie sind die Erfahrungen vor und nach 1945 als Erfahrungen mit autoritärer Politik eng verwoben. Auch sprachlich bildet sich diese wahrgenommene Kontinuität ab. Frau Ross vertauscht im Gespräch des Öfteren die Organisationsnamen (so von BDM und FDJ) oder spricht von Sozialismus, wenn sie den Nationalsozialismus meint. Auch hat die Interviewerin stellenweise Schwierigkeiten, ihr zu folgen, so dicht reiht sie ihre Erinnerungen an das Leben in den verschiedenen Deutschlands aneinander. Als in einer vorgeführten Filmsequenz die Deportation von niederländischen Juden zu sehen ist, beginnt sie zu berichten, dass man auch ihren Onkel »wie Vieh verladen« habe. Vermutlich, weil sie die Irritation der Interviewerin bemerkt, fügt Frau Ross ergänzend hinzu: »Aber jetzt beim Russen, ne. [...] Bei den Kommunisten, ne.«[391]

Auch im weiteren Verlauf des Interviews fließen ihre Erinnerungen an die Zeit »der Nazis«, »der Russen« und »der Kommunisten« in den Erzählungen ineinander. Die Interviewerin muss sich noch einige Male rückversichern: »Das war zu DDR-Zeiten?« »Das war zu DDR-Zeiten genauso!«[392], antwortet Frau Ross und fährt in ihrer Erzählung fort.

Dass phänomenologische Ähnlichkeiten, wie zum Beispiel die Uniformierung und die Aufmärsche der Jugendorganisationen vor und nach 1945, zu Begriffsverwechslungen führen, haben auch Niethammer, von Plato und Wierling bei ihren Interviews Ende der achtziger Jahre festgestellt.[393] Von Plato, der sich an anderer Stelle[394] ausführlich mit den Erinnerungen der interviewten Flüchtlinge und Vertriebenen, die man in der DDR »Umgesiedelte« nannte, auseinander gesetzt hat, ist auch auf Erzählungen gestoßen, die denen von Frau Ross sehr ähnlich sind. In diesem Zusammenhang stellt er ein Ehepaar vor, das »mit der Politik in der DDR nichts zu tun haben«[395] wollte und in dessen Berichten die wahrgenommenen Kontinuitäten immer wieder betont werden – nicht zuletzt deshalb, weil sie mit dem familiären Schicksal nach 1945 verbunden sind. Von Plato schreibt dazu: »Diese Totalitarismustheorie ›von unten‹, die man auch im Westen Deutschlands beobachten konnte, scheint mir in der DDR eine häufigere Lehre aus der Geschichte, als der offizielle, zu Tode gerittene Antifaschismus wahrhaben will. Dieser offizielle Antifaschismus ließ gerade die realen Geschichts-Erfahrungen unberücksichtigt, mit der kurzschlüssigen Begründung, der Sozialismus und die Kommunistischen Parteien und die Sowjetunion usw. seien nun einmal die Gegner des Faschismus gewesen.«[396]

Mit den »realen Geschichts-Erfahrungen« sind hier insbesondere die Erfahrungen mit den Soldaten der sowjetischen Armee gemeint. So gab es für ihr äußerst brutales Vorgehen beim Einmarsch in Deutschland, für die Plünderungen und Vergewaltigungen,[397] im öffentlichen Diskurs der DDR keinen Raum. Auch die von großer Inhumanität und neuem Unrecht begleiteten Entnazifizierungsmaßnahmen – insbesondere die Internierungspraxis in der SBZ – wurden tabuisiert und konnten mitunter selbst im engsten Verwandten- und Freundeskreis nicht erzählt werden.[398]

Unsere Interviews unterscheiden sich aber von von Platos Gesprächen insbesondere dadurch, dass sie fast zehn Jahre nach dem Ende der DDR geführt wurden. Was jenes Ehepaar, das von Plato vorstellt, erst zu schildern bereit war, nachdem er ihnen versichern konnte, dass die Tonbänder unkontrolliert die Grenze zur Bundesrepublik passieren würden, wird heute unter gänzlich anderen Gesprächsvoraussetzungen erzählt.

Bevor im Folgenden gezeigt wird, wie die Systemvergleiche in den Gruppengesprächen intergenerationell ausgehandelt werden, soll noch eine letzte Zeitzeugin zu Wort kommen. Die 75-jährige Helene Stein unterscheidet sich von den bisher vorgestellten Gesprächspartnern durch ihre Darstellung der Kontinuitäten von Nationalsozialismus und DDR. Sie schildert nicht allein 1945, sondern auch 1989 als Ernüchterung. Frau Stein meint, erst »bei Adolf« und dann nochmal »bei Honecker« »reingefallen« zu sein:

Helene Stein: »Und dann nach '45, als das alles zusammenbrach, dann fing man an nachzudenken, was eigentlich wirklich war, und da wurde ja dann eben auch genug aufgedeckt. Und das ist klar, also da (pustet) hat man sich gesagt, warum hat man da nicht bewusster gelebt? Aber ich glaube, das ist immer so. Gucken Sie mal, wir haben dann bei Honecker gelebt und dann haben wir geglaubt, was Honecker gesagt hat und haben das für richtig gehalten. Ich bin eigentlich erst heute kritisch geworden.«[399]

Bisher haben wir gezeigt, dass der Rückblick auf das »Dritte Reich« bei den einzelnen Zeitzeugen sehr unterschiedlich ausfällt, die DDR aber fast allen[400] als expliziter Vergleichshorizont dient. Im Folgenden werden wir darstellen, wann Vergleiche von »Drittem Reich« und DDR herangezogen und wie sie intergenerationell ausgehandelt werden, wenn alle Familienmitglieder gemeinsam diskutieren.

Als erstes Beispiel soll hier das Gruppengespräch mit der Familie Stein dienen. Im Gespräch mit der Familie Stein entspinnt sich gleich zu Beginn, also noch während der Vorführung des Einführungsfilms, eine Diskussion über Hitlerbilder in Privathaushalten des »Dritten Reiches«. Der Umstand, dass in einer der gezeigten Sequenzen das Porträt Adolf Hitlers als Miniaturausgabe in der Puppenstube eines Kindes hängt, lässt Zweifel bei der Zeitzeugin aufkommen: »Also, das ist ja nun ein bisschen übertrieben«[401], wendet die 75-jährige Helene Stein ein und zieht so die Authentizität der Filmaufnahmen in Zweifel. Darauf entspinnt sich ein kurzer Dialog zwischen ihr und ihrem Sohn, der mit einem Kompromiss endet: dass es Hitlerbilder zu jener Zeit in vielen deutschen Haushalten gab, bestätigt nun auch die Zeitzeugin; auch in ihrem Elternhaus hatte es »ein kleines« gegeben – Hitlerbilder in Puppenstuben seien allerdings eine Ausnahme gewesen.

Für ihren 51-jährigen Sohn gehört diese Sequenz zu jenen Bildern, die zeigen, wie »ein ganzes Volk in diese Politik eingebunden war«[402]. Wie »das Volk« dazu gebracht werden konnte, dass es Hitler, in den Worten von Herrn Stein, »dann wirklich blindlings getraut«[403] hat, darum drehen sich die folgenden Ausführungen des Sohnes wie der Enkelkinder. Beseitigung der Arbeitslosigkeit und wirtschaftlicher Aufschwung, Volkswagen und Autobahnen, Sportidee und Olympiade – aus diesen Schlagworten verfertigen sie gemeinsam einen Text, mit dem sie die Begeisterung »der Deutschen« für Hitler zu erklären suchen. Aus Sicht der Nachfolgegenerationen war »das Volk« bis zum 1. September 1939 begeistert, mit Beginn des Zweiten Weltkrieges jedoch sei schlagartig klar geworden, dass Hitler die Bevölkerung getäuscht hatte: In den Propagandafilmen der dreißiger Jahre, so führt der Sohn aus, »da war ja immer von Frieden die Rede«[404] und schließlich habe Hitler vorher immer gehalten, »was er versprochen hatte«.[405]

In der Erzählung der Zeitzeugin geht die Begeisterung der Deutschen für Hitler aber noch über den Kriegsbeginn hinaus: »Der Polenfeldzug, der dauerte 14 Tage, dann hatten wir Polen besiegt, das war ja einmalig«,[406] führt die 75-Jährige aus. Dann sei es nach Frankreich gegangen, später weiter nach Russland, »aber dann Stalingrad war nachher Feierabend«.[407]

Der Enkel greift im Folgenden das Stichwort »Stalingrad« auf. Er spricht davon, dass mit Stalingrad »dann auch schon so leise Zweifel beim Durchschnittsbürger laut«[408] geworden seien. Er folgt also seiner Großmutter und verlegt die Ernüchterung der Deutschen auf die Zeit ab 1943. Seine Großmutter revidiert aber auch diese Sicht auf die Vergangenheit. »Da hat man ja immer noch an die Wunderwaffe geglaubt«,[409] unterbricht sie die Ausführungen ihres Enkels.

Zwischen der Vergangenheitsrekonstruktion der Zeitzeugin und der der Nachfolgegenerationen klafft hier eine Lücke. Zu Beginn der Diskussion war es relativ abstrakt um die Verführbarkeit »des deutschen Volkes« gegangen. Im Verlauf des Gesprächs hatte die Großmutter mit ihren Äußerungen dieses historische Kollektiv konkretisiert. Sie hatte es im wahrsten Sinne des Wortes »mit Leben gefüllt« – und dadurch näher gerückt: Nicht »die Nazis«, »die Deutschen« oder ein nicht näher benanntes »sie« hatten Polen besiegt, sondern »wir«. Dass die Ausführungen der Großmutter zu Irritationen bei den Enkelkindern geführt haben müssen, zeigt sich an der anschließenden, relativ unvermittelt erscheinenden Frage der 25-jährigen Cordula Stein:

Cordula Stein: »Warst Du denn auch mal in so einem Jungmädchenbund da drin?«
Helene Stein: »Ja, JM war ich noch. BDM nicht, aber JM.«
Cordula Stein: »Und wie hast Du das empfunden?«
Helene Stein: »Es war gut. Tja, man wurde/ man hat da Gesellschaftsspiele gemacht, man hat Wanderungen, Fahrten gemacht und alles, da bist du als Junger begeistert. Ich meine, du warst ja dann/ das ist bei Honecker ja genauso gewesen, FDJ und so. Oder als Pionier, (spricht ihre Enkelin direkt an) wie stolz hast du dein Pioniertuch getragen?«
Cordula Stein: »Hmhm«
Helene Stein: »Ne, und so war das damals auch. Du hast ja nichts anderes gehört.«
Cordula Stein: »Hmhm«
Helene Stein: »Du bist in der Schule eben so gelehrt worden, dass du eben dafür begeistert warst und das ist ja an sich/ da gehört nicht viel dazu.«[410]

Die Enkelin fragt hier zunächst nach der Organisationszugehörigkeit der Großmutter und anschließend, wie sie es gefunden habe, bei den »Jungmädeln« zu sein. Diese Frage geht vermutlich darauf zurück, dass die eindeutige Rolle, die sie ihrer Großmutter im »Dritten Reich« zugeschrieben hatte, fragwürdig geworden ist. Enkelin und Großmutter hatten sich auch früher schon über das Leben im Nationalsozialismus unterhalten. Die Geschichten aber, die die Enkelin der Interviewerin im vorangegangenen Einzelgespräch von ihrer Großmutter erzählt hatte, waren in erster Linie Berichte von einem furchtbaren Krieg gewesen. Der Enkelin war sehr eindrücklich in Erinnerung geblieben, was ihr die Großmutter über die Bombardierung Dresdens berichtet hatte. Aufgrund dieser Berichte hatte sie es möglicherweise für ausgeschlossen gehalten, dass ihre Großmutter auch begeistert vom Beginn des Krieges sprechen könnte.

Mit ihrer Antwort weist Frau Stein ihre Enkelin nun auf deren eigene Erfahrungen in den Jugendorganisationen der DDR hin. Dabei zeigt sich, dass sie mit diesem Hinweis nicht nur um das Verständnis ihrer Enkelin wirbt. Ihre Antwort ist nicht nur schärfer formuliert (»Wie stolz hast Du Dein Pioniertuch getragen«), sie reagiert auch auf einen antizipierten Vorwurf, denn sie endet mit den Worten: »Da gehört nicht viel dazu.« Ihre Vereinnahmung für den Nationalsozialismus war nichts Besonderes, schließlich habe sich die Enkelin selber auch »bei Honecker« vereinnahmen lassen. Ein Argument, das die Enkelin im Folgenden zwar zurückweist,[411] das aber insofern schon bemerkenswert ist, als es in einem westdeutschen Familiengespräch nicht in dieser Konstellation gebraucht werden könnte. Es ist ein Spezifikum ostdeutscher Familiengespräche, dass die Zeitzeugen dann, wenn sie sich unter Rechtfertigungsdruck sehen, auf diesen Vergleich zurückgreifen.

Wird die nationalsozialistische Vergangenheit über Vergleiche mit der DDR ausgehandelt, dann sind insbesondere die Kategorien Wissen und Nichtwissen von Bedeutung. Das kommt vor allem dann zum Tragen, wenn es um Fragen nach dem Wissen um die Existenz von Konzentrations- und Vernichtungslagern geht. Dazu zunächst zwei Beispiele aus anderen Gruppengesprächen. In den Gesprächen mit der Familie Drake ist ein Rechtfertigungsbedürfnis der Zeitzeugin sehr deutlich. Wie im 5. Kapitel bereits erläutert wurde, besitzt die Familie eine Villa in Babelsberg, die der Vater der 1932 geborenen Gisela Drake 1938 günstig erworben hat. Dass es sich bei diesem Haus um »arisiertes«, d. h. vormals jüdisches Eigentum, handelt, ist anzunehmen und wird auch von Frau Drake nicht ausgeschlossen. Auf dieses Haus, das sie zum Zeitpunkt des Interviews verkaufen möchte, kommt sie im Gespräch öfter zu sprechen. Gleichzeitig betont sie aber auch mehrfach, dass ihr bis Ende der fünfziger Jahre weder von Konzentrationslagern noch von der Judenverfolgung etwas bekannt gewesen sei. Diese weit über die Zeit des »Dritten Reiches« hinausgehende Unwissenheit sieht sie auch im Prozess der Aufarbeitung von Vergangenheit begründet:

Gisela Drake: »Die Vergangenheit, ja, die [...] wird ja immer noch aufgearbeitet eigentlich. Ja, es ist ein Wahnsinn, denk ich manchmal, ja, dass man das so spät alles erst erfahren hat. Und das stimmt wirklich, weil heute gesagt wird: ›Na, Ihr wusstet doch hier alles, wie es hier gelaufen ist‹ – hier in der DDR nun. Na sicher wussten wir vieles, aber wir wussten eben vieles, hunderte von Sachen überhaupt nicht, wenn wir nicht betroffen waren, ne. Woher? Ne, das ist auch in der Nazizeit so gewesen. Ich meine, wer neben einem KZ gewohnt hat oder in diesen Gegenden, der wird schon manches mitbekommen haben, denk ich, aber (leise) in den Gegenden (es entsteht eine Pause).«[412]

Frau Drake stellt hier ihre Unwissenheit im Hinblick auf die NS-Verbrechen in den Kontext der Aufarbeitung der DDR-Geschichte. Sie sieht sich in diesem Sinne einer doppelten Zumutung ausgesetzt. Nach 1945 wie nach 1989 sei vorausgesetzt worden, dass man zeitgenössisch über Unrechtshandlungen umfassend informiert gewesen sei. Dabei würden diejenigen, die heute sagen »Na, Ihr wusstet doch hier alles«, nicht berücksichtigen, dass viele Erkenntnisse in Bezug auf staatliches Unrecht erst im Prozess der »Aufarbeitung der Vergangenheit« zutage gefördert wurden. Es sei denn, so fügt sie einschränkend hinzu, man war selber betroffen oder wohnte in der Nähe eines Konzentrationslagers. Frau Drake knüpft an dieses zunächst im Einzelinterview geäußerte Argument in der Gruppendiskussion mit ihren Töchtern wieder an:

Gisela Drake: »Ich hab das auch da (im Einzelinterview) angesprochen, weil ja heute auch gesagt wird, nach der Wende: ›Ihr wusstet doch alles.‹ Das ist einfach nicht wahr, dass man alles wusste, nech. Man wusste nicht, dass 80 000 Leute uns bespitzeln, ja. Von hinten und vorne und dass man/ dass ich zwei Akten hab, eine bei der Kirche (zynisch) ›Das wusste man doch alles‹ – wäre ja furchtbar gewesen. Klar, manches wusste man schon, aber man hat sich davor innerlich ja auch schützen können, ne.«

Ella Drake: »Na ja, ich denke mir mal, das war aber auch angebracht gewesen bei Leuten, die denn da dran wohnten an solchen Lagern.«[413]

Frau Drake wiederholt hier den Vorwurf, dem sie sich seit 1989 ausgesetzt sieht und den sie bereits im Einzelgespräch benannt hatte, noch einmal (»Ihr wusstet doch alles«). Wie im vorangegangenen Einzelgespräch wird auch hier nicht gesagt, wer diesen Vorwurf formuliert. Vielleicht gibt es kein konkretes Subjekt und es ist eher allgemein die gesamtdeutsche Öffentlichkeit gemeint, die diesen Vorwurf erhebt. Vielleicht sind es aber auch die Westdeutschen, denen Frau Drake diese Vorwurfshaltung zuschreibt, die sie aber nicht konkret benennt, möglicherweise auch, um der Interviewerin nicht zu nahe zu treten. Auf jeden Fall erhalten Frau Drakes Ausführungen sehr viel Zustimmung durch ihre Töchter, wie an dieser Stelle auch die vielen »Hm's« belegen. Gleichzeitig wird der Vergleich dessen, was man in der NS-Zeit nicht wusste, und auch zu DDR-Zeiten nicht wissen konnte, hier konkreter gefasst. Es geht um die Bespitzelung und Kontrolle, die vom Ministerium für Staatssicherheit durch seinen gut ausgebauten Sicherheitsapparat ausging.[414] Dabei steht seit Beginn der neunziger Jahre sicherlich die Enttarnung und Überprüfung vor allem von inoffiziellen Mitarbeitern der Staatssicherheit im Zentrum der öffentlichen Wahrnehmung. Frau Drake möchte hier darauf hinweisen, dass sie einerseits von dem Personalbestand des MfS nichts wissen konnte, dass sie gleichzeitig aber den Bespitzelungsmaßnahmen selbst ausgesetzt war, wie jene beiden Akten belegen, die im Rahmen ihrer kirchlichen Tätigkeiten über sie geführt worden sind, und in die sie vermutlich in den letzten Jahren selbst Einsicht genommen hat. Zwar habe man auch zu DDR-Zeiten über »manches« Bescheid gewusst, doch wusste man sich vor diesem Wissen auch zu schützen. An dieser Stelle schaltet sich die ältere Tochter von Frau Drake ein: Ella Drake scheint die Argumentation ihrer Mutter genau zu kennen. Ebenso wie ihre Mutter im Einzelgespräch, verweist sie nun darauf, dass insbesondere die Menschen, die im nationalsozialistischen Herrschaftssystem in der Nähe von Konzentrationslagern wohnten, sich davor schützen mussten, zu viel zu wissen (»Na ja, ich denke mir mal, das war aber auch angebracht gewesen bei Leuten, die denn da dran wohnten an solchen

Lagern«). Bemerkenswert an diesem Beispiel ist, wie selbstverständlich die DDR und die NS-Vergangenheit von Mutter und Tochter hier miteinander verknüpft werden.

Der Beurteilung des Verhaltens der Eltern in der NS-Zeit liegt in ostdeutschen Familien ein anderer Maßstab zugrunde als in westdeutschen Familien. Während die westdeutschen Befragten der Zeitzeugen- und Kindergeneration manchmal ebenso pauschal wie knapp in ihre Ausführungen den Hinweis, dass »das in der DDR genauso« war, einflechten, folgen an diesen Stellen in den ostdeutschen Familiengesprächen ausführliche Berichte, die zeigen, dass die NS-Vergangenheit hier vor einem gemeinsamen Erfahrungshintergrund verhandelt wird.

Auch wenn das NS-Herrschaftssystem sicherlich schon vor 1989 mit dem der DDR verglichen worden ist, so hat sich diese Tendenz doch seither zusehends verstärkt. Das, was tagtäglich in den Medien über die DDR zu lesen, zu sehen und zu hören ist, hat Rückwirkungen auf die Sicht des »Dritten Reiches«. Dabei zeigen einige Familiengespräche auch, dass hier vermutlich tief greifende Veränderungen im innerfamilialen Kommunikationsgefüge stattgefunden haben, denn die Beantwortung der an die Eltern und Großeltern gerichteten Frage »Was habt Ihr in der NS-Zeit gewusst?« scheint seit 1989 auf vielfache Weise neu ausgehandelt zu werden.

In der Familie Haase wird der veränderte Diskurs über die NS-Vergangenheit von der Zeitzeugin besonders hervorgehoben. So schildert Frau Haase in der Gruppendiskussion ein Gespräch, das sich, noch zu DDR-Zeiten, Ende der achtziger Jahre im Familienkreis zugetragen haben soll.

Margarethe Haase (an ihre Tochter gewandt): »Du und Dein Bruder waren bestimmt dabei, und es waren noch andere bei, ich weiß aber jetzt nicht wer. Und da habt Ihr uns gefragt: ›Sagt mal, wir können das nicht begreifen, dass Ihr das nicht gewusst habt, was in den KZ's passiert ist!‹ Und da hat unser Vati eine sehr kluge Antwort gegeben, denn die Stasi hatte hier in der Brandenburger Straße, also ganz am Ausgang der Stadt nach Süden hin, hatte dort ihr Stasi-Gebäude. Und da hat unser Vati gesagt: ›Wisst Ihr, was sich bei der Stasi da abspielt?‹ Das war in der Stadt!«
Maike Anders: »Ja, im Nachhinein denk ich mal, glaub ich das auch. Aber

wir haben das damals nicht geglaubt, und also das war immer die Frage, die uns am meisten bewegt hat. Warum haben die nicht hingeguckt?«

Margarethe Haase: »Ja, wir konnten's nicht wissen!«

Maike Anders: »Wie können sie diese Zeit verherrlichen, wo man doch im Nachhinein so viel Schlimmes aufgedeckt hat! Aber wir haben ja letztendlich auch nicht gewusst, was in Bautzen passiert ist und in anderen Gefängnissen der DDR-Zeit. Das ist ja auch nachher erst rausgekommen. Und da müssen wir also jetzt auch ganz still sein, und wenn unsere Kinder uns fragen: ›Warum habt Ihr geschwiegen?‹ Müssen wir auch sagen: ›Wir haben auch nichts gewusst! Wir haben es auch nicht geahnt!‹ Also ich glaub das heute.«[415]

Der Verweis auf die Tätigkeit des Staatssicherheitsdienstes zu DDR-Zeiten entpuppt sich auch hier als eines der schlagendsten Argumente. Anders als in der Familie Drake setzt Frau Haase diesen Sachverhalt offensiv gegen ihre Tochter ein. Den generationellen Konflikt über die Rolle der Eltern im Nationalsozialismus, den Frau Haase anspricht und der an vielen Stellen des Interviews zutage tritt, sieht sie nach 1989 als klar zu ihren Gunsten entschieden. Dass sich die nationalsozialistischen Menschheitsverbrechen von der Dimension her nicht mit der Repression durch den Staatssicherheitsdienst gleichsetzen lassen, spielt dabei keine Rolle. Für die Aushandlung der NS-Vergangenheit mit der DDR sind allein die Kategorien Wissen und Nichtwissen bedeutsam. In diesem Sinne wird dann auch die vielfache Beteuerung der Zeitzeugen, sie hätten von Verfolgung, Deportationen und Massenvernichtung nichts wissen können, fraglos akzeptiert, da man selbst ja auch nicht realisiert hat, wie weit das Wirken des Staatssicherheitsdienstes in die privaten Lebensbereiche hineinreiche. Das führt dazu, dass die Nachfolgegenerationen sich mit Vorwürfen oder Anklagen gegenüber der Zeitzeugengeneration im Vergleich zu westdeutschen Befragten noch stärker zurücknehmen.

Dieser Blick auf die doppelte Vergangenheit, der den Nationalsozialismus und die DDR als zwei Diktaturen näher zusammenrücken lässt, entspricht in gewisser Weise dem gesamtgesellschaftlichen Diskurs (besonders der westdeutschen Perspektive) seit 1989. In den letzten 10 Jahren standen nicht so sehr ein differenzierter Vergleich der doppelten deutschen Nachkriegsgeschichte und damit die unterschiedliche Entwicklung von DDR und Bundesrepublik im Fokus der Debatte als vielmehr der Vergleich von Nationalsozialismus und SED-Staat. Die in diesem Sinne vollzogene Entwertung der DDR-Geschichte war nicht allein »vom Habitus der westdeutschen Akteure, sondern auch von ostdeutschen Abrechnungsbedürfnissen bestimmt«.[416]

So sind es nicht nur die Nachfolgegenerationen, die ihre kritische Haltung gegenüber den elterlichen Erzählungen über die Zeit des Nationalsozialismus neu überdenken, sondern auch die Zeitzeugen selbst meinen, dass ihren Erzählungen heute ein anderer Stellenwert zukommt als noch vor 1989. So entsteht im Interview mit der Familie Haase der Eindruck, als würde die 79-Jährige in Hinblick auf frühere Auseinandersetzungen über den Nationalsozialismus heute mit ihrer Tochter abrechnen. Die kritische Sicht der 55-jährigen Tochter auf die von Frau Haase auch heute noch nahezu vollständig affirmierte Politik des »Dritten Reiches« führt diese auf ein Geschichtsbild ihrer Tochter zurück, das, wie sie sagt, »eben nachher in der DDR so geprägt wurde«.[417] Frau Haase ist sicherlich ein Extremfall, sowohl was ihre ungebrochene Zustimmung zum Wertekanon des Nationalsozialismus wie zu antisemitischen und rassistischen Klischees und Feindbildern als auch ihr offensives Auftreten betrifft. Das ändert jedoch nichts daran, dass die so genannte doppelte Vergangenheit die Auseinandersetzungen in allen Familien aus Ostdeutschland mitbestimmt und zum Teil auch dominiert. In vielen Familien läuft im Gespräch über den Nationalsozialismus »die Stasi-Debatte« als klar erkennbarer Vergleichshorizont mit.[418]

Es gibt aber auch Interviews, in denen die DDR-Vergangenheit als Subtext mitläuft. So in der Familie Linde. Hier bezeichnet der 56-jährige Sohn, Hans Linde, seinen Vater im Einzelinterview als »nationalsozialistischen Nachwuchskader« und seine Mutter als »Funktionärin« des Nationalsozialismus. Dabei ist anzumerken, dass zumindest der Kaderbegriff sicherlich für das Nomenklatursystem der DDR gebräuchlicher ist als für den NS-Staat. Herr Linde verwendet die Begriffe jedoch nicht in vorwurfsvoller Absicht. Seine Ausführungen dokumentieren ganz im Gegenteil einen Schulterschluss

mit den eigenen Vorfahren, die das NS-System bis zum Ende mitgetragen hatten. Dieser Schulterschluss gründet sich dabei auf eine
Deutung, die den Nationalsozialismus in der eigenen Familie auf
einen missbrauchten Idealismus zurückführt. Seine Eltern hätten
nach dem Krieg Jahre gebraucht, um zu begreifen, was diejenigen an-
gerichtet hatten, an die sie zunächst geglaubt hatten. Mit dieser Lesart der Familiengeschichte verleiht Herr Linde aber nicht nur dem
Handeln seiner Vorfahren Sinn. Dass die bittere politische Desillu-
sionierung seiner Vorfahren an so vielen Stellen des Interviews im
Vordergrund steht, hat vermutlich auch etwas damit zu tun, dass sie
Herrn Linde nach 1989 auch den geeigneten Rahmen für eine schlüssige Interpretation der eigenen Vergangenheit liefert. So resümiert
Herr Linde seine Ausführungen im abschließenden Gruppengespräch:

Hans Linde: »Ja, aber eine Schlussfolgerung kann tatsächlich sein, aus dem
Erleben der eigenen Geschichte, aus dem Erleben der Familiengeschichte,
dass man sich schon zu kümmern hat und sich umzusehen hat, nech. [...] Und
nicht jedem auf den Leim gehen sollte, nicht. Ja, denn falsche Propheten hat
es genug gegeben, einmal die Nationalsozialisten wie gesagt, und das weiß
ich ja nur aus der Geschichte, aber dass man auch anderen Propheten erlegen
sein kann, das haben wir an der eigenen Geschichte erlebt, im Sozialismus.
Denn da hörte sich ja auch vieles gut an.«[419]

Durch diese Lesart der Geschichte gelingt es Herrn Linde, sich und
seine Familie von zwei kompromittierten Vergangenheiten gleichzeitig loszusagen. Falschen Propheten waren nicht nur seine Vorfahren
gefolgt, sondern auch seine eigene Vergangenheit in der DDR scheint
ihm nun eine Geschichte fehlgeleiteter Überzeugungen zu sein – zumindest spricht er für ein »wir«, das »anderen Propheten erlegen«
war. Dass Herr Linde an vielen Stellen des Interviews die bittere Des-
illusionierung seiner Vorfahren herausstellt, ist als Hinweis darauf
zu verstehen, dass er sich nach 1989 möglicherweise in einer ähn-
lichen Umbruchsituation wie seine Vorfahren nach 1945 wähnt. Wie
Dorothee Wierling anhand einer Befragung der ersten Nachkriegsgeneration der DDR zeigen konnte, fühlen sich »diejenigen Interviewpartner, die in der DDR im Sinne des Systems gewirkt oder sich auch
nur irgendwie arrangiert hatten, [...] oft unter einem Rechtfer-

tigungsdruck, der dem der Eltern nach dem Scheitern des Nationalsozialismus sicher nicht unähnlich ist, so dass eine dadurch verstärkte
Identifikation mit den Eltern vermutet werden kann.«[420]

Nachwirkungen der »Vergangenheitsbewältigung« in der DDR

»Weiße Flecken«

In der zweiten Hälfte der achtziger Jahre versuchte man am Zentral-
institut für Jugendforschung in Leipzig durch umfangreiche Befragungen die Haltung der DDR-Jugendlichen zum »Faschismus« sowie
deren Geschichtsinteressen insgesamt zu ergründen. Dabei registrier-
ten die Forscher, dass das Interesse in einem Themenbereich in den
Jahren 1987/88 »bei nahezu allen Gruppen von Jugendlichen«
sprunghaft angestiegen war: Die Werte für ein »starkes« bzw. »sehr
starkes« Interesse für die Geschichte der Sowjetunion, und wie die
Autoren festhielten, »besonders für die Stalinzeit« hatten sich innerhalb eines Jahres mehr als verdreifacht.[421]
Zu möglichen Gründen wollten sich die Autoren nicht konkret äußern:
In der Zusammenfassung der Studie war lediglich zu lesen, dass die
Veränderungen auf ein Streben der Jugendlichen »nach historischer
Wahrheit« zurückgehen würden.[422] Was man 1989 nur andeutete, hat
einer der Autoren der Studie wenige Jahre später als das Interesse der
Jugendlichen für »weiße Flecken der DDR-Geschichtsschreibung«
beschrieben.[423] Die Enthüllungen über die stalinistischen Verbrechen
und den Hitler-Stalin-Pakt waren im Gefolge von Glasnost und Pe-
restroika in der Sowjetunion zum Thema geworden – eine Entwicklung, die man in der DDR zu diesem Zeitpunkt noch zu unterbinden
suchte. Nachdem das deutschsprachige sowjetische Magazin »Sput-
nik« mehrfach über die stalinistischen Verbrechen berichtet und zuletzt
Parallelen zwischen Stalin und Hitler gezogen hatte, wurde es schließlich im November 1988 in der DDR verboten.[424]
In unseren etwa zehn Jahre nach der »Wende« durchgeführten Interviews zeigt sich, dass diesen vormals »weißen Flecken« auch heute
noch besondere Aufmerksamkeit zuteil wird. Fast alle Angehörigen

der Kinder- und Enkelgeneration beschreiben, wie sich Teile dessen, was man früher über den Nationalsozialismus gelernt hatte, seit Mitte der achtziger Jahre als fragwürdig oder unvollständig herausstellten. Hiervon war jedoch nicht die Aufklärung über die NS-Verbrechen betroffen. Die Verbrechen in den Konzentrationslagern und im Kontext des Vernichtungskrieges werden von keinem unserer Gesprächspartner angezweifelt oder in Frage gestellt. Im Gegenteil, die mediale Vermittlung der NS-Verbrechen in der DDR, über Gedenkstätten, Spielfilme und Romane, wird von allen Befragten der Kinder- und Enkelgeneration als beeindruckend und erschütternd geschildert.

Negativ angemerkt wird jedoch in diesem Zusammenhang, dass zu DDR-Zeiten die Rolle des kommunistischen Widerstands einseitig hervorgehoben und glorifiziert worden sei. Am häufigsten und ausführlichsten wird kritisiert, dass die sowjetischen (Kriegs-)Verbrechen verschwiegen wurden. Als Beispiele hierfür werden z. B. der Hitler-Stalin-Pakt, die Morde von Katyn, das sowjetische Gulag-System, die Plünderungen und Vergewaltigungen zu Kriegsende und die Speziallager in der SBZ genannt.

Erzählungen, die von Vergewaltigungen, Plünderungen und von unmenschlichen Bedingungen in russischer Kriegsgefangenschaft berichten, gibt es in Ost und West gleichermaßen. Was jedoch die ostdeutschen von den westdeutschen Erzählungen unterscheidet, ist, dass mit diesen Berichten immer auch der frühere Widerspruch von »Familienalbum« und »Lexikon« in der DDR thematisiert wird. Konnte das Feindbild »des Russen«, das einem Konglomerat aus rassistischen Stereotypen und Vorurteilen der NS-Zeit, aus Erwartungen und realen Erfahrungen während des Krieges und zu Kriegsende gleichkam, in der Bundesrepublik in ein antikommunistisches Weltbild eingebettet werden, so trifft das Gegenteil auf die DDR zu. Hier wurde eine »unverbrüchliche Freundschaft« zur Sowjetunion in der Verfassung festgeschrieben, und in Verbänden wie der »Deutsch-Sowjetischen-Freundschaft« institutionalisiert.[425]

Ob diese Form der »Traditionserfindung«[426] in der DDR erfolgreich war und so zum Beispiel rassistische und antikommunistische Stereotype im Wertekanon der Bevölkerung revidiert wurden, ist mehr als fraglich. Niethammer schreibt, dass das Bild der sowjetischen Besatzungsmacht in den Schilderungen der Ostdeutschen vor der »Wende« differenzierter war und »die Russen« hier auch als Opfer des deutschen Vernichtungskrieges Erwähnung fanden. Über persönliche Begegnungen wie über den Einfluss der russischen Literatur habe sich ein vielschichtiges Bild ergeben und »viele in der DDR« hätten auch »von einem Umlernen über die Russen« berichtet.[427]

Ende der neunziger Jahre hat sich dieses Bild erneut gewandelt. Auch einige unserer Interviewpartner – überwiegend aus der Kindergeneration – berichten von einem »Umlernen über die Russen« – allerdings in genau entgegengesetzter Hinsicht. So berichtet die 55-jährige Frau Anders, wie sich ihr Bild von der Sowjetunion Ende der achtziger Jahre mit der heimlichen Lektüre von Alexander Solschenizyns Buch »Der Archipel Gulag« gewandelt habe: »Da wurde ich das erste Mal hellhörig, dass doch vielleicht mein Geschichtsbild korrekturbedürftig wäre.«[428]

Wie wir im vorangegangenen Kapitel bereits zeigen konnten, sind die Geschichten über »die Russen« in Ost und West gleichermaßen negativ. An dieser Stelle sollen jedoch noch einige Besonderheiten herausgearbeitet werden, die die Berichte der ostdeutschen Nachfolgegenerationen kennzeichnen.

Hier lässt sich zunächst sagen, dass Kinder und Enkel in ihren Ausführungen häufig auf das frühere Geschichtsbild zurückverweisen, indem sie ironisch von »unseren Befreiern«, »Brüdern« oder »sowjetischen Freunden« sprechen.[429] In diesem Zusammenhang wird den oben bereits angesprochenen Berichten über die sowjetischen Speziallager in Ostdeutschland – vor allem in der Kindergeneration – besonders viel Aufmerksamkeit geschenkt. Die sowjetischen Speziallager in Deutschland sind in keiner westdeutschen, jedoch in jeder zweiten ostdeutschen Familie ein Thema.

So auch in der Familie Boesch aus Brandenburg. Ein großer Teil der Ausführungen des 34-jährigen Sohnes bezieht sich auf die Erfahrungen seiner Familie mit »den Russen« zu Kriegsende. So geht es Paul Boesch an vielen Stellen des Interviews um den früheren Widerspruch von offiziellem Geschichtsbild und familiären Erzählungen. Für ihn seien »die Russen« nie die Befreier gewesen, als die man sie öffentlich dargestellt hätte. Aus familiären Berichten sei ihm bekannt gewesen, dass »die Russen« nicht nur mit Hitler paktiert, sondern auch, dass sie geplündert, vergewaltigt und Unschuldige erschossen hätten. Im Interview schildert Paul Boesch, wie er anlässlich seiner Jugendweihe eine der Nationalen Mahn- und Gedenkstätten besucht hat. Das war so ein Tag, sagt er, »den man absolviert« hat, der ihn aber dennoch außerordentlich betroffen gemacht habe:

Paul Boesch: »Mich hat das berührt, so eine Schlachtbank zu sehen, das war unfassbar für mich. Ich glaube, das ist wirklich wichtig, diese Ausschnitte, die ich dann so wahrnehme aus dieser Zeit, das waren ja dann meistens Horrorgeschichten. [...] Ich war in Sachsenhausen. Die Russen haben da einen Film gemacht über das Lagerleben, und zur Abschreckung und so, und das fand ich schon unfassbar, und dann lassen die den Betrieb da weiterlaufen, das war der Schock (lacht). Das war schon hart. Also da hab' ich/ da gibt's Gräber von den Russen mit zehntausend Leuten drin.«[430]

Die eindrücklichen Erinnerungen an Gedenkstättenbesuche zu DDR-Zeiten scheinen bei Paul Boesch nach 1989 eine zusätzliche Dimension gewonnen zu haben. Die Vorstellung vom Grauen in den nationalsozialistischen Konzentrationslagern scheint sich heute mit dem Wissen zu verbinden, das durch die Medien über die Speziallager verbreitet wurde. »Dass die Russen die KZ's weiter benutzt haben«, wie er an anderer Stelle sagt, hätte er »immer gewusst«.[431] Schockiert zeigt er sich aber über das Ausmaß, wie insbesondere über die erst nach 1989 ermittelte Anzahl der Toten in den sowjetischen Speziallagern.[432]

Dass den Speziallagern in den von uns interviewten ostdeutschen Familien so viel, in den westdeutschen hingegen keine Beachtung geschenkt wird, ist vermutlich darauf zurückzuführen, dass die historischen Orte der einstigen Konzentrationslager (vor allem Buchenwald und Sachsenhausen) fest im kollektiven Gedächtnis der DDR-Bürger verankert wurden, während die Geschichte dieser Orte in der Nachkriegszeit verschwiegen wurde.[433]

Ähnliches hat auch Thomas C. Fox in seiner Analyse der »verstaatlichten Erinnerung«[434] in der DDR herausgearbeitet. Er vermutet, dass das starke Interesse an der Geschichte der sowjetischen Speziallager in den neunziger Jahren auf deren Tabuisierung im öffentlichen Diskurs über die Vergangenheit in der DDR zurückzuführen ist.

Wie es einer unserer Interviewpartner bezeichnet, waren Erzählungen über die Speziallager »private Informationen«, die »man nicht offiziell verbreitete«.[435]

In diesem Sinne ist die Gegenüberstellung von kommunikativem und kulturellem Gedächtnis, von »Familienalbum« und »Lexikon«, hier zwar auch treffend, aber nicht hinreichend. Denn für die »weißen Flecken« ist die gesellschaftliche Organisation des Vergessens stärker hervorzuheben. Die Erinnerung an die sowjetischen Internierungslager wurde in der DDR tabuisiert.[436] Die Erzählungen und Berichte, die aus dem offiziellen Gedächtnis gelöscht wurden, zirkulierten aber weiterhin im Familienkreis und unter Freunden und Bekannten. Sie waren im »inoffiziellen Gedächtnis«[437] durchaus noch präsent. Nach Burke, der diesen Begriff am Beispiel der Sowjetunion entwickelt hat, gibt es Hinweise darauf, dass diese Form des Gedächtnisses der intentionalen Auslöschung durch totalitäre Regime trotzt, auch wenn ihre Macht bisher relativ unerforscht ist. Auch in der neueren sozialpsychologischen Gedächtnisforschung gibt es Hinweise darauf, dass die intendierte politische Unterdrückung von Erinnerung auch die nicht-intendierte Konsequenz haben kann, kollektive Erinnerung geradewegs zu konservieren.[438] In unserem Fall (den Speziallagergeschichten) haben wir es mit inoffiziellen Erinnerungen zu tun, die nach dem Umbruch von 1989 in den Kanon der offiziellen Erinnerung wieder aufgenommen wurden. Die Geschichte der zehn sowjetischen Speziallager in Deutschland wird seit Beginn der neunziger Jahre wissenschaftlich erforscht, sie wird öffentlich und kontrovers diskutiert und hat in Form von musealen Darstellungen und Gedenkstätten auch Eingang ins kulturelle Gedächtnis gefunden.[439]

»Widersprüche«

Auch bei den Enkelkindern, die in den siebziger Jahren geboren wurden, steht eine Kritik des früheren Umgangs mit dem Nationalsozialismus, wie er in Schule und Gedenkstätten praktiziert wurde, im Vordergrund. Zwei Enkel führen hier ebenfalls als ein Beispiel der unzureichenden Auseinandersetzung mit der Vergangenheit die tabuisierten Speziallager an. Fast alle Enkelkinder betonen, dass ihnen das frühere Geschichtsbild unvollständig und einseitig erschienen sei.[440] Über seinen Schulunterricht sagt der 25-jährige Enkel der Familie Stein:

Torsten Stein: »Hauptsächlich wurde berichtet über die Antifaschisten, ne, die nun irgendwie später den Kommunismus mal in die Richtung lenken/ wurde viel über die Antifaschisten gelobt und die Taten. Das ging auch schon sehr früh los, ich glaub vierte Klasse und so [...]. Aber so in dem Alter hab ich mir/ also ich denk mal, es ging andern Leuten auch so in dem Alter, dass man sich da noch gar nicht so Gedanken darüber gemacht hat. Man hat das halt gelesen und wusste, was da los war in der Zeit, aber so richtig 'n Empfindung und Gefühle dafür zu entwickeln oder dagegen, das kam eigentlich erst später. Wahrscheinlich auch, weil es immer so'n Muss war ne, dass man es lesen musste und es wieder von der Seite bekam, von der Seite bekam.«[441]

Ähnliches berichtet auch der Enkel der Familie Silbermann über seinen Schulunterricht:

Dennis Silbermann: »Die Antifaschisten wurden immer ziemlich hochgejubelt natürlich in der Schule oder beziehungsweise also das waren halt die Guten. Und dann gabs die Bösen. Die aber irgendwie nicht weiter definiert wurden und irgendwie also dieses Thema willige Vollstrecker und so, sowas wurde im Prinzip würde ich sagen komplett, also das war immer nur ne Masse, irgendwie also komplett ausgeklammert [...] Und man fühlte sich auch immer also ich glaub' irgendwie als DDR-Schüler. Wir waren ja die Guten und so und das auch im Prinzip auf die ganze Republik bezogen.«[442]

Das Geschichtsbild, das nur Gut oder Böse, schwarz oder weiß kannte, wird im Rückblick von den meisten Enkeln kritisiert. In diesem Zusammenhang werden Bücher wie Daniel Goldhagens »Hitlers willige Vollstrecker«[443] oder Filme wie »Schindlers Liste« in Ostdeutschland als qualitativ neuartig eingeschätzt. Natürlich werden gerade diese Medienerzeugnisse und Geschichtsdarstellungen der neunziger Jahre auch von westdeutschen Befragten als beeindruckend und anregend geschildert. In den ostdeutschen Interviews werden sie jedoch immer dem früheren antifaschistischen Geschichtsbild gegenübergestellt.

Auch die 28-jährige Enkelin der Familie Linde zeigt sich eher enttäuscht, wenn sie an ihren früheren Geschichtsunterricht zurückdenkt: »Da wurde das einfach so pauschalisiert: schlecht – böse, gut

– dagegen.«[444] Die NS-Zeit habe sie aber ohnehin nicht sonderlich interessiert, denn auch zu Schulzeiten wären »Krieg« und »Kriegsmaschinen« wohl eher etwas gewesen, was die Jungen in der Klasse angesprochen hätte. Von ihrer Großmutter weiß sie, dass ihr Großvater kurz vor Kriegsende gefallen und ihr Großonkel in Kriegsgefangenschaft umgekommen war. Darüber hinaus hätte das, was ihre Großmutter berichtete, dem in der Schule vermittelten Geschichtsbild entgegenstanden.

Kerstin Linde: »Sie (die Großmutter) war ja auch, ich glaube, sie war auch in der NSDAP, ne. Und das/ solche Sachen überhaupt zu verstehen, wo einem das immer in der Schule anders beigebracht wird. Da wird ja gesagt, das waren alles die Bösen. [...] Und die Widerständler sozusagen waren die, die vor allem die Kommunisten waren, waren die Guten, die jetzt ja auch regieren irgendwo, oder wo, dessen Erbe jetzt, deren Erbe jetzt weitergeführt wird. Und das andere waren Mitläufer und so weiter oder auch Mörder und so weiter. Und wenn man dann weiß, dass der eigene Großvater mit in der Wehrmacht war oder auch in der NSDAP, dann ist es natürlich irgendwo ein Widerspruch, ne.«[445]

Kerstin Linde konnte die sich zu ihrer NS-Vergangenheit bekennenden Großeltern weder bei den »guten« kommunistischen Widerstandskämpfern noch bei den »bösen« Mitläufern und Mördern verorten. Die eigenen Großeltern und ihre Erzählungen heben sich von dem ab, was in der Schule über den Nationalsozialismus gelehrt wurde. In diesem Punkt unterscheiden sich die ostdeutschen nicht unbedingt von den westdeutschen Nachfolgegenerationen. Ein Unterschied besteht jedoch darin, dass sich der Widerspruch zwischen familiärer und öffentlicher Überlieferung in einigen ostdeutschen Familien mit dem Ende der DDR auch erledigt zu haben scheint.[446] Das, was die Großeltern schon früher über das »Dritte Reich« berichtet haben, hat sich als beständiger erwiesen als die staatsoffizielle Geschichtsdarstellung und daher nach 1989 eine Aufwertung erfahren. Während die Geschichtsbücher in den Schulen ausgetauscht, die Denkmäler kommunistischer Widerstandskämpfer demontiert und Gedenkstätten umgestaltet wurden, sind es die gleichen lieben Großeltern geblieben, die im Familienkreis *ihre* Geschichten vom »Dritten Reich« erzählen.

Am Kaffeetisch sitzt hier eine Kindergeneration, die nicht nur in ihrer Interpretation gegenüber dem NS-System, sondern auch gegenüber der (eigenen) DDR-Vergangenheit verunsichert ist. Daneben sitzen die betagten Zeitzeugen, die sich nach dem zweiten Systemwechsel in ihrer Sicht der Vergangenheit weniger verunsichert als bestärkt sehen. Dass Hitler »Brot und Arbeit« gegeben hat und »der Russe« keine Rücksicht nahm, davon haben sie schließlich seit jeher berichtet. Und dass der Geschichtsunterricht in der DDR vor allem der Propaganda diente, darin sind sie sich mit ihren Enkeln einig.

8. Erinnern und weitergeben
Umrisse einer Theorie
kommunikativer Tradierung

> *»Sie erzählen lauter Erfindungen!«*
> *»Ich erlebe lauter Erfindungen.«*
> Max Frisch, »Mein Name sei Gantenbein«

Soziale Erinnerung

In Dresden hat ein wissenschaftlicher Vortrag für einen Eklat gesorgt: Viele ältere Dresdener waren gekommen, um sich die Ausführungen des Historikers Helmut Schnatz zum verheerenden Angriff auf Dresden im Februar 1945 anzuhören, und empörten sich über dessen Darlegung, dass ein wichtiger Aspekt ihrer Erinnerungen der historischen Wirklichkeit einfach nicht entsprechen konnte. Hier ging es um den Mythos, dass am 14. und 15. Februar, nach dem ersten Angriff, Tiefflieger Jagd auf Menschen gemacht hätten. Der Umstand, dass der durch den Bombenangriff erzeugte Feuersturm britischen Tieffliegern unmöglich gemacht hätte, Ziele in der brennenden Innenstadt anzufliegen, überzeugte die Zuhörer so wenig wie die akribische Analyse von Flugeinsatzplänen und Logbüchern, die keinerlei Beleg für die Richtigkeit der Dresdener Erinnerungen lieferten. Das wurde von den versammelten Zeitzeugen als Angriff auf ihre Erinnerung an »silbrigschimmernde« Mustangjäger und verzweifelt fliehende Menschen verstanden.[447]
Wie dieses Beispiel und viele Passagen aus unseren Interviews zeigen, haben wir es bei unserer Frage nach der kommunikativen Tradierung von Geschichte nicht nur mit der Erinnerung an Erlebtes zu tun, sondern primär mit Erinnerungen an Erinnerungen, die erzählt wurden und werden. Der Versuch, eine Theorie der kommunikativen Tradierung von Vergangenheit zu umreißen, hat zentral mit der Si-

multaneität unterschiedlichster Vorgänge zu tun, die in Situationen ablaufen, in denen Vergangenheit, wie Angela Keppler es nennt, gemeinschaftlich »begangen« wird.

Folgende dieser Vorgänge lassen sich vor dem Hintergrund unserer Untersuchung noch einmal in tradierungstheoretischer Perspektive diskutieren:

- der Vorgang des aktiven, gemeinsamen Verfertigens der Vergangenheit im Gespräch,
- der Vorgang des Auffüllens der Leerstellen in den erzählten Geschichten durch die Zuhörer und die Rolle, die kulturelle Schemata dabei spielen,
- der Vorgang der Aneignung des Erzählten nach Maßgabe dessen, was für die Hörer (und potenziellen Weitererzähler) Sinn macht,
- die Gebundenheit dieses Sinns an die emotionalen und normativen Anforderungen, die Erinnerungsgemeinschaften ihren Mitgliedern auferlegen.

Im Kapitel über das Familiengedächtnis und die gemeinsame Verfertigung der Vergangenheit im Gespräch haben wir zwei zentrale Befunde herausgearbeitet. Erstens müssen Geschichten drei Kriterien erfüllen, um tradierbar zu sein: Sie müssen offen und fragmentarisch sein, also Raum für Ergänzungen und Hinzufügungen durch die Zuhörer bieten, sie müssen mit eigenen Erfahrungen der Zuhörer assoziierbar sein und schließlich muss die Erzählsituation selbst Erlebnischarakter, d.h. emotionale Bedeutung für die Zuhörer haben. Zweitens ist deutlich geworden, dass das Familiengedächtnis – oder allgemeiner: das soziale Gedächtnis von Erinnerungsgemeinschaften – als eine fiktive Einheit zu verstehen ist, auf die sich die einzelnen Mitglieder mit ihren individuellen Versionen einer Geschichte beziehen, die sie für die gemeinsame des Kollektivs halten. Das ist mit Halbwachs' Formulierung gemeint, dass »jedes individuelle Gedächtnis [...] ein Ausblickspunkt auf das kollektive Gedächtnis« sei.[448] Jedes Mitglied einer Erinnerungsgemeinschaft blickt mithin von einer anderen sozialen und temporalen Stelle aus darauf, was es für die Vergangenheit seiner Erinnerungsgemeinschaft hält, weshalb es notwendig eine individuelle Version ebendieser Vergangenheit entwickelt; zugleich sind alle diese individuellen Versionen von der von allen Mitgliedern geteilten Fiktion motiviert, es handele sich um dieselbe Erinnerung an die gemeinsame Geschichte. Weiter wurde gezeigt, dass die fiktive Einheit oder der implizite Fiktionsvertrag des gemeinsamen Gedächtnisses die Funktion hat, die Kohärenz und Identität der Erinnerungsgemeinschaft sicherzustellen – u. a. dadurch, dass man sich ständig dieselben Geschichten gerade darum erzählt, weil sie jedem einzelnen schon bekannt und als solche eine beständige Rückversicherung sind, dass man seine Geschichte mit anderen Mitgliedern seiner Wir-Gruppe teilt.

Nun ist das Erzählen einer Geschichte kein hermetischer Vorgang, sondern, mit Hans Georg Gadamer, »eine Phase im Vollzug eines Verständigungsgeschehens«,[449] an dem die Zuhörer, wie gezeigt, aktiv teilhaben. Bei dieser gemeinsamen Verfertigung von Geschichten in der intergenerationellen Kommunikation ist zu beachten, dass es eine rein sprachliche Kommunikation bekanntlich nicht gibt, sondern immer nur eine, die von Gesten, mimischen Reaktionen, parasprachlichen Äußerungen usw. begleitet und konnotiert ist. In der Gesprächssituation überlagern sich unterschiedliche Zeichensysteme und vielfältige Ebenen möglicher Aushandlungsprozesse. Gerade deshalb lässt sich aber eine mündlich erzählte Geschichte nicht nur als Phase im Vollzug eines Verständigungsgeschehens begreifen, sondern mit Umberto Eco als ein Text, dessen Interpretation Bestandteil seiner Erzeugung ist.[450]

Das Grundaxiom einer interaktionistischen Sozialpsychologie besteht darin, dass man so spricht, wie man erwartet, dass der andere erwartet, wie man sprechen wird – jedes Sprechen muss den anderen also antizipierend schon enthalten. Deshalb ist die Gegenwart des Zuhörers konstitutiv für die Gestalt der jeweiligen Erzählung. Aber der Zuhörer fungiert in der Gesprächssituation nicht nur als empirisches Gegenüber, sondern auch als ein Modell-Zuhörer, der den Instruktionen eines Erzählers zu folgen hat, der gleichfalls *auch* ein Modell-Erzähler ist. Der erzählt nämlich als Mitglied einer weiteren Sozialisations- und Erinnerungsgemeinschaft eine Geschichte, die nicht nur aus der unmittelbaren und individuellen Erzählsituation heraus entwickelt wird, sondern die auch von all jenen Geschichten bestimmt ist, die ihrerseits ihm erzählt worden sind und denen er sein Wissen über die Muster und Plots entnommen hat, die eine Geschichte wie die seine erst erzählbar machen.

Mit anderen Worten: Auch die individuell-situativ erzählte Geschichte ist lediglich eine Verknüpfung in einem viel weiteren intertextuellen Gewebe, und insofern gehen neben den unmittelbaren und einmaligen Bedingungen der empirischen Erzählsituation auch sehr allgemeine und übersituative Modelle von Wahrnehmung und Interpretation in sie ein.

Darüber hinaus muss der Erzähler überhaupt nicht identisch mit dem Subjekt der erzählten Geschichte sein und kann fremde Erlebnisse als eigene erzählen; und selbst als authentischer Ich-Erzähler befindet er sich an einer ganz anderen Zeitstelle seiner Lebensgeschichte und spricht als ein anderer, als er damals war. In jedem Fall gibt er seinem Zuhörer eine Fülle von Instruktionen, wie die Geschichte gehört werden soll (»Das musst du dir so vorstellen«; »Damals war ich ja noch«; »Man denkt ja nicht so drüber nach«; »Ich sage [...] und er sagt« usw.). Derlei Textstrategien setzen neben dem empirischen Zuhörer auch einen Modell-Zuhörer voraus – was ganz besonders im intergenerationellen Gespräch sichtbar wird, wo ja niemals nur ein konkreter älterer Mensch einem konkreten jüngeren Menschen etwas erzählt, sondern jeweils auch Mitglieder generationell unterschiedlich definierter Kollektive, Mitglieder verschiedener Erinnerungsgemeinschaften also, miteinander sprechen. Allgemeiner und metaphorischer gesagt, stehen hinter den jeweiligen Sprechern die Chöre ihrer verschiedenen Wir-Gruppen, die sowohl den Rahmen des Erzählens wie den des Hörens mitbestimmen.

Daneben gilt in der unmittelbaren Kommunikation ein »Fiktionsvertrag«: Lässt man sich erst mal auf eine Geschichte ein, so muss man die dort aufgeführten Gegebenheiten und handelnden Personen im Rahmen der Geschichte für wirklich halten. Dieser Vertrag kann freilich leicht gebrochen werden (»Das habe ich jetzt nicht verstanden«), ebenso leicht aber wieder geschlossen werden (»Ach so«), wobei hier soziale Konventionen für das Aufrechterhalten einer Kommunikationsbeziehung eine Rolle spielen.

Des Weiteren spielt eine Existenzunterstellung im Akt des Erzählens und Zuhörens eine wichtige Rolle: Der Zuhörer geht davon aus, dass die berichteten Ereignisse tatsächlich stattgefunden haben – er kann sie nachträglich bezweifeln, muss aber unmittelbar deren Existenz unterstellen, um die Geschichte überhaupt verstehen zu können. Von zentraler Wichtigkeit für die Verfertigung der Vergangenheit im Gespräch ist aber ein letzter Aspekt: Die Erzählung muss Raum für die aktive Aneignung durch den Zuhörer geben, d. h. sie muss Lücken und Leerräume beinhalten, die der Hörer mit Elementen aus seiner eigenen Vorstellungswelt und mit Fragmenten seines Wissens auffüllen kann. Erst dann kann er sich die erzählte Geschichte zu Eigen machen – wobei freilich die Geschichte tatsächlich von einer fremden zu einer eigenen wird, das heißt: zu einer neuen Geschichte. Dass hierin ein zentrales Bewegungsmoment für das liegt, was wir »Tradierung« nennen, hoffen wir, im ersten Kapitel gezeigt zu haben.

Nun muss es freilich noch um die Frage gehen, mit welchem Material der Zuhörer die erzählte Geschichte füllt und sie sich zu Eigen macht. Auch hierzu haben unsere Interviews vielfältige Hinweise geliefert: So ist deutlich geworden, dass nicht nur die Angehörigen der Zeitzeugengeneration ihre biographischen Erzählungen mit den unterschiedlichsten Versatzstücken aus Filmen, Romanen und Erzählungen anderer auffüllen – auch die Kinder und Enkel verwenden medial vorgefertigte Bilder und Skripts, um sich die Geschichten ihrer Eltern und Großeltern vorstellen und aneignen zu können. Dabei ist insbesondere deutlich geworden, dass die Gestalt der weitererzählten Geschichte desto reichhaltiger und plastischer wird, je eindeutiger und eindrucksvoller die filmischen Vorlagen sind, die zur Bebilderung der erzählten Geschichten herangezogen werden, ja dass sogar aus zweiter Hand von Gefühlen körperlicher Beengung und von üblen Gerüchen berichtet werden kann (wie im Fall von Herrn Schmitt, der von den Erlebnissen seines Vaters im U-Boot-Krieg erzählte).

Ein anderes Phänomen, das in diesem Zusammenhang zu nennen ist, ist das der Wechselrahmung, das vermutlich viel mit der Verbreitung der immer gleichen Bilder aus dem »Dritten Reich«, dem Vernichtungskrieg und dem Holocaust zu tun hat. Der Umstand, dass auch

Zeitzeuginnen und -zeugen aus der Tätergesellschaft sich Darstellungsformen bedienen, die aus dem Bild- und Assoziationsraum des Holocaust stammen, um ihr eigenes Leiden zu illustrieren und zu unterstreichen, hat wahrscheinlich viel mit der Ikonifizierung bestimmter Bilddokumente zu tun, die sich von ihrem historischen und sozialen Entstehungszusammenhang emanzipiert haben und zu einem festen Bestandteil des sozialen Bildgedächtnisses geworden sind. »Dabei wirken sie eigenartig zeitlos und ohne räumlichen Bezug. Sie stehen für die NS-Verbrechen im Allgemeinen, für ein ›Bild‹, eine Vorstellung vom System der Konzentrations- und Vernichtungslager [...]. Sie lassen ein schreckliches, stummes und begriffsloses ›Es war einmal‹ entstehen.«[451]

Gerade solche situations- und geschichtsenthobenen Schreckensbilder sind es wohl, die im imaginativen Bildraum der Erzählsituation stehen, wenn die Zeitzeugen von ihren »Transporten in Güterwaggons«, vom »Abtransport der Leichen auf Lastwagen«, von den »Kolbenschlägen der Posten« sprechen, mit denen sie, im Zustand völliger Erschöpfung, hochgetrieben werden. Diese Bilder schaffen die Möglichkeit einer imaginativen Visualisierung der Erzählungen und erzeugen damit unwillkürlich Empathie, selbst in Zusammenhängen, die unter anderen Umständen eher Skepsis evozieren würden. Hier zeigt sich einmal mehr, dass im Prozess der Tradierung von Vergangenheit die emotionale Dimension der Vermittlung und der bildhaften Vorstellung eine größere Rolle spielt als kognitiv repräsentiertes Wissen – dies scheint vielmehr im aktiven Bemühen, die erzählten Geschichten nachzuvollziehen und ihre Leerstellen aufzufüllen, weitgehend suspendiert.

Und die Leerstellen sind, wie gezeigt, zahlreich. Gerade Geschichten, in denen alles unklar ist – Zeit, Ort, Handelnde, Kausalzusammenhänge usw. –, öffnen einen weiten Raum für die je individuelle imaginative Reinszenierung der von den Eltern und Großeltern berichteten Erlebnisse und bieten zugleich die geschmeidigste Möglichkeit, die fiktive Einheitlichkeit des Familiengedächtnisses sicherzustellen. Wo nichts Konkretes gesagt wird, wo »leer« gesprochen wird, ist das Potenzial für Einverständnis am größten. Aber dieser leere Raum hat einen Boden, der durch die Loyalitätsverpflichtungen der Familienmitglieder gebildet wird, und er hat Wände, die in den fraglosen Selbstverständlichkeiten bestehen, von denen alle Beteiligten ausgehen – die Erzähler sind »gute Menschen«, die Situationen, in denen sie sich befinden, »bedrängend« und »gefährlich«; »Russen« sind »böse«, »Amerikaner gut«, »Nazis« sind immer die anderen usw.

Der leere Raum ist, mit anderen Worten, durch sozial konventionelle Weisen des Deutens und Zuordnens von Erlebtem und Berichtetem definiert: durch Topoi und Deutungsmuster, wobei besonders Letztere nicht nur in Form inhaltlicher Bestimmungen wirksam werden, sondern auch als generalisierte Modi von Wahrnehmung, Zuschreibung und Einordnung. Das heißt, es geht im sozialen Prozess der Tradierung keineswegs nur um die Weitergabe von narrativen Versatzstücken, die so und so kombiniert werden können und werden, sondern immer auch um die Organisationsstruktur dieser Kombinationen, die vorab schon festlegt, in welchen Rollen welche Akteure überhaupt auftreten können und wie zu bewerten ist, was sie erlebt haben. Deshalb ist es oft so, dass es eher die emotionale Dimension, die atmosphärische Tönung des Berichts ist, die tradiert wird, während die inhaltlichen Zusammenhänge – situative Umstände, Kausalitäten, Abläufe usw. – frei verändert werden, so, wie es für die Zuhörer und Weitererzähler am meisten »Sinn macht«.

Im Rahmen unserer Untersuchung lässt sich belegen, dass der Prozess der kommunikativen Tradierung von Geschichte nach dem Prinzip der Montage verläuft, indem die unterschiedlichsten narrativen und bildhaften Versatzstücke mit ganz verschiedenen historischen und subjektiven Zeitkernen aneinander montiert werden. Dieses beständige Ergänzen und Montieren ist ein Prozess der Verlebendigung, und damit können wir auf den Befund zurückkommen, dass das Gedächtnis von Familien und weiteren Erinnerungsgemeinschaften nicht auf ein begrenztes und fixiertes Inventar von Erinnerungsstücken baut, sondern dass dieses Inventar einer permanenten Überschreibung unterliegt, die eben in der Aktualisierung im Prozess des »conversational remembering« geschieht.

Lebendige Vergangenheit

Das Gedächtnis einer Erinnerungsgemeinschaft ist an wiederkehrende Akte des gemeinsamen Sich-Erinnerns gebunden,[452] und die fiktive Einheit dieses Gedächtnisses besteht in der Kontinuität der sozialen Praxis gemeinsamen Sich-Erinnerns. Was Paul Ricoeur für die individuelle Erzählung festgehalten hat, gilt auch für die soziale Praxis der Vergegenwärtigung des Vergangenen: dass diese Praxis völlig unzureichend beschrieben wäre, wenn man darin eine Aneinanderreihung von Episoden sehen würde. Jede Erinnerungssituation hat nämlich eine »konfigurative Dimension«, in der die kommunikativen Akte – Geschichten, Ergänzungen, Kommentare, Fragen – nach Maßgabe von Erzählkonventionen, Plausibilitäts- und Kausalitätserwartungen usw. so geordnet werden, dass eine für alle Beteiligten sinnhafte Geschichte entsteht (die bei genauerer Betrachtung in ebenso viele Versionen zerfällt, wie Sprecher und Zuhörer anwesend sind).

Dabei gilt für die Gruppe, was Donald Polkinghorne im Blick gehabt hat, als er davon sprach, dass Identität zu begreifen sei als »a configuring of personal events into a historical unity which includes« not only what one has been but also anticipations of what one will be«.[453] Der soziale Verfertigungsprozess von Vergangenheit bewegt sich in allen drei Zeitgestalten – in der Vergangenheit, über die erzählt wird, in der Gegenwart, in der die Wir-Gruppe ihre Vergangenheit begeht, und in der Zukunft, auf die die Kohärenz der Gruppe gerichtet ist: So wird sie auch über diese und weitere Erinnerungssituationen hinweg bestehen, oder andersherum, sie wird in Zukunft so sein, weil sie jetzt so ist und immer schon so war. Keine Vergegenwärtigungssituation ist wie eine vorangegangene: Inzwischen ist Zeit vergangen, vielleicht ist jemand in der Zwischenzeit verstorben, vielleicht jemand dazugekommen, vielleicht sind aus gesellschaftlich dominanten Vergangenheitsdiskursen neue Aspekte in die Vergegenwärtigungssituation eingewandert – in jedem Fall gehen alle Beteiligten von einer anderen Stelle aus in das gemeinsame Gespräch.

Damit verändert sich notwendig auch die Vergangenheit, wie sie verfertigt wird, denn sie erscheint nunmehr im Rahmen einer neuen Figuration. Und hier gilt für eine Erinnerungsgemeinschaft Analoges wie für das sich erinnernde Individuum: Erinnern geht immer einher mit Neu-Einschreiben (Wolf Singer). Was in der Erinnerung bleiben soll, bedarf der Konsolidierung durch wiederholtes Durchdenken und Durchfühlen desselben Ereignisses (oder was man dafür hält).[454]

Das aber hat weitreichende Konsequenzen für die Beurteilung der Authentizität von Erinnerungen. Denn bei einem erneuten Konsolidierungsprozess wird auch der Kontext, in dem das Erinnern stattfindet, »mitgeschrieben und der neuen Erinnerung beigefügt. Es ist dann nicht auszuschließen, dass die alte Erinnerung dabei in neue Zusammenhänge eingebettet und damit aktiv verändert wird.«[455] Genau das ist es, was in der Vergegenwärtigungssituation in der Familie passiert: ein paradoxer Vorgang, in dem die scheinbar selben Geschichten als bereits veränderte so erzählt werden, dass sie als die alten erscheinen und sich gerade darum auf die – nun aber ihrerseits veränderte – fiktive Einheit des Familiengedächtnisses beziehen können. Und damit erklärt sich die permanente Veränderung nicht nur der individuellen, sondern auch der kollektiven Erinnerung ebenso wie die den Gesprächsprotokollen ablesbare kontinuierliche Feinabstimmung des Familiengedächtnisses, die notwendig auch die Erinnerung der einzelnen Mitglieder nuanciert verändert. Niemand geht in diesem Sinne mit der gleichen impliziten Fiktion vom gemeinsamen Gedächtnis aus der Situation heraus, mit der er hineingegangen ist – aber gerade das stellt die Funktion sicher, dass das Gedächtnis der Gruppe kohärent und damit die Gruppe als Gruppe bestehen bleibt.

Wir haben am Fall der Familie Meier zu zeigen versucht, was geschieht, wenn die fiktive Einheit des Familiengedächtnisses dadurch gefährdet wird, dass sich ein Mitglied der Erinnerungsgemeinschaft, in diesem Fall der Urgroßvater, posthum als jemand entpuppt, mit dessen Person »falsche« Erinnerungen verbunden waren. Die Adaptierung an die neue Situation erwies sich vor allem für die Generation seiner Enkel als ausgesprochen schwierig. Die hatte ihn an einer anderen Zeitstelle kennen gelernt als seine Kinder, und das innigere, nicht von Ablösungskonflikten geprägte Generationenverhältnis zwischen Großeltern und Enkeln ließ Erschütterungen der Bilder und Vorstellungen heftiger ausfallen als in der Generation der Kinder.

Aber auch das wird in das Familiengedächtnis der Meiers als neues Element eingehen – der Urgroßvater wird in Zukunft im Licht seiner posthum aufgefundenen »Chronik« erinnert werden, die die gemeinsamen Vorstellungen über ihn deutlich verändert hat.

Erinnerung, so könnte man sagen, ist eben immer das Ereignis und die Erinnerung an seine Erinnerung. Das übrigens unterscheidet kognitive Gedächtnisinhalte von solchen, die emotionale Bedeutung haben: Ein Geschichtsdatum wie 1848, das ohne affektiven Bezug als Jahr der gescheiterten bürgerlichen Revolution in Deutschland gelernt wird, verändert seine Bedeutung beim Abruf nicht; ein Datum wie der 9. November 1989, der Tag der Maueröffnung, wird seine Bedeutung für die Personen, die in dieses Ereignis in irgendeiner Weise emotional involviert waren, beständig verändern – je nach dem Kontext, in dem das Ereignis später betrachtet und erinnert wird.

Und an dieser Stelle ist es notwendig, auf den Kontext der Gesprächssituation hinzuweisen, in dem Erinnerungen aktualisiert werden: Auch das Interview und das Familiengespräch sind Erlebnisse für die Beteiligten. Lebensgeschichtliche Ereignisse zu erzählen, ist selbst ein lebensgeschichtliches Ereignis. Es findet zu einem bestimmten Zeitpunkt an einem bestimmten Ort unter Beteiligung bestimmter Personen statt – und das alles kann zu einem späteren Zeitpunkt wiederum erinnert und erzählt werden. Wenn es zutrifft, dass Erinnerung immer das Ereignis und die Erinnerung an seine Erinnerung ist, dann sind Interviews und Familiengespräche zum Erleben des Nationalsozialismus und seiner Weitergabe selbst Teil einer interaktiv gelebten Geschichte – und die hat eine Wirkung auf die Art und Weise, wie die Interviewten in Zukunft ihre Geschichten erzählen werden. In diesem Sinn ist kommunikative Tradierung von Geschichte immer eine Form der Verlebendigung von Geschichte, die in diesem Prozess nie bleibt, wie sie war.

**Der Nationalsozialismus als lebendige Vergangenheit.
– Und der Holocaust?**

Unsere Interviews haben gezeigt, wie und auf welche Weise die nationalsozialistische Vergangenheit im Bewusstsein und im Unbewussten der Deutschen lebendig ist. Sie lebt fort in Gestalt von virtuellen Familienalben, in die jene Bilder und Geschichten eingeheftet sind, auf deren Lesarten sich die Familienmitglieder im skizzierten Prozess der gemeinsamen Verfertigung der Vergangenheit geeinigt haben und die beständig in jenem Prozess der kommunikativen Feinabstimmung modifiziert werden, der die fiktive Einheit des Familiengedächtnisses sicherstellt.

Wir haben darzulegen versucht, dass dieses Gedächtnis nur in seiner Aktualisierung besteht, und dass in diesem wiederkehrenden Prozess der Verlebendigung die Vergangenheit beständig umgeschrieben wird. Gerade am Beispiel der kumulativen Heroisierung lässt sich das gut beschreiben, denn hier geht ein Grundelement des traditionellen deutschen master-narratives über den Nationalsozialismus eine Verbindung mit neueren Diskursen über den Holocaust ein, und heraus kommt eine Lesart der Vergangenheit, in der sich eine Alltagstheorie über die nationalsozialistische Vergangenheit weiter stabilisiert und sogar ausgebaut zeigt. Verblüffenderweise scheint das Familiengedächtnis in der Lage zu sein, öffentliche Diskurse über den Holocaust oder über die Verbrechen der Wehrmacht in diese Alltagstheorie zu inkorporieren, deren Kern darin besteht, dass Deutsche und »Nazis« zwei völlig verschiedene Personengruppen waren, die nur im pragmatischen Grenzfall in Deckung kamen: wenn etwa unsere Zeitzeugen oder die Verwandten, über die sie berichten, in die Partei »eintreten mussten«, für die Gestapo »arbeiten mussten«, in den Krieg »gehen mussten« oder der Verfolgung – und nur dieser – der jüdischen Bevölkerung »zusehen mussten«. Das alles haben sie im Gegensatz zu den »Nazis« nicht aus Überzeugung und gern getan, sondern, weil »man« das damals machte oder weil man damit Schlimmeres verhüten konnte; im Übrigen haben sie im Rahmen ihrer Funktionen stets versucht, sich wie gute Menschen zu verhalten – anders wiederum als die »150-prozentigen Nazis«, die in ihren Erzählungen als chronische Widersacher auftreten. Dieses zentrale Element des deutschen master-narratives über den Nationalsozialismus entspricht auf verblüffende Weise dem Bild, das die Interviews vermitteln, die Saul K. Padover als amerikanischer Offizier einer Einheit der psychologischen Kriegführung 1944 und 1945 im besetzten Deutschland machte.

»Psychologisch gesehen, wollen sich die Deutschen Strafe und moralischer Verantwortung entziehen, indem sie der Welt einen Schuldigen präsentieren, den sie noch vor kurzer Zeit als Halbgott angehimmelt haben. Die meisten Deutschen geben zu, dass sie 1939 den Krieg widerstandslos akzeptiert und die Siege von 1940 mit großer Begeisterung begrüßt haben. Der Krieg brachte Wohlstand und Beute. Hitler wurde als Held verehrt. Zum entscheidenden Bruch kam es mit dem traumatischen Schock von Stalingrad. Sobald die Rote Armee alle Siegeshoffnungen der Wehrmacht begrub, wandte man sich, natürlich passiv, von Hitler ab und begann, die Weisheit seiner Entscheidungen in Zweifel zu ziehen. [...] In dieser Neigung, sich vom auserwählten Führer abzuwenden und das Schicksal der Nation anderen Leuten in die Hand zu legen, entdeckt man nicht den Schimmer eigenen Schuldbewusstseins, kein Bewusstsein, dass Krieg an sich verwerflich ist, dass die Deutschen einen falschen Weg eingeschlagen haben. Niemand kritisierte die Aggression als solche. Kritisiert wurde die gescheiterte Aggression. Hitler wird vorgeworfen, den Krieg verloren, und nicht, ihn begonnen zu haben.«[456]

Padover ging es um die Frage, welche politischen Konsequenzen die Deutschen aus der absehbaren Niederlage ziehen würden, ob sie mit den Besatzungsmächten kooperieren, ob sich Widerstandsgruppen bilden würden usw. Padover, dessen Nachrichteneinheit mit der 1. Armee über Frankreich, Luxemburg und Belgien nach Deutschland vorrückt, interviewt Menschen aus unterschiedlichen Funktionszusammenhängen, Altersgruppen und sozialen Schichten, Männer und Frauen, Mädchen und Jungen. Auf irritierende Weise zeigt sich, dass sich die zeitgenössischen Aussagen und Stellungnahmen der Deutschen zu Hitler, zum Nationalsozialismus und zum Holocaust in mancher Hinsicht kaum von dem unterscheiden, was die inzwischen zu so genannten Zeitzeugen gewordenen Deutschen der Jahrgänge 1906 ff.

heute zu Protokoll geben: Schon damals gab es, Padover zufolge, nur verschwindend wenige Personen, die sich selbst als Anhänger des NS-Systems bezeichneten – mehrheitlich findet die Nachrichteneinheit Menschen vor, die ihrer Darstellung nach mehr oder minder gezwungen, jedenfalls aus den verschiedensten Gründen Parteimitglieder usw. wurden, ohne vom Nationalsozialismus etwas zu halten und, natürlich, ohne sich je etwas zuschulden kommen gelassen zu haben. Was diese »Muss-Nazis« Padover zufolge auszeichnet, ist das Fehlen jeglichen Schuldgefühls, dafür aber ein ungeheures Maß an Larmoyanz, ein ausgeprägt rassistisches Feindbild gegenüber Russen, Polen und Osteuropäern überhaupt und eine gleichermaßen ausgeprägte Unterwürfigkeit den Amerikanern gegenüber.

Eine solche Sicht findet sich nahezu unmodifiziert auch bei vielen unserer Zeitzeuginnen und -zeugen, und sie wird im intergenerationellen Gespräch in der Weise tradiert, dass im Prozess der kumulativen Heroisierung einzelne Merkmale dieser Sicht noch ausgebaut und stabilisiert werden: Aus Mitläufern werden dabei Widerstandskämpfer, aus aktiven Exekutoren nationalsozialistischer Politik kritische Geister, die schon immer dagegen waren, aus Profiteuren Opfer des Regimes.

Mehr noch: Gerade das Wissen, dass der Nationalsozialismus ein verbrecherisches System war, das Millionen von Opfern gefordert hat, ruft in den Nachfolgegenerationen das Bedürfnis hervor, eine Vergangenheit zu konstruieren, in der ihre eigenen Verwandten in Rollen auftreten, die mit den Verbrechen nichts zu tun haben. Dieses Bedürfnis entfaltet Wirksamkeit bis hin zu dem irritierenden Umstand, dass Mordtaten, von denen im Familiengespräch berichtet wird, von den Anwesenden nicht »gehört« zu werden scheinen – zumindest findet sich in den Einzelinterviews davon keine Spur.

Wir haben in unserer Stichprobe immerhin zwei Fälle, in denen Zeitzeugen sich offen zu selbst begangenen Taten äußern – aber das wird, so scheint es, lediglich vom Tonband aufgezeichnet, nicht vom Familiengedächtnis. Nicht weniger bemerkenswert erscheint aber, dass im Rahmen von Familiengesprächen auch Aspekte von Erzählungen, die unter anderen Umständen sofort zu kritischen Nachfragen oder zum empörten Verlassen des Raums führen würden, nicht zur Kenntnis genommen werden – etwa dann, wenn vom voyeuristischen Zu-schauen bei Erschießungen die Rede ist (»Komm her, komm her, da hinten, da werden welche erschossen, wollen wir mal hingehen.«).

Im Familiengespräch scheint, je nach dem Plot, auf den die Erzählung hinausläuft, normal, was in anderen Zusammenhängen skandalös er-scheinen würde. Dasselbe Phänomen findet sich im Kontext von Er-zählungen zu Zwangs- und Fremdarbeitern oder eben von Schilde-rungen, die die Erzähler deutlich auf der Täterseite situieren – z. B. wenn jemand aus intimer Sicht das Verhalten der Kapos im Lager als unsolidarisch erklärt. In unseren Interviews geht es an solchen Stel-len fast nie um Fragen wie: »Was hast du da gemacht?«, »Wie bist du da hingekommen?«, »Warum wurden diese Leute erschossen?« usw. Zu bereitwillig folgen die Zuhörerinnen und Zuhörer der er-zählimmanenten Gestalt, die um einen anderen Plot, um eine andere Moral der Geschichte zentriert ist.

Auf dieser Linie liegt auch die generationenübergreifende Verwen-dung von Topoi und Stereotypen, die ja neben der Vereinfachung der Deutung komplexer Zusammenhänge nicht zuletzt die Funktion der Vereindeutigung haben: Topoi und Deutungsmuster haben eine Orien-tierungs- und Ordnungsfunktion, sie legen, jenseits der konkreten Er-zählung oder gar der zugrunde liegenden historischen Zusammen-hänge, vorab fest, wer die Guten und die Bösen sind, was das richtige und was das falsche Handeln ist. Vereindeutigungen finden, wie gesagt, auch statt in intergenerationell kumulierenden Heroisierungs- und Viktimisierungsgeschichten: Was in der Ausgangserzählung der Zeitzeuginnen und -zeugen vielleicht noch widersprüchlich und unklar war, wird in den Versionen der Enkelinnen und Enkel eindeu-tig. So wird aus einem undefinierten Akteur »der Hauptmann« oder »der Offizier«, aus undefinierten Kindern solche, »die gerettet wur-den«, aus Menschen, die displaced persons nach dem Krieg Hilfe ver-weigern, Menschen, die während des Krieges »Juden versteckt« haben.

Zu all dem gehört, dass immanent völlig widersprüchliche, ihre ei-gene Widerlegung gleich miterzählende Geschichten, im Gespräch offenbar als durchaus plausibel empfunden werden können. Das über unser Material hinaus bekannte Beispiel ist, dass man nichts von Lagern gewusst hat, aber ständig davon bedroht war, »ins KZ zu kommen«. Wir finden kontraevidente Geschichten, in denen am Beispiel von Fotos über Erschießungen berichtet und im gleichen Atemzug betont wird, dass man so was nie hätte erzählen dürfen, weil man dann sofort erschossen worden wäre, oder solche, in denen zugleich erzählt wird, dass man einer Vergewaltigung durch Russen entging, weil Kinder anwesend waren und dass Russen auf nichts Rücksicht nehmen, wenn sie vergewaltigen wollen, nicht einmal auf Kinder.

Es wäre völlig verfehlt, anzunehmen, einem selbst würden solche kontraevidenten Geschichten weder in der Rolle des Zuhörers noch in der des Erzählers jemals durchgehen: Es ist nicht zuletzt die wahrheitsverbürgende Situation des Familiengesprächs selbst, die logische Widersprüche und sogar hanebüchenen Unsinn wie selbstverständlich plausibel erscheinen lässt. Diese wahrheitsverbürgende Kraft des unmittelbaren Zeugnisses geht sogar, wie man an den Reaktionen der Interviewerinnen und Interviewer ebenso sehen kann wie an den allfälligen medialen Zeitzeugenauftritten, auch weit über den Rahmen von Familiengesprächen hinaus. Sobald ein Zeitzeuge von seinen Erlebnissen berichtet, scheint er mit einem Authentizitätsvorteil ausgestattet zu sein, der diejenigen, die so etwas nicht erlebt haben, tendenziell in ein defensives und affirmatives Mitdenken und Mitfühlen zwingt, das kritische Nachfragen als undenkbar, mindestens aber als unpassend erscheinen lässt.

Bei all diesen Phänomenen spielt eine entscheidende Rolle, dass wir es in unseren Gesprächen mit emotional bedeutsamen Situationen zu tun haben – und emotionale Einbezogenheit erzeugt, wie gesagt, eine andere Ausgangsbedingung für das, was wahrgenommen, eingespeichert, aufbewahrt und abgerufen wird. Emotionale Erinnerungs- und Weitergabeprozesse sind etwas anderes als das Lernen von Fakten und das Verfügen über Wissen – und deshalb stellen kommunikativ tradierte Gewissheiten und kognitiv repräsentiertes Wissen unterschiedliche Bereiche des Geschichtsbewusstseins dar. Diese können, wie unsere Gespräche zeigen, völlig unverbunden nebeneinander existieren; sie können aber auch, wie die kumulative Heroisierung und Viktimisierung zeigt, Verbindungen eingehen, mit denen kein Geschichtsdidaktiker jemals gerechnet hätte.

Und damit kommen wir zum Schluss. Die vorliegende Untersuchung zeigt, dass in deutschen Familien ein Bewusstsein über die nationalsozialistische Vergangenheit tradiert wird, in dem die Vernichtung der europäischen Juden nur als beiläufig thematisiertes Nebenereignis vorkommt, und zwar in Beispielen, die zeitlich nur bis zur »Reichskristallnacht« und zur allenthalben konstatierten »Ausreise« von jüdischen Mitschülerinnen und Mitschülern und ihren Familien reichen, nicht aber bis zur Enteignung, Deportation und Vernichtung. »Juden« treten in den Gesprächen erst als Zurückgekehrte wieder auf, und dann in der Regel als Kronzeugen dafür, dass man selbst oder der Verwandte immer korrekt und hilfsbereit gewesen war. Der Holocaust selbst existiert in unseren Interviews und Familiengesprächen meist nur auf Nachfrage – er hat seinen Ort in dem kognitiven Universum dessen, was man über die Geschichte *weiß*, nicht in Familiengeschichten.

Mit anderen Worten: Der Holocaust hat keinen systematischen Platz im deutschen Familiengedächtnis, das, so unsere These, die primäre Quelle für das Geschichtsbewusstsein ist. Sein Narrativ entspringt einer externen Quelle, gebildet aus Geschichtsunterricht, Gedenkstättenarbeit, Dokumentationen und Spielfilmen. Ein solcherart vermitteltes *Wissen* ist aber etwas anderes als die selbstverständliche *Gewissheit*, die man als Mitglied einer Erinnerungsgemeinschaft über deren eigene Vergangenheit hat.

Und dazu lässt sich abschließend nochmals auf den Befund hinweisen, dass das Familiengedächtnis in der Kontinuität seiner Vergegenwärtigung besteht; die nationalsozialistische Vergangenheit unterliegt mithin einem permanenten Prozess der erinnernden Verlebendigung. Dass dem Holocaust und damit seinen Opfern dieses Privileg nicht zukommt, liegt in ihm selbst begründet – die Vergangenheit der vernichteten jüdischen Deutschen kommt in nichtjüdischen deutschen Familien lediglich als Geschichte ihres Verschwindens vor, nicht einmal als Geschichte der Toten, geschweige denn als lebendige Geschichte.

Anhang

Stichprobenbeschreibung

Die Generationen und Geschlechter der Stichprobe verteilen sich wie folgt:

| Generation | Geschlecht | | Gesamt |
	weiblich	männlich	
Zeitzeugen	31	17	48
Kinder	25	25	50
Enkel	19	25	44
Gesamt	75	67	142

Tabelle 1: Zusammensetzung der Stichprobe

Die Erwerbsstruktur der Stichprobe gliedert sich folgendermaßen:

	Häufigkeit	Prozent
Angestellte	47	33,1
Schüler/Studenten	22	15,5
Akademiker	21	14,8
Arbeiter	16	11,3
Selbständige	13	9,2
Hausfrauen	10	7,0
ohne Angabe	7	4,9

	Häufigkeit	Prozent
Beamte	3	2,1
Azubis	3	2,1
Gesamt	142	100,0

Tabelle 2: Erwerbsstruktur der Stichprobe

Zeitzeugengeneration

Von den 48 interviewten Zeitzeugen sind 31 weiblich und durch die Jahrgänge von 1906 bis 1933 vertreten, waren also zum Zeitpunkt der Erhebung 65 bis 92 Jahre alt. 17 Zeitzeugen sind männlich und gehören ebenfalls den Jahrgängen von 1906 bis 1933 an. Hier liegt der Schwerpunkt der Jahrgänge bei den späten zwanziger Jahren. Das durchschnittliche Alter der Zeitzeugen zum Erhebungszeitraum lag damit bei 80 Jahren. Insgesamt lässt sich sagen, dass 33 der 48 Zeitzeugen, also ca. $^2/_3$, die Zeit des Nationalsozialismus als Erwachsene bzw. junge Erwachsene erlebt haben und 1945 zwischen 20 und 39 Jahre alt waren (Jg. bis 1925). 15 Zeitzeugen waren im Nationalsozialismus Kinder und Jugendliche im Alter zwischen 12 und 19 Jahren.

Von den 31 Zeitzeuginnen gaben 20 an, Mitglieder in NS-Organisationen gewesen zu sein. Von den 17 männlichen Zeitzeugen waren 10 nach eigener Aussage in Wehrmachtsverbänden und NS-Organisationen Mitglied:

Organisation	Zeitzeuginnen	Zeitzeugen
Jungmädel (JM)/Jungvolk (JV)	5	3
Bund Deutscher Mädel (BDM)/Hitlerjugend (HJ)	12	7
NS-Frauenschaft (NSFS)	4	–
Nationalpolitische Erziehungsanstalt (NPEA)	–	2

Organisation	Zeitzeuginnen	Zeitzeugen
Reichsarbeitsdienst (RAD)	1	2
NSDAP	2	2
Sturmabteilung (SA)	–	1
Waffen-SS	–	2
Wehrmacht	–	8

Tabelle 3: Organisationszugehörigkeit Zeitzeugen (Mehrfachnennungen möglich)

Kindergeneration

Die Angehörigen der Kindergeneration teilen sich in 25 Frauen in den Jahrgängen von 1934 bis 1967 und 25 Männer, verteilt auf die Jahrgänge von 1933 bis 1964; das Durchschnittsalter zum Zeitpunkt des Interviews betrug 46 Jahre. NS-Organisationen spielen hier keine Rolle mehr, nur zwei der weiblichen Angehörigen der Kindergeneration waren noch bei den Jungmädeln, bei den Männern war der älteste noch im Jungvolk.

Enkelgeneration

Die Enkelgeneration ist in dieser Studie durch 19 weibliche (1966–1986) und 25 männliche (1954–1985) Enkel vertreten. Im Mittel waren die Enkelinnen und Enkel zum Zeitpunkt der Interviews 23 Jahre alt.

13 Filmsequenzen zum Einstieg in die Familiengespräche

Film 1: NS-Propagandafilm (Farbe): BDM-Mädchen in Breslau (beim Sport, beim Putzen, Rapport mit Hitlergruß);
Film 2: Amateurfilm (S/W): Ruinen in Warschau;

213

Film 3: Amateurfilm (Farbe): Olympische Spiele (Fackelläufer durch Dörfer, Berliner Olympiastadion);

Film 4: Amateurfilm (S/W): Kinder im Garten (spielen in Militäruniform Soldat, machen Hitlergruß);

Film 5: Amateurfilm (S/W): Verladen von Juden durch Wehrmacht (NL);

Film 6: Amateurfilm (Farbe): Reichskunsttag 1938 München (Menschenansammlung mit SA, SS, Wehrmacht, Pimpfen, HJ und BDM; Ankunft von Hitler, Begrüßung durch Goebbels u. a.);

Film 7: NS-Propagandafilm (S/W): Mühlheim 1939 (Ufa-Palast, Propaganda);

Film 8: Amateurfilm (Farbe): Kind beim Spielen zu Hause (in großer Puppenstube mit Hitlerbild);

Film 9: Amateurfilm (S/W): Hochzeit eines SS-Mannes (winterliche Szene, SS-Mann in Uniform und Ehefrau auf dem Weg zum Standesamt, Familie, Pastor, Flitterwochen);

Film 10: NS-Propagandafilm/Deutsche Wochenschau (S/W): Angriff auf SU (Kriegsschauplätze, Panzer);

Film 11: Amateurfilm (S/W): »Rassenschande« im Warthegau (Scheren nach so genannter Rassenschande, Schild um Hals u. a.);

Film 12: Amateurfilm (S/W): Autobahn;

Film 13: Amateurfilm (S/W): Reichsarbeitsdienst (RAD) (Umzug mit Spaten in Nürnberg).
(Länge insgesamt ca. 10 Min.)

Anmerkungen

Vorbemerkung zur Zitierweise

Die Quellenangabe zu den Interviews (z. B. F15G, 115–121) enthält die Nummer der Familie, die Abkürzungen G für Gruppen- bzw. Familiengespräch, Z für Zeitzeugengeneration, K für Kindergeneration und E für Enkelgeneration. Danach folgt die Zeilenangabe im Interview.

Die Interviewsequenzen sind hier nur wenig geglättet wiedergegeben. Unterbrechungen, auch Selbstunterbrechungen der Sprecher, sind durch einen Schrägstrich / gekennzeichnet. Bei Überlappungen mehrerer Sprecher ist der Einsatz des nachfolgenden Sprechers durch ein Kreuz # gekennzeichnet. Pausen sind durch Punkte markiert, die im Unterschied zu orthographischen Punkten freistehend sind. Hinweise und Kommentare des Verschrifters, die z. B. akustische Begleiterscheinungen des Sprechens betreffen, sind in Klammern gesetzt. Auslassungen sind durch Punkte in eckigen Klammern kenntlich gemacht.

1 Alle Befragtennamen sind pseudonymisiert.
2 In diesem Sinne hat der amerikanische Geschichtsdidaktiker Sam Wineburg formuliert: »Tatsächlich deutet einiges darauf hin, dass Vorstellungen, die Schüler in ihren Köpfen herumtragen, von Orten stammen, die recht wenig mit dem Klassenraum zu tun haben – aus den Medien, der Massenkultur, aus der Kirche und von zuhause. Bevor wir die Unangemessenheit dieser Geschichtsbilder beklagen, sollten wir uns fragen, wie sie entstehen und wie sie sich, mehr noch als die Inhalte des schulischen Geschichtsunterrichts, im Geschichtsbewusstsein festsetzen. Erhebungen können uns sagen, was Schüler nicht wissen. Aber sie lassen uns völlig im Unklaren darüber, *was* sie wissen – und woher.« Sam Wineburg, Sinn machen: Wie Erinnerung zwischen den Generationen gebildet wird, in: Harald Welzer (Hg.), Das soziale Gedächtnis. Geschichte, Erinnerung, Tradierung, Hamburg 2001, S. 179–204, hier S. 181.
3 Vgl. Daniel L. Schacter, Searching for Memory. The Brain, the Mind & the Past, New York 1996; Joseph E. LeDoux, Das Netz der Gefühle. Wie Emotionen entstehen, Stuttgart 1998; Harald Welzer, Erinnern und weitergeben. Überlegungen zur kommunikativen Tradierung von Geschichte, in: BIOS (2) (1998), S. 155–170; Olaf Jensen/Torsten Koch, Nationalsozialismus und Holocaust im Familiengespräch. Eine Inhaltsanalyse von Mehrgenerationeninterviews, Hannover 2002 (im Erscheinen); Harald Welzer, Das Interview als Artefakt. Zur Kritik der Zeitzeugenforschung, in: BIOS (1) (2000), S. 51–63; Harald Welzer/Hans J. Markowitsch, Umrisse einer interdisziplinären Gedächtnisforschung, in: Psychologische Rundschau 52 (4) (2001), S. 205–214.
4 Für ihre engagierte Mitarbeit bedanken wir uns besonders bei Erika Rothärmel und allen Studierenden, die an Erhebung und Auswertung beteiligt waren – unter ihnen: Bernd Bauerochse, Angelika Kompmann, Céline Puls und Marzena Voss.
5 Die Zeitzeugeninterviews wurden jeweils mit der folgenden Frage eingeleitet: »Gibt es prägnante Erlebnisse aus der NS-Zeit, an die Sie sich noch besonders erinnern?« Die Angehörigen der Nachfolgegenerationen wurden aufgefordert, zu berichten, was ihre Eltern bzw. Großeltern ihnen aus der Zeit des »Dritten Reiches« erzählt haben. Im Verlauf der Interviews wurde, wenn die Befragten nicht selbst auf diese Themen zu sprechen kamen, nach der Wahrnehmung der Verfolgung der jüdischen Bevölkerung, der »Reichs-

kristallnacht«, dem Erleben von Propagandaveranstaltungen, Erlebnissen in NS-Organisationen und nach Kriegserlebnissen gefragt. Die Familiengespräche wurden mit einem 10-minütigen Zusammenschnitt aus Amateurfilmen der 30er und 40er Jahre eingeleitet, der als Einführung in die thematische Diskussion fungierte (s. S. 213f.). Die Interviews und Familiengespräche dauerten zwischen 20 und 240 Minuten, wobei die Zeitzeugeninterviews und die Familiengespräche in der Regel länger waren als die Kinder- und Enkelinterviews. Das Material wurde vollständig transkribiert und in einem zweistufigen Verfahren ausgewertet: Auf der Basis einer extensiven hermeneutischen Interpretation der Transkripte von drei kontrastierenden Familien mit dem Verfahren der »Hermeneutischen Dialoganalyse« wurden Kategoriensysteme für die inhaltsanalytische Auswertung erarbeitet. Vgl. Harald Welzer, Von Fehlern und Daten. Zur Rolle des Forschers im interpretativen Paradigma, in: Psychologie und Gesellschaftskritik 14 (2/3) (1990), S. 153–174; ders., Transitionen. Zur Sozialpsychologie biographischer Wandlungsprozesse, Tübingen 1993; ders., Ist das ein Hörspiel? Methodologische Anmerkungen zur interpretativen Sozialforschung, in: Soziale Welt (2) (1995), S. 182–196; ders., Hermeneutische Dialoganalyse. Psychoanalytische Epistemologie in sozialwissenschaftlichen Fallanalysen, in: Gerd Kimmerle (Hg.), Zur Theorie der psychoanalytischen Fallgeschichte, Tübingen 1998, S. 111–138; ders., Artefakt, [wie Anm. 3]. Dann wurde das gesamte Material codiert und mit dem Programm WinMAX ausgewertet. Die Kombination hermeneutischer und EDV-gestützter inhaltsanalytischer Verfahren erlaubt es, eine für eine qualitative Studie recht große Datenmenge zu verarbeiten und das Material trotzdem noch seine eigene Sprache sprechen zu lassen. Überdies gestattet dieses Verfahren auch numerische Auszählungen und statistische Auswertungen auf deskriptivem Niveau. Vgl. zum methodischen Vorgehen Jensen/Koch, NS und Holocaust [wie Anm. 3]; Olaf Jensen, Zur gemeinsamen Verfertigung von Text in der Forschungssituation, in: Forum Qualitative Sozialforschung/Forum: Qualitative Social Research (Online Journal). Verfügbar über: http://qualitative-research.net/fqs, 1 (2) (2000), 32 Absätze.

6 Vgl. Jörn Rüsen, Strukturen historischer Sinnbildung, in: Werner Weidenfeld (Hg.), Geschichtsbewußtsein der Deutschen. Materialien zur Spurensuche einer Nation, Köln 1987, S. 52–64; ders., Historisches Lernen. Grundlagen und Paradigmen, Köln/Weimar/Wien 1994.

7 Karl-Ernst Jeismann, Geschichtsbewußtsein, in: Klaus Bergmann u. a. (Hg.), Handbuch der Geschichtsdidaktik, Düsseldorf 1979, S. 42–45, hier S. 42.

8 Jan Assmann, Kollektives Gedächtnis und kulturelle Identität, in: ders./Tonio Hölscher (Hg.), Kultur und Gedächtnis, Frankfurt am Main 1988, S. 9–19, hier S. 9.

9 Ebd., S. 11.

10 Ebd., S. 12.

11 Ebd., S. 15

12 So belegt etwa die Repräsentativerhebung von Silbermann und Stoffers, dass lediglich 4,3 % aller Deutschen über 14 Jahre nichts mit dem Begriff »Auschwitz« anzufangen wissen. Die Erinnerung an »Auschwitz« als Synonym für die NS-Verbrechen halten 73,7 % für wichtig, um zu verhindern, dass sich »so etwas« wiederhole und weil man es den Opfern schuldig sei. Vgl. Alphons Silbermann/Manfred Stoffers, Auschwitz: Nie davon gehört? Erinnern und Vergessen in Deutschland, Berlin 2000.

13 Hier handelt es sich um eine Familie, in der der Großvater mehrere Konzentrations- und ein Vernichtungslager überlebt hat, und eine Familie, in der der Großvater in einem Konzentrationslager inhaftiert war. Wir haben uns entschlossen, diese Familien in die Untersuchung mit einzubeziehen, weil wir uns davon Hinweise darauf versprachen, welche Vergangenheitselemente in den anderen Familien nicht thematisiert und tradiert werden.

14 Die Familien wurden nach dem Schneeballprinzip gewonnen, d.h. über mündliche Informationen über dritte Personen, die in ihrem Umfeld nach Drei-Generationen-Familien Ausschau hielten, die bereit waren, an einer solchen Studie teilzunehmen. Insgesamt wurden ca. 150 Familien angesprochen, von denen schließlich 43 interviewt wurden. Die eigentliche Stichprobe umfasst 40 Familien bzw. 182 Einzelinterviews und Familiengespräche, weil bei drei Familien Durchführungs- und Aufzeichnungsmängel dazu führten, dass die Interviews nicht in die Auswertung einbezogen werden konnten. Von den 40 Familien leben 30 in den alten und zehn in den neuen Bundesländern. Es verdient Erwähnung, dass die meisten Ablehnungen aus der Kindergeneration kamen, während die Angehörigen der Zeitzeugen- wie die der Enkelgeneration in der Regel ihre Bereitschaft bekundeten, an der Befragung teilzunehmen (vgl. dazu auch S. 26 f.).

15 Dan Bar-On, Die Last des Schweigens. Gespräche mit Kindern von Nazi-Tätern, Frankfurt am Main/New York 1993; Ulla Roberts, Spuren der NS-Zeit im Leben der Kinder und Enkel. Drei Generationen im Gespräch, München 1998; Gabriele Rosenthal, Erzählte und erlebte Lebensgeschichte: Gestalt und Strukturbiographische Selbstbeschreibungen, Frankfurt am Main u. a. 1995; dies. (Hg.), Der Holocaust im Leben von 3 Generationen. Familien von Überlebenden der Shoah und von Nazi-Tätern, Gießen 1997.

16 Christian Schneider/Cordelia Stillke/Bernd Leineweber, Das Erbe der Napola. Versuch einer Generationengeschichte des Nationalsozialismus, Hamburg 1996.

17 Sam Wineburg, Historical thinking and other unnatural acts. Charting the future of teaching the past, Philadelphia 2001; ders., Sinn machen [wie Anm. 2].

18 Wineburg, Sinn machen [wie Anm. 2].

19 Siehe auch Kap. 2.

20 Harald Welzer/Robert Montau/Christine Plaß, »Was wir für böse Menschen sind!«. Der Nationalsozialismus im Gespräch zwischen den Generationen, Tübingen 1997, S. 145 ff.

21 Angela Keppler, Tischgespräche. Über Formen kommunikativer Vergemein-
schaftung am Beispiel der Konversation in Familien, Frankfurt am Main
1994.

22 Der Ausschnitt ist hier verkürzt und nach anderen Transkriptionsregeln als
im Original wiedergegeben.

23 Keppler, Tischgespräche [wie Anm. 21], S. 173.

24 David Middleton/Derek Edwards, Conversational remembering. A social
psychological approach, in: David Middleton/Derek Edwards (Hg.), Collective Remembering, London 1990, S. 23–45.

25 Welzer, Gedächtnis [wie Anm. 2].

26 Keppler, Tischgespräche [wie Anm. 21], S. 174. Wir werden später zeigen,
dass es sich beim »falschen Erinnern« an die Erinnerungen anderer wohl nur
selten um ein Problem des unaufmerksamen Zuhörens handelt, sondern dass
vielmehr eigene Versionen aus den Bausteinen der gehörten Geschichten
komponiert werden.

27 Keppler, Tischgespräche [wie Anm. 21], S. 206 (Herv. i. Orig.).

28 Ebd., S. 207.

29 Ebd.

30 Wir werden noch zeigen, dass es auch Fälle gibt, wo Erzählungen über be-
gangene Verbrechen von den Familienmitgliedern »nicht gehört« zu werden
scheinen, gerade weil sie mit einem »guten« Familiengedächtnis nicht har-
monieren würden. Insofern lässt sich an dieser Stelle natürlich nicht sagen,
ob der Urgroßvater seine Geschichte nicht schon erzählt hat und die Familie
dies nur ignoriert hat. Die zentrale Eigenschaft des schriftlichen Dokuments
besteht demgegenüber darin, dass es nicht umdeutbar und verhandlungs-
fähig ist.

31 Vgl. S. 70 ff.

32 Maurice Halbwachs, Das kollektive Gedächtnis, Frankfurt am Main 1985,
S. 31.

33 Erving Goffman, Rahmen-Analyse. Ein Versuch über die Organisation von
Alltagserfahrungen, Frankfurt am Main 1980.

34 Jan Assmann, Das kulturelle Gedächtnis. Schrift, Erinnerung und politische
Identität in früheren Hochkulturen, München 1992, S. 36.

35 Maurice Halbwachs, Das Gedächtnis und seine sozialen Bedingungen,
Frankfurt am Main 1985, S. 209.

36 Ebd., S. 210.

37 Ebd., S. 212.

38 Vgl. z. B. Christine Borer/Katharina Ley, Fesselnde Familie. Realität, Mythos, Familienroman, Tübingen 1991; Jürgen Müller-Hohagen, Geschichte
in uns. Psychogramme aus dem Alltag, München 1994.

39 Halbwachs, Gedächtnis [wie Anm. 35], S. 224.

40 Ebd.

41 Keppler, Tischgespräche [wie Anm. 21], S. 166.

42 An dieser Stelle muss darauf hingewiesen werden, dass unsere Untersu-

chung diesen Fokus der familialen Gespräche erst konstituiert: was normalerweise allenfalls en passant ins Gespräch kommt, ist in unseren Familien
explizit zum Thema gemacht worden – ohne das Forschungsprojekt, repräsentiert durch die anwesenden Interviewer, hätten die kommunikativen Vergegenwärtigungen der NS-Vergangenheit, die wir im Folgenden auswerten,
nicht stattgefunden. Die damit verbundenen methodischen und methodolo-
gischen Implikationen werden in einer Reihe von Texten und Veröffentlichungen aus dem Projektzusammenhang diskutiert, vgl. Welzer, Transitionen [wie Anm. 5]; ders.»Hörspiel« [wie Anm. 5]; ders. Dialoganalyse [wie
Anm. 5]; ders. Artefakt [wie Anm. 3]; Olaf Jensen, Nationalsozialismus als
Familiengeschichte. Qualitative Inhaltsanalyse von Mehrgenerationen-Interviews zur intrafamilialen Kommunikation, Hannover 1999 (unv. Diplomarbeit); ders. Verfertigung [wie Anm. 5]; Torsten Koch, Stille Post. Eine qualitative Inhaltsanalyse zum intergenerationellen Gespräch über die Zeit des
Nationalsozialismus, Hannover 2000 (unv. Diplomarbeit).

43 Vgl. Harald Welzer, Der Mythos der unbewältigten Vergangenheit. Über ein
   Interpretament der interpretativen Zeitzeugenforschung, in: Leviathan 24 (4)
   (1996), S. 587–603.
44 Vgl. hierzu die Arbeiten von Dan Bar-On/Konrad Brendler/Paul A. Hare,
   »Da ist etwas kaputtgegangen an den Wurzeln ...« Identitätsformation deutscher und israelischer Jugendlichen im Schatten des Holocaust, Frankfurt
   am Main/New York 1997; Rosenthal, Holocaust [wie Anm. 15]; Roberts,
   Spuren [wie Anm. 15]; Dori Laub, Die prokreative Vergangenheit: Das Fortleben historischer Traumatisierung, in: Welzer, Gedächtnis [wie Anm. 2],
   S. 321–339.
45 Welzer u. a., Böse Menschen [wie Anm. 20].
46 F15G, 115–121.
47 F30G, 362–379.
48 F15G, 87–92.
49 Ebd., 93.
50 Ebd., 94–97.
51 Ebd, 98–101.
52 Ebd., 102.
53 F9G, 502–503.
54 Ebd., 503–506.
55 Ebd., 507–508.
56 Ebd., 509.
57 Ebd., 511–512.
58 Ebd., 513–514.
59 Ebd., 628.
60 Ebd., 631.
61 Ebd., 641–642.
62 Ebd., 658.
63 Ebd., 645–649.

64 Ebd., 650–654.

65 Ebd., 1047–1052.

66 Ebd., 1054–1055.

67 Ebd., 1056–1059.

68 Ebd., 1060–1063.

69 Ebd., 1064–1065.

70 Ebd., 1066.

71 Ebd., 1067–1069.

72 Ebd., 1071–1075.

73 Ebd., 1075–1089.

74 Ebd., 1092.

75 F9E, 125–126.

76 F9K, 8–11.

77 F9Z, 297–301.

78 F39Z, 386–405.

79 Ebd., 234–235.

80 F22Z, 695.

81 Ebd., 1207–1226.

82 Ebd., 714–722.

83 F22K, 666–668.

84 Ebd., 59–62.

85 F22G, 776–780.

86 F12Z1, 570–571.

87 Ebd., 123–157.

88 Ebd., 458.

89 Ebd., 463–468.

90 Ebd., 469.

91 Ebd., 478–479.

92 Ebd., 482.

93 Ebd., 484–487.

94 F12G, 200–202.

95 Vgl. Sabine Moller/Karoline Tschuggnall, Familienerinnerungen. Kriegserlebnisse in den Geschichten dreier Generationen, in: Elisabeth Do-
mansky/Harald Welzer (Hg.), Eine offene Geschichte. Zur kommunikativen
Tradierung der nationalsozialistischen Vergangenheit, Tübingen 1999,
S. 57–73.

96 F18E2, 230–234.

97 Vgl. auch S. 69 ff. sowie S. 110 ff.

98 Eine quantitative Erhebung, die 1989 durchgeführt wurde, kommt zu einem
Ergebnis, das ebenfalls in die hier festgestellte Richtung deutet. In dieser
Studie gaben lediglich 16,3 % der befragten 1131 deutschen Schüler und
Studenten an, »dass zumindest ein Teil ihrer Großeltern aktiver oder passi-
ver Nazi gewesen sei. [...] Unsere Ergebnisse zeigen also, dass offensicht-
lich ein beträchtlicher Teil der befragten Deutschen das ›Schicksal‹ ihrer

Großeltern verzerrt wahrnimmt oder wiedergibt. Sie sehen ihre Großeltern eher in der Rolle von Opfern bzw. Widerstandskämpfern und weniger als Nazi-Anhänger, -Unterstützer oder Zuschauer.« Bar-On u. a., Wurzeln [wie Anm. 44], S. 30.

99 »Napola« ist die geläufige aber nicht ganz korrekte Abkürzung für die »Nationalpolitischen Erziehungsanstalten« (NPEA) des NS-Staates.

100 F3Z1, 102–108.

101 F3K, 210–216.

102 Vgl. auch Sabine Moller, Erinnerte Geschichten in der Generationenfolge, in: Zeitschrift für Politische Psychologie (4) (1998), S. 399–408.

103 F13G, 1119–1148.

104 Vgl. Hannes Heer/Klaus Naumann, Vernichtungskrieg. Verbrechen der Wehrmacht 1941–1944, Hamburg 1995, S. 70, 81, 510.

105 Übrigens scheint Josef Renz, das zeigt sich in den Erwägungen zu den Erschießungen, die jeweils von zwei Exekutoren vorgenommen werden, dieses Arrangement genau zu kennen.

106 F13Z1, 1124–1127.

107 F13Z2, 794–799.

108 Ebd., 805–809.

109 Etwas später kommt Frau Renz übrigens auf die »Wehrmachtsausstellung« zu sprechen und betont emphatisch, dass man sich dafür schämen müsse, dass das Ansehen der Wehrmacht »dadurch in Dreck gezogen wird. Es mag was gegeben haben, das wissen wir nicht. Mein Mann weiß es auch nicht, nech, es mag Sachen gegeben haben, wo se beteiligt waren, nech, ne. Aber insgesamt« (F13Z2, 1160–1167). Hier wird ebenfalls das Spannungsverhältnis aufrechterhalten zwischen dem antizipierten Vorwurf und der mit diesem verbundenen putativen Rechtfertigung.

110 F13Z2, 1345–1347.

111 F13K1, 912–916.

112 F13E1, 33–35.

113 Vgl. Moller, Erinnerte Geschichte [wie Anm. 102].

114 F1Z, 687–710.

115 F1K, 537–544.

116 F1E, 64–72.

117 F1Z, 610–616.

118 F1E, 73–76.

119 Ebd., 184–185.

120 Ebd., 141–142.

121 F17G, 449–450.

122 Diese Formulierung lässt einen weiten Horizont von Deutungen zu: es kann gemeint sein, und diese Deutung dürfte am ehesten der Intention von Sieglinde Grubitsch entsprechen, dass die jüdische Familie den Nationalsozialismus dank des nachbarlichen Schutzes in ihrer Wohnung überlebt hat – eine historisch ziemlich unwahrscheinliche Variante. Des Weiteren könnte

gemeint sein, dass die Familie bis zur Emigration oder aber bis zur Deportation in ihrer Wohnung verbleiben konnte, ohne zuvor in eines der sog. Judenhäuser umziehen und ihre Wohnung für »arische« Mieter freimachen zu müssen. Vgl. Harald Welzer, Vorhanden/Nicht-Vorhanden. Über die Latenz der Dinge, in: Peter Hayes/Irmtrud Wojak (Hg.), »Arisierung« im Nationalsozialismus. Volksgemeinschaft, Raub und Gedächtnis, Frankfurt am Main/New York 2000, S. 300 ff.

123 F17G, 453.

124 Ebd., 454–456.

125 F17E, 167–172.

126 F33G, 613–615.

127 F33K2, 14–17.

128 F33Z, 388–393.

129 Vgl. Welzer u. a., Böse Menschen [wie Anm. 20].

130 Hier erweist sich einmal mehr der szientifische Irrtum, Interviews seien keine sozialen Situationen, sondern regelgeleitete Veranstaltungen zur Gewinnung von Daten, als Erkenntnisbarriere. Vgl. Welzer, Hörspiel [wie Anm. 5]; ders., Dialoganalyse [wie Anm. 3]; ders., Artefakt [wie Anm. 3].

131 F9G, 329–345.

132 F9E, 234–243.

133 Siehe zum Selbstmord des Vaters von Mathilde Beck auch Kap. 5, S. 110 ff.

134 F21G, 702–703.

135 F21K, 600–641.

136 Ebd., 645–652.

137 Ebd., 611.

138 Ebd., 619–620.

139 F21E, 603–633.

140 Ebd., 638–642.

141 Ebd., 642–650.

142 F40Z1, 61–708.

143 F40G, 795–800.

144 Ebd., 862–872.

145 Ebd., 882–896.

146 Vgl. auch Keppler, Tischgespräche [wie Anm. 21] .

147 F40K, 248–254.

148 Ebd., 287.

149 Ebd., 147–152.

150 F40G, 1323–1326.

151 Ebd., 1331–1340.

152 Helen Fein, Genocide: a Sociological Perspective, London 1993, S. 14.

153 Vgl. Natalija Bašić/Harald Welzer, Die Bereitschaft zum Töten. Überlegungen zum Zusammenspiel von Sinn, Mord und Moral, in: Zeitschrift für Genozidforschung (1) (2000), S. 78–100.

154 Vgl. Norbert Frei, Vergangenheitspolitik. Die Anfänge der Bundesrepublik

und die NS-Vergangenheit, München 1996; Ulrich Herbert, Best. Biographische Studien über Radikalismus, Weltanschauung und Vernunft, 1903–1989, Bonn 1996.

155 William Labov/Joshua Waletzky, Erzählanalyse. Mündliche Versionen persönlicher Erfahrung, in: Jens Ihwe (Hg.), Literaturwissenschaft und Linguistik: Texte zur Theorie der Literaturwissenschaft, Band 2, Frankfurt am Main 1973, S. 112.

156 Kenneth J. Gergen, Erzählung, moralische Identität und historisches Bewußtsein. Eine sozialkonstruktionistische Darstellung, in: Jürgen Straub (Hg.), Erzählung, Identität und historisches Bewußtsein, Frankfurt am Main 1998, S. 173.

157 Welzer u. a., Böse Menschen [wie Anm. 20], S. 145 ff.

158 In Anlehnung an Goffman, Rahmen-Analyse [wie Anm. 33].

159 Welzer u. a., Böse Menschen [wie Anm. 20]; vgl. auch Olaf Jensen, Geschichte *machen*. Strukturmerkmale des intergenerationellen Sprechens über die NS-Vergangenheit, 2003 (in Vorbereitung).

160 Vgl. Welzer u. a., Böse Menschen [wie Anm. 20], S. 198 ff. u. S. 216.

161 Im Rahmen des Pilotprojekts wurden 18 Einzelinterviews (mit je neun Frauen und Männern) und zwei Gruppengespräche durchgeführt.

162 Es wäre aber interessant zu untersuchen, ob er im Zusammenhang gegenwartsnäherer Erinnerungserzählungen zu Krieg und Gewalt, also etwa in Interviews mit Kämpfern aus den ex-jugoslawischen Nachfolgekriegen o.Ä., dieselbe Rolle spielt wie in unserer Pilotstudie. Vgl. z. B. Natalija Bašić, »Krieg ist nun mal Krieg«, in: Wolfgang Höpken/Michael Riekenberg (Hg.), Politische und ethnische Gewalt in Südosteuropa und Lateinamerika, Köln/Weimar/Wien 2001, S. 195–225.

163 F17E, 110–114.

164 F27E, 92–95.

165 F3K, 146–150.

166 F31K, 161–170.

167 Vgl. z. B. Lutz Niethammer, Heimat und Front, in: ders., (Hg.), »Die Jahre weiß man nicht, wo man die heute hinsetzen soll«, Berlin/Bonn 1983, S. 163–232; Konrad Köstlin, Erzählen vom Krieg – Krieg als Reise, in: BIOS 2 (2) (1989), S. 173–182; Alexander von Plato, Erfahrungen junger Soldaten im Zweiten Weltkrieg, in: BIOS (1) (1998), S. 15–23.

168 Im Interview mit der Familie Stein wird die Lücke deutlich, die oftmals zwischen dem generalisierten Bild der Nachfolgegenerationen und den Einschätzungen der Zeitzeugen klafft. Im Familiengespräch erklärt Herr Stein den Erfolg Hitlers damit, dass dieser das deutsche Volk über seine Kriegsabsichten hinweggetäuscht habe und die Menschen erst am 1. September 1939 aufgewacht seien. Dieser Vergangenheitsentwurf wird im Folgenden von den Erinnerungen seiner Mutter konterkariert, die sich nämlich an den Beginn des Krieges so erinnert: »Der Polenfeldzug, der dauerte 14 Tage, dann hatten wir Polen besiegt, das war ja einmalig«, F31G, 281–282. Auf

den weiteren Gesprächsverlauf und die sich anschließende Irritation der Kinder und Enkelgeneration werden wir im 7. Kapitel unter dem Abschnitt DDR-Vergleiche noch genauer eingehen.

169 F1G, 1056–1062.

170 Ebd., 566–568.

171 Siehe hierzu auch Kap. 6.

172 Vgl. Wolfram Wette, Das Rußlandbild in der NS-Propaganda. Ein Problemaufriß, in: Hans-Erich Volkmann (Hg.), Das Rußlandbild im Dritten Reich, Köln u. a. 1994, S. 55–78.

173 F32K1, 353–357.

174 Ebd., 358–371.

175 Ebd., 375–380.

176 Vgl. Kap. 6.

177 Welzer u. a., Böse Menschen [wie Anm. 20], S. 152.

178 Robert G. Moeller, War Stories. The Search for a Usable Past in the Federal Republic of Germany, in: American Historical Review 101 (1996), S. 1008–1048, hier S. 1029.

179 Cornelia Brink, Ikonen der Vernichtung. Öffentlicher Gebrauch von Fotografien aus nationalsozialistischen Konzentrationslagern nach 1945, Berlin 1998.

180 Der Assoziationsraum der Vernichtung der europäischen Juden wird übrigens schon früh in Anspruch genommen, um Forderungen nach einem »Lastenausgleich« für im Krieg erlittene Verluste zu unterstreichen. So schreibt ein CDU-Mitglied in seiner Eigenschaft als Angehöriger des »Unterausschusses Lastenausgleich« 1948, dass die Alliierten mit ihrer »unsozialen Politik« die Deutschen zwar nicht ins Gas der Vernichtungslager schicken, sie aber an die Gasleitungen im eigenen Haus treiben. Michael L. Hughes, »Through No Fault of Our Own«: West Germans Remember Their War Losses, in: German History 2 (18) (2000), S. 193–213, hier S. 201.

181 Habbo Knoch, Die Tat als Bild. Fotografien des Holocaust in der deutschen Erinnerungskultur, Hamburg 2001.

182 Z. B. Jorge Semprun, Die große Reise, Reinbek 1981; Primo Levi, Ist das ein Mensch? München 1992.

183 F11G, 326–335.

184 F27G, 793–813.

185 Vgl. Harald Welzer, Verweilen beim Grauen. Essays zum wissenschaftlichen Umgang mit dem Holocaust, Tübingen 1997, S. 123 ff.

186 Aleida Assmann, Wie wahr sind Erinnerungen? in: Welzer, Gedächtnis [wie Anm. 2], S. 103–122, hier S. 114.

187 An dieser Stelle ist darauf hinzuweisen, dass damit keine Aussage über den historischen Wahrheitsgehalt von Herrn Pfeffers Schilderung verbunden ist. Zweifellos sind Kriegsgefangene in Viehwaggons transportiert worden, und vielleicht mag sich das Geschehen auch so abgespielt haben, wie es hier geschildert wird. In unserer Perspektive ist freilich entscheidend, wie das Er-

eignis erzählt wird und welchen assoziativen Raum es erzeugt, weil dies für den Tradierungsprozess von Wichtigkeit ist.

188 F30G, 130–149.

189 Ebd., 160–171.

190 Vgl. Volkhard Knigge, Buchenwald, in: Detlef Hoffmann (Hg.), Das Gedächtnis der Dinge. KZ-Relikte und KZ-Denkmäler 1945–1995, Frankfurt am Main/New York 1998, S. 94–173.

191 F3K, 221.

192 Ebd., 224–231.

193 Binjamin Wilkomirski, Bruchstücke: aus einer Kindheit 1939–1948, Frankfurt am Main 1998, S. 7.

194 Wilkomirski, Bruchstücke [wie Anm. 193], Klappentext.

195 DIE ZEIT, 17. 9. 1998.

196 Z40G, 916–927.

197 Vgl. S. 75 ff.

198 F40G, 928–939.

199 F2G, 564–568.

200 Klemperer notiert am 23. September 1941, dass er vom Fahrer der Straßenbahn angesprochen wird: »Ganz gut, Ihr Zeichen, da weiß man, wen man vor sich hat, da kann man sich mal aussprechen.« Victor Klemperer, Ich will Zeugnis ablegen bis zum letzten. Tagebücher 1933–1945, Berlin 1995, S. 673.

201 F19K, 27–33.

202 F17G, 576–577

203 F2G, 518–522

204 F3G, 88–89.

205 F35Z, 516–522.

206 F36Z, 171–177

207 Ebd., 607–624.

208 F36K1, 363–367.

209 Vgl. Welzer u. a., Böse Menschen [wie Anm. 20], S. 186 ff.

210 Axel Schildt, Der Umgang mit der NS-Vergangenheit in der Öffentlichkeit der Nachkriegszeit, in: Wilfried Loth/Bernd-A. Rusinek (Hg.), Verwandlungspolitik. NS-Eliten in der westdeutschen Nachkriegsgesellschaft, Frankfurt am Main u. a. 1998, S. 19–54, hier S. 23.

211 Albert Speer, Erinnerungen, Frankfurt am Main 1969, S. 71.

212 F4E, 573–581.

213 F4K, 7–37.

214 Vgl. zusammenfassend Hans Dieter Schäfer, Das gespaltene Bewußtsein. Deutsche Kultur und Lebenswirklichkeit 1933–1945, Frankfurt am Main 1984.

215 Vgl. Welzer, Verweilen [wie Anm. 185], S. 27 ff.

216 Gertrud Koch, Nachstellungen. Film und historischer Moment, in: Jörn Rüsen/Klaus E. Müller (Hg.), Historische Sinnbildung. Problemstellungen,

Zeitkonzepte, Wahrnehmungshorizonte, Darstellungsstrategien, Reinbek 1997, S. 536–551, hier S. 543.

217 F25G, 59–66.

218 Koch, Nachstellungen [wie Anm. 216], S. 544.

219 F9G, 345.

220 Ebd., 326–328, vgl. auch S. 69 f.

221 Später erzählt Frau Beck, dass nach dem Krieg »eine Jüdin« ihrer Familie Hilfe angeboten habe, weil der Vater sie »ja auch nicht gemeldet« habe, wobei ihr aber auch nicht klar ist, »ob da in der Richtung was vorgefallen war«. Im Interview mit dem Enkel Lars wird aus diesem blassen Erzählfragment übrigens der Befund, dass Frau Becks Vater »damals irgendwelche Juden gedeckt hat«. Vgl. hierzu ausführlicher Kap. 2.

222 F9G, 344–345.

223 Ebd., 352.

224 Ebd., 356–357.

225 Ebd., 357.

226 Ebd., 328.

227 Ebd., 365–366.

228 Ebd., 368–370.

229 Ebd., 372–375.

230 Ebd., 375–376.

231 Ebd., 378–379.

232 Ebd., 382–384.

233 In der neurowissenschaftlichen Gedächtnisforschung wird dieses Phänomen als »source amnesia« bezeichnet: Ein Ereigniszusammenhang wird zwar korrekt erzählt, aber der Erzähler vertut sich in der Quelle, aus der er die Erinnerung geschöpft hat. Ein berühmtes Beispiel für source amnesia hat Ronald Reagan geliefert, als er mit Tränen in den Augen die dramatische Geschichte aus seiner Kriegsvergangenheit erzählte, in der ein Bomberpilot seine Besatzung zum Abspringen auffordert, nachdem die Maschine getroffen wurde. Allerdings war dabei ein junger Schütze so schwer verwundet worden, dass er die Maschine nicht verlassen konnte, worauf der heldenhafte Pilot sagte: »Macht nichts. Dann bringen wir die Kiste zusammen runter.« Einigen Journalisten fiel auf, dass Reagan sich hier keineswegs an eine »authentische« Geschichte erinnerte, sondern an eine Szene aus dem 1944 gedrehten Film »A Wing and a Prayer.« Schacter, Searching [wie Anm. 4], S. 287, vgl. auch Koch, Nachstellungen [wie Anm. 216].

234 F20Z, 120–132.

235 Ebd., 104.

236 Ebd., 102–103.

237 Ebd., 121–123.

238 F20K2, 28–35.

239 F20K1, 29–38.

240 F20E, 66–67.

241 F9E, 22.

242 F9G, 435.

243 Ebd., 442–443.

244 F19K, 739–751.

245 Herr Wieck wurde bereits im Rahmen der Pilotstudie befragt; vgl. Welzer u. a., Böse Menschen [wie Anm. 20], S. 203 ff.

246 F4Z, 766–783.

247 Vgl. Michael Schornstheimer, Die leuchtenden Augen der Frontsoldaten. Nationalsozialismus und Krieg in den Illustriertenromanen der fünfziger Jahre, Berlin 1995.

248 Gergen, Erzählung [wie Anm. 156], S. 173.

249 F4Z, 840–850.

250 F19Z, 729–738.

251 F19G, 82–97.

252 F23Z, 556–573; siehe zu Napola Anm. 99.

253 Die Verschränkung von Erlebnis und Vorlage findet sich auch umgekehrt: nämlich so, dass die Rezeption insbesondere von Kriegsfilmen schon die Antizipationen bestimmt, wie der Krieg in Wirklichkeit aussieht. Besonders deutlich wird das an einer Generation von Kriegsteilnehmern, die schon mit dem Fernsehen groß geworden ist und demgemäß schon vor dem ersten Treffer weiß, wie es aussieht, wenn ein feindlicher Soldat fällt und stirbt – oder auch nicht, wie der 22-jährige Offizier Gary McKay etwas enttäuscht aus dem Vietnamkrieg berichtet: »Es ist gar nicht so, wie man es normalerweise aus dem Kino oder dem Fernsehen kennt: kein fürchterliches Schreien der Verwundeten, nur ein Grunzen, und dann fällt er völlig unkontrolliert zu Boden.« Joanna Bourke, An Intimate History of Killing. Face-to-face killing in twentieth-century warfare, London 1999, S. 26. Andere Berichte fallen eher erwartungsgemäß aus – etwa, wenn ein U-Boot genauso untergeht wie in einem Hollywood-Film oder ein Flugzeug »genau wie im Kino« explodiert. Diese und zahlreiche analoge Beispiele finden sich bei Joanna Bourke, die ihre Auswertung von Kriegsromanen, Tagebüchern und Interviews so zusammenfasst: »Jede Interpretation der Tagebücher, Briefe und Autobiographien von Kriegsteilnehmern zeigt das Ausmaß, in dem literarische und filmische Bilder von Männern und Frauen übernommen (und umgeschrieben) werden, und zwar bevor der Krieg beginnt.« (Ebd., S. 16) Dies gilt im Übrigen auch dann, wenn die entsprechenden Personen gar nicht unmittelbar in Kampfhandlungen involviert, sondern etwa in Versorgungs- oder Nachrichteneinheiten eingesetzt waren. Kriege scheinen regelmäßig so etwas wie einen »Ich war dabei«-Mythos zu evozieren, der auch denjenigen Kampfschilderungen abverlangt, die allenfalls von ferne oder aus zweiter Hand etwas von Kampfhandlungen mitbekommen haben. Bourke zitiert einen Vietnam-Veteranen, der sich darüber aufregt, im Krankenhaus Soldaten getroffen zu haben, die über »flashbacks« klagten, ohne je in Kampfhandlungen involviert gewesen zu sein: »These guys were having heavy flashbacks

[...], I couldn't understand. I said, ›What y'all talking 'bout? You was in the artillery. At the base camp. You fired guns from five miles away and talking 'bout flashbacks?« Ebd., S. 9.

254 Allen Feldman, Formations of violence. The narrative of the body and political terror in Northern Ireland, London/Chicago 1991, S. 14.

255 F26K, 314–336.

256 Vgl. Kap. 2.

257 Hans-Joachim Schröder, Die gestohlenen Jahre. Erzählgeschichten und Geschichtserzählung im Interview: Der Zweite Weltkrieg aus der Sicht ehemaliger Mannschaftssoldaten, Tübingen 1992, S. 498.

258 Frankfurter Allgemeine Zeitung vom 11. 11. 1999, S. 49.

259 F27K, 66–67.

260 F12E, 277–288. Diese Aussage ist insofern besonders bemerkenswert, als zum Familiengedächtnis der Kerns ein Fall von Euthanasie gehört, der hier für die Enkelin erst vor dem Hintergrund der »Holocaust«-Serie Gestalt in ihrer Vorstellung annimmt.

261 F14E, 44–50.

262 F31E1, 150–158.

263 F4E, 520–524. Eine solche Lesart verdeutlicht, dass das medienpädagogische Ziel einer »Erziehung zur Toleranz«, wie sie Steven Spielberg und nicht wenigen um rechtsextreme Tendenzen besorgten Politikern vorschwebt, sich über die mediale Botschaft allein nicht realisieren lassen wird, denn entscheidend ist, in welchen Deutungsrahmen das vorgeführte Material integriert wird. Zeitungsberichten ist zu entnehmen, dass die Vorführung von »Schindlers Liste« in ostdeutschen Schulklassen nicht selten zu zustimmendem Gejohle und Applaus bei Szenen führt, in denen Häftlinge gequält oder erschossen werden. Vgl. Frankfurter Allgemeine Zeitung vom 19. 12. 2000.

264 F38E, 271–274.

265 F22Z, 875–881.

266 Wolfgang Benz/Hermann Graml/Hermann Weiß (Hg.), Enzyklopädie des Nationalsozialismus, München 1998.

267 Halbwachs, Gedächtnis [wie Anm. 35], S. 22.

268 Ebd., S. 143 ff.

269 Ebd., S. 144.

270 Ebd., S. 203 ff.

271 Ebd., S. 210.

272 Ebd.

273 Hier folgen wir Schacter und anderen, die zwischen einem »expliziten« und einem »impliziten Gedächtnis« differenzieren, vgl. Peter Graf/Daniel L. Schacter, »Implicit and explicit memory for new associations in normal subjects and amnesic patients«, in: Journal of Experimental Psychology: Learning, Memory, and Cognition (11) (1985), S. 501–518. Diese Unterscheidung reflektiert ein Phänomen, das zunächst an Patienten mit Amnesien beobachtet wurde. Tests zeigten, dass diese Patienten unter bestimmten Be-

dingungen einmal Gelerntes durchaus reproduzieren konnten, obwohl ihnen jede Erinnerung daran fehlte, *dass* sie besagte Inhalte gelernt hatten. Folge-untersuchungen mit gesunden Personen bestätigten die ursprüngliche Ver-mutung, dass unterschiedliche Gedächtnissysteme aktiviert werden, je nach-dem, ob man sich explizit erinnert oder zu erinnern versucht oder einmal Gelerntes automatisch reproduziert. Vgl. Schacter, Searching [wie Anm. 4], S. 161 ff.

274 Vgl. Schröder, gestohlene Jahre [wie Anm. 257], S. 227 ff.

275 Ebd., S. 229.

276 Schröder zieht den Topos-Begriff aus vielerlei, von ihm ausführlich erläu-terten Gründen anderen möglichen Bezeichnungen wie Sprichwort, Ge-meinplatz, Stereotyp, Klischee, Phrase oder Redensart vor, stellt jedoch auch fest, dass »der Versuch, sozusagen absolut verbindliche Definitionen zu ge-winnen, nicht nur zum Scheitern verurteilt, sondern auch verfehlt ist. Es ent-spricht der prinzipiellen Mehrwertigkeit (und damit Mehrdeutigkeit) von Texten und Textsegmenten, dass beispielsweise ein Topos zum Sprichwort werden oder sich auch als Gemeinplatz, Stereotyp usw. erweisen kann«, Schröder, gestohlene Jahre [wie Anm. 257], S. 233.

277 Auch wenn sich durch den Gebrauch dieses Begriffs an einigen Stellen Überschneidungen mit unterschiedlichen Ansätzen der Deutungsmusterana-lyse ergeben, so beschreibt der Begriff des Deutungsmusters in unserem Zu-sammenhang primär das Phänomen der immer wieder auftauchenden, sich inhaltlich wie strukturell ähnelnden komplexen Vergangenheitsinterpreta-tionen, vgl. Christian Lüders/Michael Meuser, Deutungsmusteranalyse, in: Ronald Hitzler/Anne Honer (Hg.), Sozialwissenschaftliche Hermeneutik, Opladen 1997, S. 57–80.

278 Vgl. dazu ausführlich Kapitel 7.

279 Umberto Eco, Im Wald der Fiktionen. Sechs Streifzüge durch die Literatur, München 1994, S. 11.

280 F12E, 92–102.

281 Vgl. zu solchen »Wechselrahmungen« Kapitel 4. Vgl. zu diesem Beispiel auch Moller/Tschuggnall, Familienerinnerungen [wie Anm. 95], S. 68 f.

282 Insgesamt werden 82 Geschichten solchen Inhalts erzählt.

283 F9G, 966–979.

284 F3G, 263–265.

285 F30G, 187.

286 F12G, 100–101. Die beiden anderen alliierten Mächte, Engländer und Fran-zosen, spielen in den Interviews, die wir geführt haben, nur eine marginale Rolle, was auf die Zusammensetzung unserer Stichprobe zurückzuführen ist.

287 F11G, 520–525.

288 Ebd., 525–532.

289 In den Gesprächen, die wir geführt haben, werden – von acht Zeitzeugen und fünf Angehörigen der Kindergeneration – insgesamt zwanzig Geschichten erzählt, die das Bild der »primitiven Russen« zeichnen.

290 Hierzu werden insgesamt 119 Geschichten erzählt.

291 F7E, 13–17.

292 Ebd., 7–10.

293 Ebd., 17–18.

294 Die Ausstellung wird in neun Familien thematisiert.

295 Lutz Niethammer, Juden und Russen im Gedächtnis der Deutschen, in: Walter H. Pehle (Hg.), Der historische Ort des Nationalsozialismus, Frankfurt am Main 1990, S. 114–134, hier S. 125.

296 F13Z2, 395–402.

297 F31Z, 166–169.

298 Ebd., 188–194.

299 F35Z, 442–443.

300 Ebd., 409–416.

301 F20K1, 211–212.

302 F17K1, 412–423.

303 F11G, 748–749.

304 Dies könnte man als eine Variante des »gesamtdeutschen Stereotyps« ansehen, das Lutz Niethammer für die frühen Kriegsjahre beschrieben hat, das Stereotyp nämlich, »dass die im eigenen Umfeld etwa noch verbliebenen Juden eines Tages ›weg‹ gewesen seien, dass man nicht gewußt habe, wo sie hingekommen seien, und dass man sich nichts dabei gedacht habe«. Niethammer, Juden und Russen [wie Anm. 295], S. 119.

305 F13Z2, 39–58. Vgl. Niethammer, Juden und Russen [wie Anm. 295], S. 119.

306 F30Z, 74–85. Dass »die Juden«, wie auch Niethammer feststellt, »fast nur als Geschäftsinhaber erinnert werden, sie also sogleich mit Geld und Warenbeziehungen assoziiert werden, verweist auf die Verfestigung einer Erwartungshaltung aus deutlicher sozialer Distanz. Der Inhalt dieser Erwartung war in der Wirklichkeit, in der es unter den deutschen Juden dreimal so viele Selbständige und auch dreimal soviel im Handel Tätige als unter den Nicht-Juden gab, zwar angelegt, aber verfehlte die tatsächliche menschliche Komplexität der Juden als Mitbürger, von denen eben noch nicht einmal ein Fünftel Ladenbesitzer waren.« Niethammer, Juden und Russen [wie Anm. 295], S. 123.

307 F13K, 144–147.

308 F12K, 106–109.

309 F13E2, 31–36.

310 F18E2, 203–246.

311 F5G, 22–25.

312 Ebd., 27–28.

313 Ebd., 34–35.

314 Ebd., 51–53.

315 Ebd., 693–708.

316 F36Z, 32–33.

317 Ebd., 137–138.

318 Ebd., 173–141
319 Ebd., 613–619.
320 Ebd., 621–624.
321 Saul K. Padover, Lügendetektor. Vernehmungen im besiegten Deutschland 1944/45, Frankfurt am Main 1999, S. 123.
322 F5K 356–357.
323 Ebd., 84–89.
324 F4Z, 13.
325 F26Z, 27.
326 F4Z, 16.
327 F26Z, 43–44.
328 F35G, 116, 460; F35Z, 395.
329 F35Z, 2045. Die Tochter von Frau Haase, Maike Anders (Jg. 1944), weiß zwar um die Geschichte ihres Großvaters, darum, dass er »in der Partei war«, und »eine führende Position hatte innerhalb dieses Beamtenbundes« (F35K, 159–160). Doch es gibt auch in ihren Erzählungen die anderen, von denen sich ihr eigener Großvater absetzt: »er is keine Nazigröße gewesen«, sagt sie im Einzelinterview (F35K, 179–180).
330 F17Z1, 63–65.
331 F17G, 474–478.
332 F17E, 179–180.
333 Vgl. S. 142.
334 F3Z1, 411.
335 Ebd., 411–422.
336 Ebd., 430–431.
337 Vgl. Hans Mommsen/Susanne Willems (Hg.), Herrschaftsalltag im Dritten Reich: Studien und Texte, Düsseldorf 1988; David Bankier, Die öffentliche Meinung im Hitler-Staat: Die »Endlösung« und die Deutschen. Eine Berichtigung, Berlin 1995.
338 F22G, 1330–1331.
339 F9G, 119–120.
340 Neben den 15 Zeitzeugen unserer Stichprobe, die sagen, dass sie von der Existenz von »KZ's« erst nach 1945 erfahren haben, versichern auch vier Angehörige der Kindergeneration, dass man im »Dritten Reich« nicht wissen konnte, dass es Konzentrationslager gab. Von den Enkeln sind sogar sechs dieser Auffassung.
341 F2G, 75–78.
342 F30Z, 103–104.
343 F10Z, 207–212.
344 F1G, 575–577.
345 F1Z, 797–801.
346 F1K, 772–777.
347 F1E, 78–82.
348 Vgl. S. 62.

349 F14K, 241–243.

350 F10K, 173–178.

351 Vgl. Jürgen Danyel, Die geteilte Vergangenheit. Gesellschaftliche Ausgangslagen und politische Dispositionen für den Umgang mit Nationalsozialismus und Widerstand in beiden deutschen Staaten nach 1949, in: Jürgen Kocka (Hg.), Historische DDR-Forschung. Aufsätze und Studien, Berlin 1993, S. 129–147.

352 Vgl. Herfried Münkler, Das kollektive Gedächtnis der DDR, in: Dieter Vorsteher (Hg.), Parteiauftrag: ein neues Deutschland. Bilder, Rituale und Symbole der frühen DDR. Buch zur Ausstellung des Deutschen Historischen Museums vom 13. Dezember 1996 bis 11. März 1997, Berlin 1996, S. 458–468.

353 Vgl. Jürgen Danyel (Hg.), Die geteilte Vergangenheit. Zum Umgang mit Nationalsozialismus und Widerstand in beiden deutschen Staaten, Berlin 1995; Volkhard Knigge, »Opfer, Tat, Aufstieg«. Vom Konzentrationslager Buchenwald zur Nationalen Mahn- und Gedenkstätte, in: ders. (Hg.), Versteinertes Gedenken. Das Buchenwalder Denkmal von 1958, Spröda 1997; Jeffrey Herf, Zweierlei Erinnerung. Die NS-Vergangenheit im geteilten Deutschland, Berlin 1998; Jan-Holger Kirsch, »Wir haben aus der Geschichte gelernt«. Der 8. Mai als politischer Gedenktag in Deutschland, Köln u. a. 1999.

354 Vgl. Wilfried Schubarth, Forschungsbericht des Zentralinstitutes für Jugendforschung: »Zum Geschichtsbewußtsein von Jugendlichen der DDR«, Leipzig 1989 (unveröffentlichtes Manuskript, Bundesarchiv).

355 Vgl. Lutz Niethammer/Alexander von Plato/Dorothee Wierling, Die volkseigene Erfahrung. Eine Archäologie des Lebens in der Industrieprovinz der DDR, Berlin 1991.

356 Martin Sabrow, Einleitung. Geschichtsdiskurs und Doktringesellschaft, in: ders. (Hg.), Geschichte als Herrschaftsdiskurs. Der Umgang mit der Vergangenheit in der DDR, Berlin u. a. 2000, S. 9–35, hier S. 31.

357 Vgl. Olaf Groehler, Erblasten. Der Umgang mit dem Holocaust in der DDR, in: Hanno Loewy (Hg.), Holocaust. Die Grenzen des Verstehens. Eine Debatte über die Besetzung der Geschichte, Reinbek 1992, S. 110–127; Joachim Käppner, Erstarrte Geschichte. Faschismus und Holocaust im Spiegel der Geschichtswissenschaft und Geschichtspropaganda der DDR, Hamburg 1999. Was gleichwohl nicht heißt, dass von einer »monolithischen Geschlossenheit der Vergangenheitsaneignung im diktatorischen Sozialismus« ausgegangen werden kann. Sabrow, Geschichtsdiskurs [wie Anm. 356], S. 32. Vgl. hierzu auch die anderen Beiträge in diesem Band.

358 Vgl. Axel Schildt, Zwei Staaten – eine Hörfunk- und Fernsehnation, in: Arnd Bauerkämper/Martin Sabrow/Bernd Stöver (Hg.), Doppelte Zeitgeschichte, Bonn 1998, S. 58–71.

359 Niethammer, Juden und Russen [wie Anm. 295], S. 132.

360 Vgl. Welzer, Transitionen [wie Anm. 5].

361 Welzer u. a., Böse Menschen [wie Anm. 20], S. 36.

362 Dies gilt umso mehr, als der Zeitraum der Interviews nicht nur mit der seit der Wiedervereinigung zweiten Welle der Rechtsextremismusdebatte zusammenfiel, die nach dem spektakulären Erfolg der DVU bei der Landtagswahl in Sachsen-Anhalt im Frühjahr 1998 eingesetzt hatte, sondern auch mit der so genannten »Töpfchen-These« des Kriminologen Christian Pfeiffer, die breit in den Medien diskutiert wurde. Dieser Erklärungsansatz hatte deshalb für so viel Aufsehen gesorgt, weil er die rechtsradikale Gewalt im Osten mit der autoritären Erziehung in den Kinderkrippen der DDR in Verbindung gebracht hatte. Vgl. hierzu Christian Pfeiffer, »Wir könnten viel voneinander lernen«. Gespräch mit dem westdeutschen Kriminologen über seine Thesen zur DDR-Erziehung und rechter Gewalt im Osten, DIE ZEIT vom 8. 7. 1999, S. 18.

363 Thomas Lutz, Gedenken und Dokumentieren an Orten von NS- und NKWD-Lagern in Deutschland, in: Peter Reif-Spirek/Bodo Ritscher (Hg.), Speziallager in der SBZ. Gedenkstätten mit »doppelter Vergangenheit«, Berlin 1999, S. 249–264, hier S. 264.

364 Günter Gaus, Wo Deutschland liegt. Eine Ortsbestimmung, in: ders. (Hg.), Über Deutschland und die Deutschen, Berlin 1983, S. 15–296.

365 F37G, 26–72.

366 Während z. B. Erzähltypen wie der »Krieg als Abenteuer und Reise« in der Bundesrepublik »praktisch alle öffentlichen Räume« erfüllten, waren diese Erzählungen in der DDR allein auf die Privatsphäre beschränkt. Vgl. Dorothee Wierling, Nationalsozialismus und Krieg in den Lebens-Geschichten der ersten Nachkriegsgeneration der DDR, in: Elisabeth Domansky/Harald Welzer (Hg.), Eine offene Geschichte. Zur kommunikativen Tradierung der nationalsozialistischen Vergangenheit, Tübingen 1999, S. 35–56, hier S. 54.

367 Es war lediglich in den Kasernen des Militärs offiziell verboten, Westfernsehen zu empfangen. Bis zu Beginn der siebziger Jahre hatte man zwar versucht, den Einfluss der Westmedien durch Propaganda und Repression zu unterbinden, diese Versuche waren aber weitgehend erfolglos geblieben. 1987 gaben bei einer Umfrage des Zentralinstitutes für Jugendforschung 85 % der Befragten an, dass sie sich regelmäßig durch Ost- wie Westfernsehen gleichermaßen informieren würden. Öffentlich wurde das Westfernsehen bis zum Ende der DDR »als Stimme des politischen Gegners« diffamiert, auch wenn die SED-Führung 1988 selbst erwog, es den Menschen im »Tal der Ahnungslosen« zugänglich zu machen. Begründet lag diese Überlegung in dem Umstand, dass die Zahl der Ausreiseanträge in diesem Bezirk besonders hoch war. Vgl. Stefan Wolle, Die heile Welt der Diktatur. Alltag und Herrschaft in der DDR 1971–1989, Bonn 1998, S. 69 ff.

368 Ebd., S. 71.

369 Überdies sind in den letzten zehn Jahren Filme wie »Schindlers Liste« gleichermaßen Bestandteil des ost- wie des westdeutschen Diskurses geworden. Und dennoch wird heute gerade jenen Filmen, die dem Kanon des offiziel-

len Gedächtnisses der DDR an die NS-Zeit entstammen, besondere Wertschätzung entgegengebracht. Während fast alle anderen Institutionen des staatlichen Antifaschismus diskreditiert wurden, markieren DEFA-Filme wie »Nackt unter Wölfen« oder »Die Abenteuer des Werner Holt« nicht nur heute noch klar erkennbare Unterschiede in den Bezugsmedien von Ost und West, sondern sie stehen – zumindest in der ostdeutschen Kindergeneration – auch für das uneingeschränkt Gute der antifaschistischen Erziehung in der DDR.

370 Vgl. hierzu auch das Kapitel über die Medien S. 105 ff.

371 F1G, 1056–1064.

372 Allein der Enkel der Familie Haase setzt die Thälmannpioniere und die Hitlerjugend gleich und erklärt so die Begeisterung seiner Großmutter für das NS-System.

373 F38K3, 111–117.

374 Vgl. Mary Fulbrook, German National Identity after the Holocaust, Cambridge 1999, S. 147 ff.

375 Vgl. auch Sabine Moller, Vielfache Vergangenheit. Das Geschichtsbewußtsein vom Nationalsozialismus im Ost-West-Vergleich, Hannover 2002 (in Vorbereitung) .

376 F35G, 193–195.

377 F19Z, 181.

378 Ebd., 183–184.

379 Ebd., 644.

380 Ebd., 363–668.

381 F20G, 1445–1456.

382 F14Z, 183.

383 F1G, 206.

384 F35G, 191.

385 Ebd., 115.

386 Ebd., 655.

387 F33Z, 441–442.

388 Ebd., 447.

389 Ebd., 451.

390 Ebd., 454–457.

391 F33G, 56–59.

392 Ebd., 232 f.

393 Vgl. Dorothee Wierling, Is there an East German Identity? Aspects of a Social History of the Soviet Zone/German Democratic Republic, in: Tel Aviver Jahrbuch für deutsche Geschichte 19 (1990), S. 193–207, hier S. 199.

394 Alexander von Plato, Von alten Orten und neuen Zeiten. Umgesiedelte in der SBZ/DDR im Vergleich zur Bundesrepublik, in: BIOS 6 (Sonderheft) (1993), S. 121–144.

395 Ebd., S. 128.

396 Ebd., S. 132.

397 Vgl. Norman M. Naimark, Die Russen in Deutschland. Die sowjetische Besatzungszone 1945 bis 1949, Berlin 1999.

398 Bodo Ritscher u. a. (Hg.), Das sowjetische Speziallager Nr. 2 1945–1950. Katalog zur ständigen Ausstellung, Göttingen 1999, S. 197 ff.

399 F31Z, 236–242.

400 Mit Ausnahme der Familien, deren Zeitzeugen im Nationalsozialismus verfolgt wurden (F34 Anger & F38 Silbermann).

401 F31G, 35.

402 Ebd., 89.

403 Ebd., 268.

404 Ebd., 250.

405 Ebd., 264.

406 Ebd., 281.

407 Ebd., 297.

408 Ebd., 300.

409 Ebd., 304.

410 Ebd., 345–358.

411 Das Gespräch setzt sich zunächst folgendermaßen fort:
Enkelin: »Na, obwohl das ja bei uns einen anderen Hintergrund hatte.«
Herr Stein: »Das Problem ist der Hintergrund«
Frau Stein: »Ja, ja«
Herr Stein: »aber der/ der/ der Wunsch, sich in Vereinen und Organisationen irgendwo mit anderen zusammenzufinden, das ist ja keine Erfindung/«
Enkelin: »Ja, nur bei uns lief das ja eher dann doch darauf hinaus, dass wirklich dann alle zusammen waren, dass wirklich immer die Völkergemeinschaft – oder nicht? Also, wir ham ja dann auch so äh, was weiß ich, Geld gesammelt für irgendwie ähm Kinder in Afrika und solche Geschichten, also vom Hintergrund her, war das wirklich was völlig anderes!«
Herr Stein: »Na ja, klar. Klar war das was anderes.«
Enkelin: »(räuspert sich) Nur so vom/ vom Gemeinschaftsgefühl her, meinst du, von der Gruppe her, das war schon (leise) ähnlich vielleicht. (Pause)«, F31G, 355–368.

412 F20Z, 529–537.

413 F20G, 868–877.

414 Kurz vor seiner Auflösung im Jahr 1990 verfügte das Ministerium für Staatssicherheit über einen Personalbestand von 91 000 hauptamtlichen Mitarbeitern und ca. 173 000 inoffiziellen Mitarbeitern, vgl. Annette Weinke, Der Umgang mit der Stasi und ihren Mitarbeitern, in: Helmut König/Michael Kohlstruck/Andreas Wöll (Hg.), Vergangenheitsbewältigung am Ende des zwanzigsten Jahrhunderts, Wiesbaden 1998, S. 167–191.

415 F35G, 1077–1102.

416 Hasko Zimmer, Der Buchenwald-Konflikt. Zum Streit um Geschichte und Erinnerung im Kontext der deutschen Vereinigung, Münster 1999, S. 28.

417 F35G, 453.

418 Jürgen Habermas hat im Kontext der Auseinandersetzung mit der DDR-Vergangenheit vor einigen Jahren darauf hingewiesen, dass die »Stasi-Debatte«
einen Subtext hat, über den der Interpretationsstreit über das NS-System neu
ausgetragen wird, vgl. Jürgen Habermas, Was bedeutet ›Aufarbeitung der
Vergangenheit‹ heute?, in: ders. (Hg.), Die Normalität einer Berliner Republik, Frankfurt am Main 1995, S. 21–45, hier S. 28.

419 F37G, 496–510.

420 Wierling, Nationalsozialismus und Krieg [wie Anm. 366], S. 38.

421 Schubarth, Forschungsbericht [wie Anm. 354], S. 35.

422 Ebd., S. 103.

423 Wilfried Schubarth/Thomas Schmidt, »Sieger der Geschichte«. Verordneter
Antifaschismus und die Folgen, in: Karl-Heinz Heinemann/Wilfried Schu-
barth (Hg.), Der antifaschistische Staat entläßt seine Kinder. Jugend und
Rechtsextremismus in Ostdeutschland, Köln 1992, S. 12–36, hier S. 18.

424 Vgl. Wolle, Heile Welt [wie Anm. 367], S. 294.

425 Vgl. Kap. 1, Art. 6, Abs. 2 der Verfassung der DDR von 1974.

426 Eric Hobsbawm, Das Erfinden von Traditionen, in: Christoph Conrad/Mar-
tina Kessel (Hg.), Kultur und Geschichte. Neue Einblicke in eine alte Beziehung, Stuttgart 1998, S. 97–118.

427 Niethammer, Juden und Russen [wie Anm. 295], S. 129.

428 F35G, 1209–1211.

429 Dies war aber auch eine zu DDR-Zeiten geläufige Form der Ironisierung.
»Auf die in den siebziger Jahren oft gestellte Scherzfrage ›Warum heißen die
Länder der sozialistischen Gemeinschaft Bruder- und nicht Freundesstaa-
ten?‹ lautete in der DDR die Antwort: ›Weil man sich seine Freunde aussu-
chen kann, die Brüder aber nicht.‹« Wolle, Heile Welt [wie Anm. 367],
S. 90 f.

430 F19K, 682–700.

431 Ebd., 281.

432 Es ist unzweifelhaft, dass Kenntnisse über den Hitler-Stalin-Pakt, die stalinistischen Verbrechen u. a. m. bereits vor 1989 in der Bevölkerung vorhanden waren. Überrascht, überfordert und schockiert habe viele DDR-Bürger
allerdings, wie Neuhaus und Zimmer festhalten, die so abrupt und massiv
einsetzende Berichterstattung über die vormals »weißen Flecken«. Als die
Gräber der früheren sowjetischen Speziallager in Sachsenhausen und Buchenwald kurz nach der »Wende« mit Hilfe ehemaliger Häftlinge wieder-
entdeckt wurden, gerieten die »Nationalen Mahn- und Gedenkstätten der
DDR« abrupt ins Scheinwerferlicht der Öffentlichkeit. Mit den Gräberfun-
den begann ein langjähriger Streit um ein angemessenes Verhältnis von Kon-
zentrations- und Speziallagern in der Geschichte und Erinnerung des vereinten Deutschlands. In diesem Kontext entzündeten sich die Debatten
immer wieder an diesen beiden Gedenkstätten, weil in ihnen die Geschichte
des Nationalsozialismus und der SBZ und DDR auf elementare Weise mit-

einander verschränkt waren. Sachsenhausen und Buchenwald stehen symbolisch für die NS-Verbrechen und für die Phase stalinistischer Säuberungen und Verfolgung in Ostdeutschland wie für das kommunistische Selbstverständnis der DDR. Vgl. Friedemann Neuhaus, Geschichte im Umbruch. Geschichtspolitik, Geschichtsunterricht und Geschichtsbewußtsein in der DDR und den neuen Bundesländern 1983–1993, Frankfurt am Main u. a. 1998; Zimmer, Buchenwald-Konflikt [wie Anm. 416].

433 Die »Nationalen Mahn- und Gedenkstätten« der DDR waren seit ihrem Bestehen ein wesentlicher Bestandteil der politischen Sozialisation in der DDR. Sie waren über Bildung, Freizeit und Beruf (so z. B. über Jugendweihen, Immatrikulationsfeiern oder »Buchenwaldgedächtnisläufe«, Zimmer, Buchenwald-Konflikt [wie Anm. 416], S. 78) in das gesellschaftliche Leben eingebunden. Jeder, der in der DDR geboren wurde, hat wohl mindestens einmal in seinem Leben eines der früheren Konzentrationslager Buchenwald, Sachsenhausen oder Ravensbrück besucht.

434 Thomas C. Fox, Stated Memory. East Germany and the Holocaust, New York 1999.

435 F31K, 516f.

436 Vgl. Peter Reif-Spirek/Bodo Ritscher, Speziallager in der SBZ. Gedenkstätten mit »doppelter Vergangenheit«, Berlin 1999; Ritscher u. a., sowjetische Speziallager [wie Anm. 398].

437 Peter Burke, Geschichte als soziales Gedächtnis, in: Aleida Assmann/Dietrich Harth (Hg.), Mnemosyne. Formen und Funktionen der kulturellen Erinnerung, Frankfurt am Main 1991, S. 289–304, hier S. 300.

438 Vgl. James W. Pennebaker/Becky L. Banasik, On the Creation and Maintenance of Collective Memories. History as Social Psychology, in: James W. Pennebaker (Hg.), Collective Memory of Political Events. Social Psychological Perspectives, Mahqaw/New Jersey 1997, S. 3–19, hier S. 7.

439 Vgl. Ritscher u. a., sowjetische Speziallager [wie Anm. 398].

440 Eine Ausnahme findet sich in einer der beiden Familien, deren Zeitzeugen im Nationalsozialismus verfolgt wurden. Hier ist der Enkel ebenso wie sein Vater und seine Großeltern der Ansicht, dass man zu DDR-Zeiten genauso gut und zum Teil besser informiert wurde. Er betont, dass sich sein Geschichtsbild seit 1989 nicht verändert hat.

441 F31E1, 56–76.

442 F38E, 71–83.

443 Daniel J. Goldhagen, Hitlers willige Vollstrecker. Ganz gewöhnliche Deutsche und der Holocaust, Berlin 1996.

444 F37E, 119–120.

445 Ebd., 194–211.

446 Auch Annette Leo ist im Rahmen eines Interviewprojekts, das Anfang der neunziger Jahre durchgeführt wurde, auf eine »größere Gruppe« von Befragten gestoßen, für die die Beschäftigung mit dem Nationalsozialismus »so untrennbar mit der DDR verbunden war, dass sie ihre Existenzberechti-

gung zusammen mit ihr verloren zu haben scheint.« Annette Leo, Haben »wir« das gemacht? Antifaschistische Erziehung in der DDR und ihre Spuren acht Jahre nach der Wende, in: Jahrbuch Arbeit–Bildung–Kultur 16/17 (1998), S. 65–72, hier S. 69.

447 Frankfurter Allgemeine Zeitung, 20. 4. 2000, S. 2.

448 Halbwachs, Kollektives Gedächtnis [wie Anm. 32], S. 31.

449 Hans Georg Gadamer, Wahrheit und Methode. Grundzüge einer philosophischen Hermeneutik, Tübingen 1983, S. 345.

450 Die folgenden Überlegungen stellen den Versuch dar, einige texttheoretische Überlegungen Umberto Ecos auf die Situation direkter Kommunikation und die Geschichten anzuwenden, die in ihr gemeinsam produziert werden. Vgl. Umberto Eco, Lector in fabula. Die Mitarbeit der Interpretation in erzählenden Texten, München 1990; ders., Wald der Fiktion [wie Anm. 279].

451 Brink, Ikonen [wie Anm. 179], S. 10.

452 Vgl. Keppler, Tischgespräche [wie Anm. 21], S. 207.

453 Donald Polkinghorne, Narrative knowing and the human sciences, Albany/New York 1988, S. 150.

454 Durch erneute Konsolidierung verändert sich das Engramm, die neuronale Gedächtnisspur. Das bedeutet, »dass Engramme nach wiederholtem Erinnern gar nicht mehr identisch sind mit jenen, die vom ersten Lernprozess hinterlassen wurden. Es sind die neuen Spuren, die [...] beim Erinnern neu geschrieben werden.« Wolf Singer, Wahrnehmen, Erinnern, Vergessen. Über Nutzen und Vorteil der Hirnforschung für die Geschichtswissenschaft: Eröffnungsvortrag des 43. Deutschen Historikertages in Frankfurt am Main, in: Frankfurter Allgemeine Zeitung, 28. 9. 2000, S. 10.

455 Ebd.

456 Padover, Lügendetektor [wie Anm. 321], S. 93 ff.

Literaturverzeichnis

Assmann, Aleida, Wie wahr sind Erinnerungen?, in: Harald Welzer (Hg.), Das soziale Gedächtnis. Geschichte, Erinnerung, Tradierung, Hamburg 2001, S. 103–122.

Assmann, Jan, Das kulturelle Gedächtnis. Schrift, Erinnerung und politische Identität in früheren Hochkulturen, München 1992.

Ders., Kollektives Gedächtnis und kulturelle Identität, in: ders./Tonio Hölscher (Hg.), Kultur und Gedächtnis, Frankfurt am Main 1988, S. 9–19.

Bankier, David, Die öffentliche Meinung im Hitler-Staat: Die »Endlösung« und die Deutschen. Eine Berichtigung, Berlin 1995.

Bar-On, Dan, Die Last des Schweigens. Gespräche mit Kindern von Nazi-Tätern, Frankfurt am Main/New York 1993.

Ders./Brendler, Konrad/Hare, Paul A., »Da ist etwas kaputtgegangen an den Wurzeln ...« Identitätsformation deutscher und israelischer Jugendlichen im Schatten des Holocaust, Frankfurt am Main/New York 1997.

Bašić, Natalija/Welzer, Harald, Die Bereitschaft zum Töten. Überlegungen zum Zusammenspiel von Sinn, Mord und Moral, in: Zeitschrift für Genozidforschung (1) (2000), S. 78–100.

Dies., »Krieg ist nun mal Krieg«, in: Wolfgang Höpken/Michael Riekenberg (Hg.), Politische und ethnische Gewalt in Südosteuropa und Lateinamerika, Köln/Weimar/Wien 2001, S. 195–225.

Benz, Wolfgang/Graml, Hermann/Weiß, Hermann (Hg.), Enzyklopädie des Nationalsozialismus, München 1998.

Borer, Christine/Ley, Katharina, Fesselnde Familie. Realität, Mythos, Familienroman, Tübingen 1991.

Bourke, Joanna, An Intimate History of Killing. Face-to-face killing in twentieth-century warfare, London 1999.

Brink, Cornelia, Ikonen der Vernichtung. Öffentlicher Gebrauch von Fotografien aus nationalsozialistischen Konzentrationslagern nach 1945, Berlin 1998.

Buchheim, Lothar-Günther, »Das Boot«, München 1992.

Burke, Peter, Geschichte als soziales Gedächtnis, in: Aleida Assmann/Dietrich Harth (Hg.), Mnemosyne. Formen und Funktionen der kulturellen Erinnerung, Frankfurt am Main 1991, S. 289–304.

Danyel, Jürgen, Die geteilte Vergangenheit. Gesellschaftliche Ausgangslagen und politische Dispositionen für den Umgang mit Nationalsozialismus und Widerstand in beiden deutschen Staaten nach 1949, in: Jürgen Kocka (Hg.), Historische DDR-Forschung. Aufsätze und Studien, Berlin 1993, S. 129–147.

Ders. (Hg.), Die geteilte Vergangenheit. Zum Umgang mit Nationalsozialismus und Widerstand in beiden deutschen Staaten, Berlin 1995.

Eco, Umberto, Im Wald der Fiktionen. Sechs Streifzüge durch die Literatur, München 1994.

Ders., Lector in fabula. Die Mitarbeit der Interpretation in erzählenden Texten, München 1990.

Fein, Helen, Genocide: a Sociological Perspective, London 1993.

Feldman, Allen, Formations of violence. The narrative of the body and political terror in Northern Ireland, London/Chicago u. a. 1991.

Fox, Thomas C., Stated Memory. East Germany and the Holocaust, New York 1999.

Frei, Norbert, Vergangenheitspolitik. Die Anfänge der Bundesrepublik und die NS-Vergangenheit, München 1996.

Fulbrook, Mary, German National Identity after the Holocaust, Cambridge 1999.

Gadamer, Hans Georg, Wahrheit und Methode. Grundzüge einer philosophischen Hermeneutik, Tübingen 1983.

Gaus, Günter, Wo Deutschland liegt. Eine Ortsbestimmung, in: ders. (Hg.), Über Deutschland und die Deutschen, Berlin 1983, S. 15–296.

Gergen, Kenneth J., Erzählung, moralische Identität und historisches Bewusstsein. Eine sozialkonstruktionistische Darstellung, in: Jürgen Straub (Hg.), Erzählung, Identität und historisches Bewusstsein, Frankfurt am Main 1998, S. 170–202.

Goffman, Erving, Rahmen-Analyse. Ein Versuch über die Organisation von Alltagserfahrungen, Frankfurt am Main 1980.

Goldhagen, Daniel J., Hitlers willige Vollstrecker. Ganz gewöhnliche Deutsche und der Holocaust, Berlin 1996.

Graf, Peter/Schacter, Daniel L., »Implicit and explicit memory for new associations in normal subjects and amnesic patients«, in: Journal of Experimental Psychology: Learning, Memory, and Cognition (11) (1985), S. 501–518.

Groehler, Olaf, Erblasten. Der Umgang mit dem Holocaust in der DDR, in: Hanno Loewy (Hg.), Holocaust. Die Grenzen des Verstehens. Eine Debatte über die Besetzung der Geschichte, Reinbek 1992, S. 110–127.

Habermas, Jürgen, Was bedeutet ›Aufarbeitung der Vergangenheit‹ heute? in: ders. (Hg.), Die Normalität einer Berliner Republik, Frankfurt am Main 1995, S. 21–45.

Halbwachs, Maurice, Das kollektive Gedächtnis, Frankfurt am Main 1985.

Ders., Das Gedächtnis und seine sozialen Bedingungen, Frankfurt am Main 1985.

Heer, Hannes/Naumann, Klaus, Vernichtungskrieg: Verbrechen der Wehrmacht 1941–1944, Hamburg 1995.

Herbert, Ulrich, Best. Biographische Studien über Radikalismus, Weltanschauung und Vernunft, 1903–1989, Bonn 1996.

Herf, Jeffrey, Zweierlei Erinnerung. Die NS-Vergangenheit im geteilten Deutschland, Berlin 1998.

Hobsbawm, Eric, Das Erfinden von Traditionen, in: Christoph Conrad/Martina Kessel (Hg.), Kultur und Geschichte. Neue Einblicke in eine alte Beziehung, Stuttgart 1998, S. 97–118.

Hughes, Michael L., »Through No Fault of Our Own«: West Germans Remember Their War Losses, in: German History 2 (18) (2000), S. 193–213.

Jeismann, Karl-Ernst, Geschichtsbewusstsein, in: Klaus Bergmann u. a. (Hg.), Handbuch der Geschichtsdidaktik, Düsseldorf 1979, S. 42–45.

Jensen, Olaf, Nationalsozialismus als Familiengeschichte. Qualitative Inhaltsanalyse von Mehrgenerationen-Interviews zur intrafamilialen Kommunikation (unveröffentlichte Diplomarbeit), Universität Hannover 1999.

Ders., Zur gemeinsamen Verfertigung von Text in der Forschungssituation, in: Forum Qualitative Sozialforschung/Forum: Qualitative Social Research (Online Journal), Verfügbar über: http://qualitative-research.net/fqs, 1 (2) (2000), 32 Absätze.

Ders., Geschichte *machen*. Strukturmerkmale des intergenerationellen Sprechens über die NS-Vergangenheit, 2003 (in Vorbereitung).

Ders./Koch, Torsten, Nationalsozialismus und Holocaust im Familiengespräch. Eine Inhaltsanalyse von Mehrgenerationeninterviews, Hannover 2002.

240

Keppler, Angela, Tischgespräche. Über Formen kommunikativer Vergemein-
schaftung am Beispiel der Konversation in Familien, Frankfurt am Main
1994.

Kirsch, Jan-Holger, »Wir haben aus der Geschichte gelernt«. Der 8. Mai als politischer Gedenktag in Deutschland, Köln u. a. 1999.

Klemperer, Victor, Ich will Zeugnis ablegen bis zum letzten. Tagebücher
1933–1945, Berlin 1995.

Knigge, Volkhard, »Opfer, Tat, Aufstieg«. Vom Konzentrationslager Buchenwald
zur Nationalen Mahn- und Gedenkstätte, in: ders. (Hg.), Versteinertes Gedenken. Das Buchenwalder Denkmal von 1958, Spröda 1997.

Ders., Buchenwald, in: Detlef Hoffmann (Hg.), Das Gedächtnis der Dinge. KZ-
Relikte und KZ-Denkmäler 1945–1995, Frankfurt am Main/New York 1998,
S. 94–173.

Knoch, Habbo, Die Tat als Bild. Fotografien des Holocaust in der deutschen Erinnerungskultur, Hamburg 2001.

Koch, Gertrud, Nachstellungen. Film und historischer Moment, in: Jörn Rüsen/
Klaus E. Müller (Hg.), Historische Sinnbildung. Problemstellungen, Zeitkon-
zepte, Wahrnehmungshorizonte, Darstellungsstrategien, Reinbek 1997,
S. 536–551.

Koch, Torsten, Stille Post. Eine qualitative Inhaltsanalyse zum intergenerationellen Gespräch über die Zeit des Nationalsozialismus (unveröffentlichte Diplomarbeit), Universität Hannover 2000.

Käppner, Joachim, Erstarrte Geschichte. Faschismus und Holocaust im Spiegel
der Geschichtswissenschaft und Geschichtspropaganda der DDR, Hamburg
1999.

Köstlin, Konrad, Erzählen vom Krieg – Krieg als Reise, in: BIOS 2 (2) (1989),
S. 173–182.

Labov, William/Waletzky, Joshua, Erzählanalyse. Mündliche Versionen persönlicher Erfahrung, in: Jens Ihwe (Hg.), Literaturwissenschaft und Linguistik:
Texte zur Theorie der Literaturwissenschaft, Band 2, Frankfurt am Main 1973,
78–126.

Laub, Dori, Die prokreative Vergangenheit: Das Fortleben historischer Traumatisierung, in: Harald Welzer (Hg.), Das soziale Gedächtnis. Geschichte, Erinnerung, Tradierung, Hamburg 2001, S. 321–339.

LeDoux, Joseph E., Das Netz der Gefühle. Wie Emotionen entstehen, Stuttgart
1998.

Leo, Annette, Haben »wir« das gemacht? Antifaschistische Erziehung in der
DDR und ihre Spuren acht Jahre nach der Wende, in: Jahrbuch Arbeit – Bildung – Kultur 16/17 (1998), S. 65–72.

Levi, Primo, Ist das ein Mensch? München 1992.

Lutz, Thomas, Gedenken und Dokumentieren an Orten von NS- und NKWD-Lagern in Deutschland, in: Peter Reif-Spirek/Bodo Ritscher (Hg.), Speziallager
in der SBZ. Gedenkstätten mit »doppelter Vergangenheit«, Berlin 1999,
S. 249–264.

Lüders, Christian/Meuser, Michael, Deutungsmusteranalyse, in: Ronald Hitzler/ Anne Honer (Hg.), Sozialwissenschaftliche Hermeneutik, Opladen 1997, S. 57–80.

Middleton, David/Edwards, Derek, Conversational remembering. A social psychological approach, in: David Middleton/Derek Edwards (Hg.), Collective Remembering, London 1990, S. 23–45.

Moeller, Robert G., War Stories. The Search for a Usable Past in the Federal Republic of Germany, in: American Historical Review 101 (1996), S. 1008–1048.

Moller, Sabine, Vielfache Vergangenheit. Das Geschichtsbewußtsein vom Nationalsozialismus im Ost-West-Vergleich, Hannover 2002 (in Vorbereitung).

Dies., Erinnerte Geschichten in der Generationenfolge, in: Zeitschrift für Politische Psychologie (4) (1998), S. 399–408.

Dies./Tschuggnall, Karoline, Familienerinnerungen. Kriegserlebnisse in den Geschichten dreier Generationen, in: Elisabeth Domansky/Harald Welzer (Hg.), Eine offene Geschichte. Zur kommunikativen Tradierung der nationalsozialistischen Vergangenheit, Tübingen 1999, S. 57–73.

Mommsen, Hans/Willems, Susanne (Hg.), Herrschaftsalltag im Dritten Reich: Studien und Texte, Düsseldorf 1988.

Müller-Hohagen, Jürgen, Geschichte in uns. Psychogramme aus dem Alltag, München 1994.

Münkler, Herfried, Das kollektive Gedächtnis der DDR, in: Dieter Vorsteher (Hg.), Parteiauftrag: ein neues Deutschland. Bilder, Rituale und Symbole der frühen DDR. Buch zur Ausstellung des Deutschen Historischen Museums vom 13. Dezember 1996 bis 11. März 1997, Berlin 1996, S. 458–468.

Naimark, Norman M., Die Russen in Deutschland. Die sowjetische Besatzungszone 1945 bis 1949, Berlin 1999.

Neuhaus, Friedemann, Geschichte im Umbruch. Geschichtspolitik, Geschichtsunterricht und Geschichtsbewusstsein in der DDR und den neuen Bundesländern 1983–1993, Frankfurt am Main u. a. 1998.

Niethammer, Lutz, Heimat und Front, in: ders. (Hg.), »Die Jahre weiß man nicht, wo man die heute hinsetzen soll«, Berlin/Bonn 1983, S. 163–232.

Ders., Juden und Russen im Gedächtnis der Deutschen, in: Walter H. Pehle (Hg.), Der historische Ort des Nationalsozialismus, Frankfurt am Main 1990, S. 114–134.

Ders./von Plato, Alexander/Wierling, Dorothee, Die volkseigene Erfahrung. Eine Archäologie des Lebens in der Industrieprovinz der DDR, Berlin 1991.

Padover, Saul K., Lügendetektor. Vernehmungen im besiegten Deutschland 1944/45, Frankfurt am Main 1999.

Pennebaker, James W./Banasik, Becky L., On the Creation and Maintenance of Collective Memories. History as Social Psychology, in: James W. Pennebaker (Hg.), Collective Memory of Political Events. Social Psychological Perspectives, Mahqaw/New Jersey 1997, S. 3–19.

Plato, Alexander von, Von alten Orten und neuen Zeiten. Umgesiedelte in der SBZ/DDR im Vergleich zur Bundesrepublik, in: BIOS 6 (Sonderheft) (1993), S. 121–144.

Ders., Erfahrungen junger Soldaten im Zweiten Weltkrieg, in: BIOS (1) (1998), S. 15–23.

Polkinghorne, Donald, Narrative knowing and the human sciences, Albany/New York 1988.

Reif-Spirek, Peter/Ritscher, Bodo, Speziallager in der SBZ. Gedenkstätten mit »doppelter Vergangenheit«, Berlin 1999.

Ritscher, Bodo u. a. (Hg.), Das sowjetische Speziallager Nr. 2 1945–1950. Katalog zur ständigen Ausstellung, Göttingen 1999.

Roberts, Ulla, Spuren der NS-Zeit im Leben der Kinder und Enkel. Drei Generationen im Gespräch, München 1998.

Rosenthal, Gabriele, Erzählte und erlebte Lebensgeschichte: Gestalt und Strukturbiographische Selbstbeschreibungen, Frankfurt am Main u. a. 1995.

Dies. (Hg.), Der Holocaust im Leben von 3 Generationen. Familien von Überlebenden der Shoah und von Nazi-Tätern, Gießen 1997.

Rüsen, Jörn, Strukturen historischer Sinnbildung, in: Werner Weidenfeld (Hg.), Geschichtsbewusstsein der Deutschen. Materialien zur Spurensuche einer Nation, Köln 1987, S. 52–64.

Ders., Historisches Lernen. Grundlagen und Paradigmen, Köln/Weimar/Wien 1994.

Sabrow, Martin, Einleitung. Geschichtsdiskurs und Doktringesellschaft, in: ders. (Hg.), Geschichte als Herrschaftsdiskurs. Der Umgang mit der Vergangenheit in der DDR, Berlin u. a. 2000, S. 9–35.

Schacter, Daniel L., Searching for Memory. The Brain, the Mind & the Past, New York 1996.

Schildt, Axel, Der Umgang mit der NS-Vergangenheit in der Öffentlichkeit der Nachkriegszeit, in: Wilfried Loth/Bernd-A. Rusinek (Hg.), Verwandlungspolitik. NS-Eliten in der westdeutschen Nachkriegsgesellschaft, Frankfurt am Main u. a. 1998, S. 19–54.

Ders., Zwei Staaten – eine Hörfunk- und Fernsehnation, in: Arnd Bauernkämper/Martin Sabrow/Bernd Stöver (Hg.), Doppelte Zeitgeschichte, Bonn 1998, S. 58–71.

Schneider, Christian/Stillke, Cordelia/Leineweber, Bernd, Das Erbe der Napola. Versuch einer Generationengeschichte des Nationalsozialismus, Hamburg 1996.

Schornstheimer, Michael, Die leuchtenden Augen der Frontsoldaten. Nationalsozialismus und Krieg in den Illustriertenromanen der fünfziger Jahre, Berlin 1995.

Schröder, Hans-Joachim, Die gestohlenen Jahre. Erzählgeschichten und Geschichtserzählung im Interview: Der Zweite Weltkrieg aus der Sicht ehemaliger Mannschaftssoldaten, Tübingen 1992.

Schubarth, Wilfried, Forschungsbericht des Zentralinstitutes für Jugendforschung: »Zum Geschichtsbewusstsein von Jugendlichen der DDR«, Leipzig 1989 (unveröffentlichtes Manuskript, Bundesarchiv).

Ders./Schmidt, Thomas, »Sieger der Geschichte«. Verordneter Antifaschismus und die Folgen, in: Karl-Heinz Heinemann/Wilfried Schubarth (Hg.), Der antifaschistische Staat entlässt seine Kinder. Jugend und Rechtsextremismus in Ostdeutschland, Köln 1992, S. 12–36.

Schäfer, Hans Dieter, Das gespaltene Bewusstsein. Deutsche Kultur und Lebenswirklichkeit 1933–1945, Frankfurt am Main 1984.

Semprun, Jorge, Die große Reise, Reinbek 1981.

Silbermann, Alphons/Stoffers, Manfred, Auschwitz: Nie davon gehört? Erinnern und Vergessen in Deutschland, Berlin 2000.

Singer, Wolf, Wahrnehmen, Erinnern, Vergessen. Über Nutzen und Vorteil der Hirnforschung für die Geschichtswissenschaft: Eröffnungsvortrag des 43. Deutschen Historikertages in Frankfurt am Main, in: Frankfurter Allgemeine Zeitung, 28. 9. 2000 (226) (2000), S. 10.

Speer, Albert, Erinnerungen, Frankfurt am Main 1969.

Weinke, Annette, Der Umgang mit der Stasi und ihren Mitarbeitern, in: Helmut König/Michael Kohlstruck/Andreas Wöll (Hg.), Vergangenheitsbewältigung am Ende des zwanzigsten Jahrhunderts, Wiesbaden 1998, S. 167–191.

Welzer, Harald, Von Fehlern und Daten. Zur Rolle des Forschers im interpretativen Paradigma, in: Psychologie und Gesellschaftskritik 14 (2/3) (1990), S. 153–174.

Ders., Transitionen. Zur Sozialpsychologie biographischer Wandlungsprozesse, Tübingen 1993.

Ders., Ist das ein Hörspiel? Methodologische Anmerkungen zur interpretativen Sozialforschung, in: Soziale Welt (2) (1995), S. 182–196.

Ders., Der Mythos der unbewältigten Vergangenheit. Über ein Interpretament der interpretativen Zeitzeugenforschung, in: Leviathan 24 (4) (1996), S. 587–603.

Ders., Verweilen beim Grauen. Essays zum wissenschaftlichen Umgang mit dem Holocaust, Tübingen 1997.

Ders., Hermeneutische Dialoganalyse. Psychoanalytische Epistemologie in sozialwissenschaftlichen Fallanalysen, in: Gerd Kimmerle (Hg.), Zur Theorie der psychoanalytischen Fallgeschichte, Tübingen 1998, S. 111–138.

Ders., Erinnern und weitergeben. Überlegungen zur kommunikativen Tradierung von Geschichte, in: BIOS (2) (1998), S. 155–170.

Ders., Das Interview als Artefakt. Zur Kritik der Zeitzeugenforschung, in: BIOS (1) (2000), S. 51–63.

Ders., Vorhanden/Nicht-Vorhanden. Über die Latenz der Dinge, in: Peter Hayes/Irmtrud Wojak (Hg.), »Arisierung« im Nationalsozialismus. Volksgemeinschaft, Raub und Gedächtnis, Frankfurt am Main/New York 2000, S. 287–308.

Ders., (Hg.), Das soziale Gedächtnis. Geschichte, Erinnerung, Tradierung, Hamburg 2001.

Ders./Markowitsch, Hans J., Umrisse einer interdisziplinären Gedächtnisforschung, in: Psychologische Rundschau 52 (4), (2001), S. 205–214.

Ders./Montau, Robert/Plaß, Christine, »Was wir für böse Menschen sind!«. Der Nationalsozialismus im Gespräch zwischen den Generationen, Tübingen 1997.

Wette, Wolfram, Das Rußlandbild in der NS-Propaganda. Ein Problemaufriß, in: Hans-Erich Volkmann (Hg.), Das Rußlandbild im Dritten Reich, Köln u. a. 1994, S. 55–78.

Wierling, Dorothee, Is there an East German Identity? Aspects of a Social History of the Soviet Zone/German Democratic Republic, in: Tel Aviver Jahrbuch für deutsche Geschichte 19 (1990), S. 193–207.

Dies., Nationalsozialismus und Krieg in den Lebens-Geschichten der ersten Nachkriegsgeneration der DDR, in: Elisabeth Domansky/Harald Welzer (Hg.), Eine offene Geschichte. Zur kommunikativen Tradierung der nationalsozialistischen Vergangenheit, Tübingen 1999, S. 35–56.

Wilkomirski, Binjamin, Bruchstücke: aus einer Kindheit 1939–1948, Frankfurt am Main 1998.

Wineburg, Sam, Historical thinking and other unnatural acts. Charting the future of teaching the past, Philadelphia 2001.

Ders., Sinn machen: Wie Erinnerung zwischen den Generationen gebildet wird, in: Harald Welzer (Hg.), Das soziale Gedächtnis. Geschichte, Erinnerung, Tradierung, Hamburg 2001, S. 179–204.

Wolle, Stefan, Die heile Welt der Diktatur. Alltag und Herrschaft in der DDR 1971–1989, Bonn 1998.

Zimmer, Hasko, Der Buchenwald-Konflikt. Zum Streit um Geschichte und Erinnerung im Kontext der deutschen Vereinigung, Münster 1999.

Nachtrag zur zweiten Auflage:
Nationalsozialismus ohne Nazis
Ergebnisse einer Repräsentativbefragung

Die Befunde von »Opa war kein Nazi« basieren auf einer qualitativen Untersuchungsmethode, die den Vorzug einer tiefen Analyse des Prozesses der Vergangenheitsbildung um den Preis einer relativ geringen Fallzahl erkaufen muss. Unsere Ergebnisse zur intergenerationellen Tradierung sind verallgemeinerbar, nicht aber in statistischem Sinne repräsentativ für die Gesamtbevölkerung der Bundesrepublik Deutschland. Wir haben daher einige zentrale Fragen, die die Befunde unserer Studie aufgeworfen haben, für eine repräsentative Bevölkerungsumfrage operationalisiert, die im Juni 2002 vom Emnid-Institut in Bielefeld durchgeführt wurde.

Die Ergebnisse dieser Befragung untermauern die Befunde unserer qualitativen Studie in nahezu jeder Hinsicht: So antworten die Bundesbürger auf die Frage, ob ihre Eltern oder Großeltern, die die Zeit des Nationalsozialismus noch selbst erlebt haben, dem NS-System gegenüber eher positiv oder eher negativ eingestellt waren, wie folgt: 49 % sind der Auffassung, dass ihre Angehörigen dem Nationalsozialismus sehr negativ oder eher negativ gegenüberstanden; lediglich 6 % meinen, sie seien sehr positiv (2 %) oder eher positiv (4 %) dem NS gegenüber eingestellt gewesen. Schlüsselt man diesen Befund nach dem Bildungsniveau auf, ergibt sich, dass sogar 56 % der Befragten mit Abitur bzw. Universitätsabschluss ihren Angehörigen eine negative Haltung zum Nationalsozialismus zuschreiben; nur 4 % glauben, sie seien eher positiv eingestellt gewesen, lediglich 1 % geht davon aus, dass die Eltern bzw. Großeltern dem NS gegenüber sehr positiv eingestellt waren.

Eine andere Frage richtete sich auf Einstellungen, Erlebnisse und Handlungen der Eltern bzw. Großeltern, die den Befragten aus Gesprächen in der Familie bekannt sind. Hierzu meinten lediglich 3 % der Befragten, ihre Angehörigen seien »antijüdisch gewesen«, und nur 1 % hält es für möglich, dass diese »an Verbrechen direkt beteiligt gewesen« seien. 26 % der Befragten sind der Überzeugung, ihre Angehörigen hätten »Verfolgten geholfen« und 35 % hätten »nach Möglichkeit nirgendwo mitgemacht«. Demgegenüber glauben 65 % der Befragten, dass ihre Eltern bzw. Großeltern »viel im Krieg erlitten hätten«, und 63 % geben an, ihre Angehörigen hätten im »Dritten Reich« »Gemeinschaft erlebt«.

Auch diese Ergebnisse fallen zum Teil noch deutlicher aus, wenn die Befragten über Abitur bzw. Hochschulabschluss verfügen: von diesen Personen sind sogar 30 % der Meinung, dass ihre Angehörigen »Verfolgten geholfen« haben, und 71 % sind der Überzeugung, die Eltern und Großeltern hätten »im Krieg viel erlitten«.

Diese Ergebnisse der Repräsentativbefragung werfen ein klares Licht darauf, dass in der Gesamtbevölkerung weit überwiegend die Auffassung vorherrscht, dass eigene Familienangehörige keine Nazis waren; Antisemiten und Tatbeteiligte scheinen in deutschen Familien praktisch inexistent gewesen zu sein. Der Umstand, dass einige der unterstellten Erlebnisse, Handlungen und Einstellungen mit einem hohen Bildungsniveau korrelieren, unterstreicht den Befund der qualitativen Studie, dass die Aufklärung über die NS-Verbrechen und den Holocaust den paradoxen Effekt mit sich bringt, dass man die eigenen Eltern und Großeltern zu Regimegegnern, Helfern und alltäglichen oder sogar expliziten Widerständlern macht.

Der Vorgang der »kumulativen Heroisierung« lässt sich mit den Möglichkeiten einer Repräsentativbefragung nicht abbilden, da hier ja nicht verschiedene Generationenangehörige derselben Familien befragt werden. Einige Befunde weisen allerdings in diese Richtung: So glauben 14 % der jüngsten Befragten (14 bis 29 Jahre), ihre Großeltern hätten »Widerstand geleistet« (gegenüber 13 % im Durchschnitt), und nur 4 % sind der Ansicht, diese seien »überzeugte Nationalsozialisten« gewesen (gegenüber 6 % im Durchschnitt). Allerdings glauben in der jüngsten Befragtengruppe 6 %, ihre Großeltern seien »antijüdisch gewesen« und 3 % halten es für möglich, dass sie »an Verbrechen direkt beteiligt gewesen« seien (gegenüber 3 % bzw. 1 % im Durchschnitt).

Auch wenn eine genaue Interpretation der Ergebnisse der Repräsentativbefragung noch aussteht, wird unmittelbar deutlich, dass es in deutschen Familien aus der Sicht der Familienangehörigen so gut wie keine Nazis gegeben hat; Antisemiten oder gar Tatbeteiligte kommen nochmals weniger vor. Der Befund, dass zwei Drittel aller repräsentativ Befragten das Leid der eigenen Angehörigen im Krieg betonen, unterstreicht unseren Befund, dass in der Bundesrepublik die offizielle Gedenkkultur und das private Erinnern extrem unterschiedlich ausfallen. Wer auch immer schuld am Holocaust war, wer auch immer die Verbrechen im Vernichtungskrieg, im Zwangsarbeitssystem und in den Lagern begangen hat – eines scheint für fast alle Bundesbürgerinnen und Bundesbürger klar: Opa war kein Nazi!

Die Autorinnen und der Autor

Harald Welzer, geboren 1958, Prof. Dr., Kulturwissenschaftliches Institut Essen (KWI), Universität Witten/Herdecke. Forschungsgebiete: Erinnerungs- und Tradierungsforschung, Politische Psychologie. Leiter mehrerer Forschungsprojekte zu den sozialpsychologischen Fortwirkungen der nationalsozialistischen Vergangenheit und zur Erinnerungs- und Gedächtnisforschung.
Veröffentlichungen u. a.: Verweilen beim Grauen. Essays zum wissenschaftlichen Umgang mit dem Holocaust (1997); Das soziale Gedächtnis. Geschichte, Erinnerung, Tradierung (2001, als Hg.).

Sabine Moller, geboren 1971, Dipl.-Sozialwissenschaftlerin, Studium in Hannover, 1997–2000 wissenschaftliche Mitarbeiterin im Forschungsprojekt »Tradierung von Geschichtsbewusstsein« am Psychologischen Institut und seit 1998 Lehrbeauftragte am Institut für Politische Wissenschaft der Universität Hannover. 2000/2001 Stipendiatin der Volkswagenstiftung.
Veröffentlichungen u. a.: Die Entkonkretisierung der NS-Herrschaft in der Ära Kohl (1998); Vielfache Vergangenheit. Das Geschichtsbewusstsein vom Nationalsozialismus im Ost-West-Vergleich (2002, in Vorbereitung).

Karoline Tschuggnall, geboren 1966, Dipl.-Psychologin, Studium in Innsbruck und an der Freien Universität Berlin. 1997 Stipendiatin des KWI Essen; 1997–2000 wissenschaftliche Mitarbeiterin im Forschungsprojekt »Tradierung von Geschichtsbewusstsein« am Psychologischen Institut der Universität Hannover. Gegenwärtig als freiberufliche Autorin und Dozentin tätig. Arbeitsschwerpunkte: Autobiographisches Erzählen, kulturelle Formen der Selbstwahrnehmung, kommunikative Tradierung von Geschichte.

Veröffentlichungen u. a.: Aus einem deutschen Leben. Lesarten eines biographischen Interviews (2000, als Hg. zus. mit Christian Geulen).

Die Mitarbeiter

Olaf Jensen, geboren 1965, Dipl.-Sozialwissenschaftler, Studium in Hannover und Mitarbeiter im Forschungsprojekt »Tradierung von Geschichtsbewusstsein«. 1999–2001 Stipendiat der Universität Hannover. Zurzeit wissenschaftlicher Mitarbeiter im Forschungsprojekt »Erinnerung und Gedächtnis« am KWI Essen.

Torsten Koch, geboren 1967, Dipl.-Sozialwissenschaftler, Studium in Hannover und Mitarbeiter im Forschungsprojekt »Tradierung von Geschichtsbewusstsein«. Zurzeit wissenschaftlicher Mitarbeiter im Forschungsprojekt »Methoden der empirischen Sozialforschung« am Psychologischen Institut der Universität Hannover.

Götz Aly
Macht Geist Wahn
Kontinuitäten deutschen Denkens

Band 13991

»Götz Aly ist ein brillanter und verdienstvoller
Historiker der deutschen Schandjahre zwischen 1933
und 1945. Seine Maxime (...) ›Wer sucht, der findet‹
ist nicht akademisch, sondern bissig-investigativ;
und er kann schreiben und Emotionen wecken.
Deswegen greift man mit Interesse zu seinem Band,
den der sorgfältig recherchierende Polemiker gerade
vorgelegt hat. Man wird nicht enttäuscht.«
Die Woche

»Als Journalist und Historiker zerstört Aly
manche liebgewonnene Legende. Besonders delikat
sind seine Funde in der Abteilung ›Ostforschung‹
er deutschen Historikerzunft. (...) Wir dürfen
von dem Historiker Aly sicher auch weiterhin
Aufsehenerregendes erwarten.«
Süddeutsche Zeitung

Fischer Taschenbuch Verlag

Robert Antelme
Das Menschengeschlecht
Aus dem Französischen von Eugen Helmlé
Band 14875

Ein einzigartiges Zeugnis, das in der französischen Literatur
als Standardwerk über die Lager, die Deportation und die
systematische Menschenvernichtung gilt. Robert Antelme,
ein Gefährte von Maguerite Duras, berichtet über Leben
und Sterben im deutschen Konzentrationslager. Sein Retter
war der junge François Mitterand, der spätere französische
Staatspräsident.

»Der Text verweigert jene Betroffenheit, die
beim Leser die Illusion des Mitleidens und damit
ein gutes Gewissen zu erzeugen vermag,
letztlich aber bloß eine Form der Abwehr ist.«
Jochen Hieber, Frankfurter Allgemeine Zeitung

»Eine Pflichtlektüre.«
Rainer Stephan, Süddeutsche Zeitung

Fischer Taschenbuch Verlag

Matthias Arning
Späte Abrechnung
Über Zwangsarbeiter, Schlußstriche und
Berliner Verständigungen

Band 15018

Die Auseinandersetzung um die Entschädigung von Zwangsarbeitern hat das wiedervereinigte Deutschland nachhaltig
erschüttert. Matthias Arning, der die Debatte als Journalist
intensiv verfolgt hat, untersucht die Materie in ihrer historischen wie politischen Dimension. Er fragt nach Opfern
und Tätern in der NS-Kriegswirtschaft, rekonstruiert die
Verhandlungen zwischen Politik, Wirtschaft und Anwälten
und stellt die Entschädigungsdiskussion in den großen
Kontext öffentlichen Erinnerns in der Bundesrepublik.

Fischer Taschenbuch Verlag

fi 15018 / 1

Gesine Schwan
Politik und Schuld
Die zerstörerische Macht des Schweigens
Band 13404

Was bedeutet nicht verarbeitete Schuld für die politische
Kultur einer Demokratie? Diese Frage mußte und muß die
deutsche Gesellschaft in diesem Jahrhundert zweimal beantworten: nach 1945 und nach 1989. Die Autorin streitet
mit ihrem Überblick über ein Menschheitsthema gegen
die naive und falsche Hoffnung, daß unverarbeitete Schuld
sich mit der Zeit, gewissermaßen biologisch, von selbst
»auswachse«.

Fischer Taschenbuch Verlag

Ernest Koenig
Im Vorhof der Vernichtung
Als Zwangsarbeiter in den Außenlagern von Auschwitz
Herausgegeben und mit einem Nachwort versehen
von Gioia-Olivia Karnagel
Band 14771

Wer sich dem Unrecht des NS-Systems nicht allein durch
wissenschaftliche Analyse annähern will, sondern nach
authentischen biographischen Zeugnissen sucht, dem sei
dieser Bericht eines jüdischen Zwangsarbeiters empfohlen.
Als Student in Paris meldete er sich 1939 als Freiwilliger,
um mit der französischen Armee gegen Hitler zu kämpfen.
Er wurde jedoch bald interniert und 1942 in den Osten
deportiert. Es folgen Jahre als Zwangsarbeiter bei namhaf-
ten deutschen Firmen, die in Auschwitz billige Arbeits-
kräfte rekrutierten. Über die beiden hier beschriebenen
Außenlager »Laurahütte« und »Blechhammer« ist nur wenig bekannt. In Blechhammer wurde die größte Anlage zur
Gewinnung von Treibstoff aus Kohle gebaut, die zu den
damals kriegswichtigen »Oberschlesischen Hydrierwer-
ken« gehörte.

Nur durch Zufall konnte der Autor seiner physischen Vernichtung entgehen und wurde schließlich 1945 befreit.

Fischer Taschenbuch Verlag

Wolfgang Benz und Walter H. Pehle (Hg.)

Lexikon des deutschen Widerstandes

Wissenschaftliche Beratung
Hermann Graml, Hartmut Mehringer Hans Mommsen
Band 15083

Der Band bietet in seinem ersten Teil Überblicksdarstellungen zum
Widerstand vor 1933, zum kommunistischen, sozialistischen und
bürgerlichen (nationalkonservativen) Widerstand, zur Widersetz-
lichkeit von Kirchen und Christen, zum militärischen Widerstand,
zur Jugendopposition, zum Widerstand von Verfolgten, von Frauen
und von Emigranten.

Im zweiten Teil folgen mehr als 60 Sachartikel über Widerstandsgruppen, Ereignisse, Problemzusammenhänge und Begriffe. Hieran
haben vierzig Autorinnen und Autoren gearbeitet. Literaturangaben
ermöglichen den Zugang zu weiterführenden Informationen.

Der dritte Teil des Lexikons enthält Kurzbiographien von nahezu
allen 650 im Buch genannten Personen aus dem Widerstand. Das
Lexikon basiert auf den neuesten wissenschaftlichen Erkenntnissen.
Es ist nicht nur für ein breites interessiertes Publikum, sondern auch
für Fachleute geschrieben worden.

Fischer Taschenbuch Verlag